U0522961

中国社会科学院创新工程学术出版资助项目

何天炯集

李长莉　[日]久保田文次　[日]宫崎黄石　编

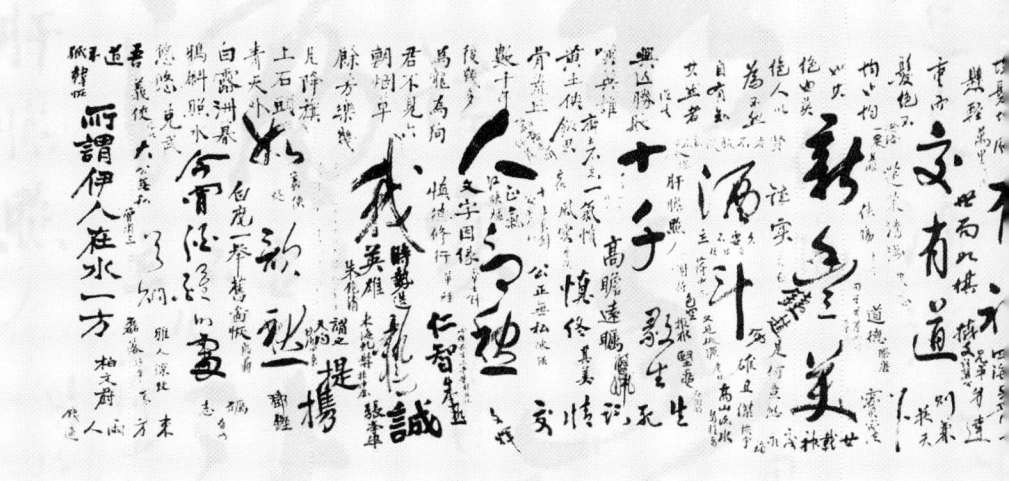

中国社会科学出版社

图书在版编目（CIP）数据

何天炯集 / 李长莉等编 . —北京：中国社会科学出版社，2018.10
ISBN 978-7-5203-3238-5

Ⅰ.①何⋯　Ⅱ.①李⋯　Ⅲ.①何天炯（1877-1925）—人物研究　Ⅳ.①K827=6

中国版本图书馆 CIP 数据核字（2018）第 233079 号

出 版 人	赵剑英	
责任编辑	吴丽平	
责任校对	张翠萍	
责任印制	李寡寡	

出　　版	中国社会科学出版社
社　　址	北京鼓楼西大街甲 158 号
邮　　编	100720
网　　址	http://www.csspw.cn
发 行 部	010-84083685
门 市 部	010-84029450
经　　销	新华书店及其他书店

印　　刷	北京明恒达印务有限公司
装　　订	廊坊市广阳区广增装订厂
版　　次	2018 年 10 月第 1 版
印　　次	2018 年 10 月第 1 次印刷

开　　本	710×1000　1/16
印　　张	21.25
插　　页	20
字　　数	308 千字
定　　价	98.00 元

凡购买中国社会科学出版社图书，如有质量问题请与本社营销中心联系调换
电话：010-84083683
版权所有　侵权必究

何天炯

何天炯(1877—1925)

何天炯出生处：广东省兴宁县石马镇崇丰第

何天炯故居

何天炯遗像 摄于一九一二年上海

1912年何天炯在上海留影

何天瀚（1874—1911）
（何天炯堂兄。中国同盟会司法部判事、首任广东支部长）

1919年在上海家人合影
（右起：次子承天、何天炯、长女莲昭、次妻邱娘、幼子奇龄、弟晓晖、长子昌龄）

1925年春何天炯最后一次赴日本期间留影
（宫崎蕗苓、宫崎黄石家藏）

何天炯与友人

宫崎滔天藏中华革命党六十余人题签字幅
（宫崎蕗苳、宫崎黄石家藏）

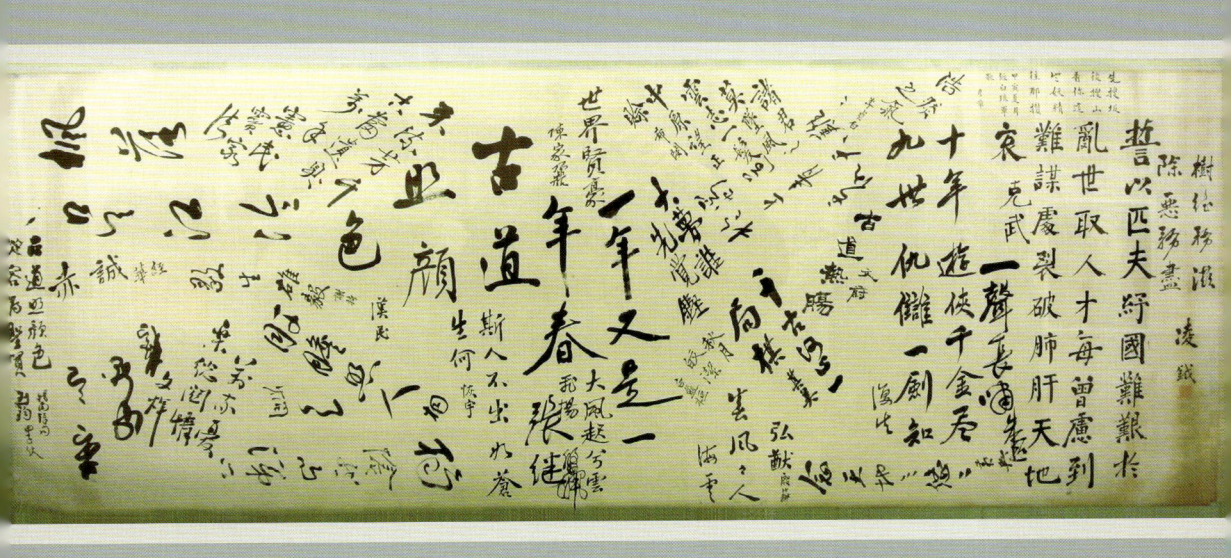

宫崎滔天藏中华革命党三十余人题签字幅
（宫崎蕗苳、宫崎黄石家藏）

1906年3月民报社人员合影 [左起：张继、何天炯、前田卓子（宫崎滔天妻姐，负责照应民报社人员日常生活，被称为"民报妈妈"）、福田氏（协助前田工作）、宋教仁]（宫崎蕗苓、宫崎黄石家藏）

1907年4月东京民报社庭园合影（前面倚树而坐者为黄兴，后立者左起：前田卓子、汪精卫、林時塽、鲁易、章太炎、何天炯）

1908年1月在越南河内合影
[左起：二孙中山、三何天炯（站立者）、四黄兴]

1911年12月21日在香港迎接孙中山返国合影
（前排左起：荷马里、山田纯三郎、胡汉民、孙中山、陈少白、何天炯、右二为廖仲恺。后排左六为宫崎滔天）

1913年3月14日在神户吴锦堂别墅欢迎会合影
(前排右起：一山田纯三郎、三何天炯、六孙中山、八戴季陶)

1913年3月19日在宫崎滔天家乡合影
（第一排站立者左起：二孙中山、三宫崎滔天、二人身后中间戴帽者为何天炯）
（宫崎蕗苳、宫崎黄石家藏）

1916年12月在上海环龙路孙中山寓所合影
（前排左起：二朱执信、四陈炯明、五孙中山、六胡汉民。后排左三为何天炯）

1925年4月何天炯在日本生前最后留影
(前排右起：一宫崎龙介、二何天炯)
(宫崎蕗苓、宫崎黄石家藏)

孙中山为《沪上评论》创刊题字

1912年9月何天炯、宫崎滔天等创办《沪上评论》封面（日本东洋文库藏）

宫崎滔天（1871—1922）

1921年7月19日何天炯致宫崎滔天函

滔天先生佛鉴日来叠寄芸函，生万次弟入览矣。敝处广西问题定能早日解决，滆州已下，日非桂林隔昔之振又到焉本未见弟忽为胡越苍此潤南两沉滓长江苍二前途不知民众何日始能朝枕如盗贼军阀俱能苍莽少为敛迹则目前痛苦方当少忍之耳。此何语怪鸟柳顺承啥李到一钧氏耶部因军饷饿立行勤迟饒不能即日前来援桂友人多为之托腕者故李氏去今日之时局实足宣大之闲像养特东湖而武濬之失鲜队不能不赖于此君且李氏厩年饱尝爱患忱对于孙公颇能改史平日冷淡之然度而极支戏眼而孫公六倾佟扣结觉其前途一项至卯湘为长江何题是乎。如代爱国之士啗腔饱肉意一致共擁利之竞争列军饷政费六未必全特外债为生活。百为吾党前途欣幸者然念得束而因難者此刻命季可日夜甚思及之考六諧 先生时之见教焉语、可考广西醉决波而弟之东行问题或苦员欲多之躊躇董蔟公亥智急迫之心而要必多。敝之意見则以为非今日之时機母往芸且更招国人（敵国尺）之误解苦自小川九事件发生两人心之悲慨达于极点语 先生尊设法補救之。
何天炯 七月十九日

滔天先生尊鑒

不相見者幾七閱月矣迴念碧海與共伊人諒
同之也弟于舊歲十一月頃回鄉省視馬壺息
影達廬力圖掩拙非敢鳴高不圖時事三艱有
加甚已今者粵局又變遷矣此事由于陳氏目
先短小志負孫公寬大之意弧以為逆料陳氏終
必俯就範圍力隨北伐深恐外間不察徒信謠
言先生聞悵大局于吾黨尤切同情 弟故特陳
梗概如此專耑告同人可也 弟刻援省電催促
即日束粵茆準于（卅四）晚淡日（十日）出汕約
十五日可抵省垣 先生天下達人也非拘俗舉
可知當此時賜教言籍開茅塞 弟抵粵後忽
以時事源二奉告也專候
道安
萱野兄靈曾兩守莖函並至覆苔未審何故
耳見面附達特達一切為禱
弟 何天炯謹啟 五月八號

1922年5月8日何天炯致宮崎滔天函

1918年7月15日何天炯致萱野长知函
（萱野长知《中华民国革命秘笈》）

书画集

宫崎家保存的何天炯印（宫崎蕗苓、宫崎黄石家藏）

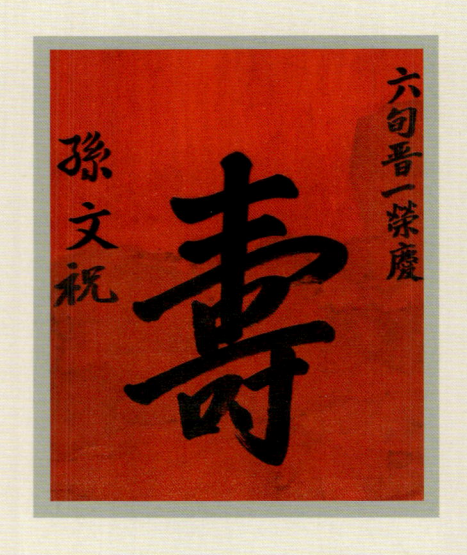

1919年冬孙中山为何天炯父书赠"寿"字
（何天炯后人家藏）

秋风猎猎漾旗黄，晓陌清霜见太行。半我甑庐聊载酒，渔阳城里作重阳。将军许国不怀遥，又见亲乾木叶飞。要谢君王念征戍，新秋已报赐冬衣。念鼓鼙，百里声啸。旗卷马照川明，王师仗义摄天下，莫道南兵夜斫营老。笑犹思万里行，翩然上马始身轻，玉关去路心如镜，把酒何妨听渭城。泉放翁塞上曲四首以其作逊声也

晓柳吾兄正字   戊申王冬弟兴书於勤学舍

1907年黄兴在东京"勤学舍"书赠何天炯
（何天炯后人家藏）

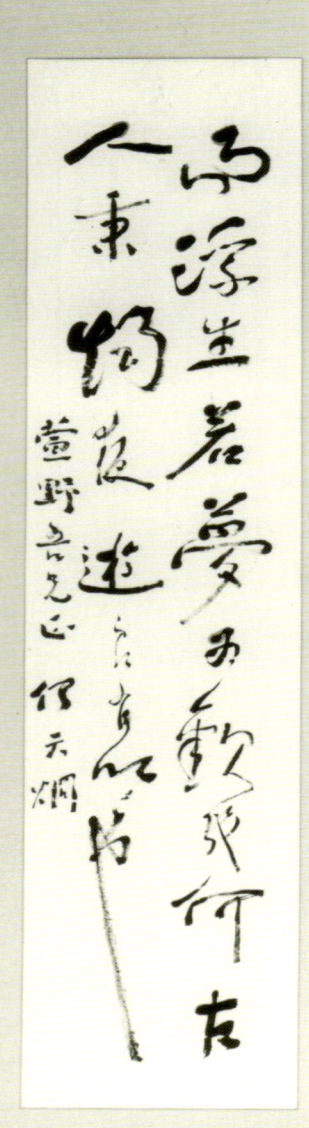

书赠萱野长知:
而浮生若梦,为欢几何?
古人秉烛夜游,良有以也。

书赠关口女史：
落花无言，人淡如菊。

书赠关口女史：
沧海月明珠有泪，
蓝田日暖玉生烟。

书赠杉浦：
五更鼓角声悲壮，三峡星河影动摇。

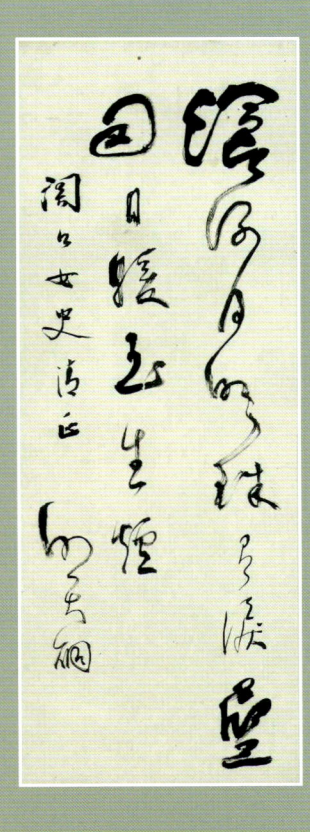

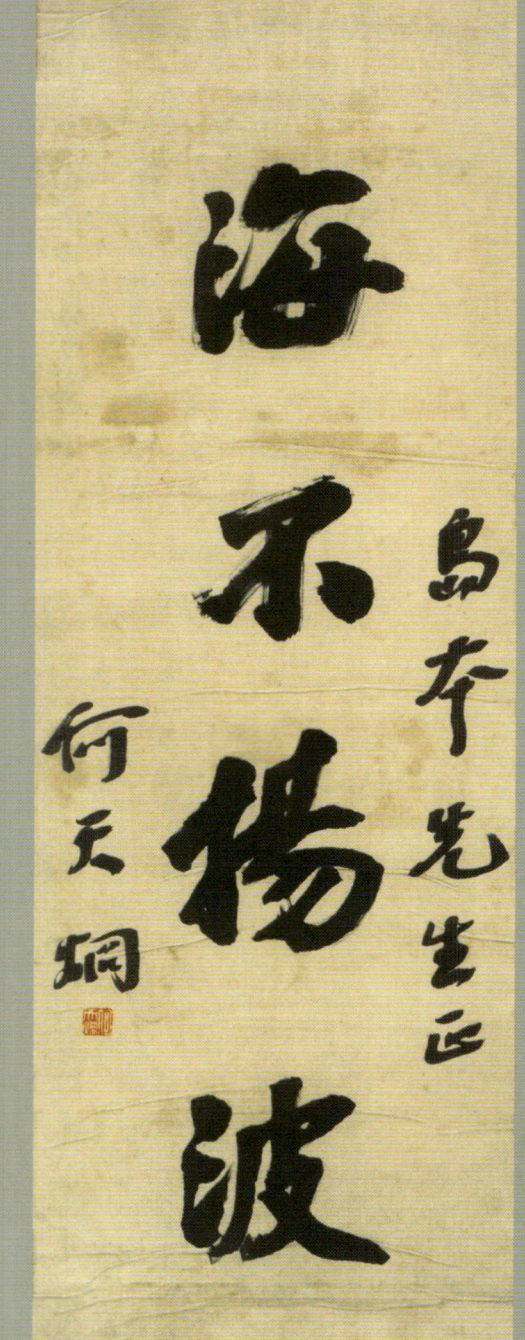

书赠岛本：海不扬波。

书赠关口：
青山横北郭，白水绕东城。此地一为别，孤蓬万里征。浮云游子意，落日故人情。挥手自兹去，萧萧班马鸣。

誓扫匈奴不顾身，五千貂锦丧胡尘。可怜无定河边骨，犹是春闺梦里人！

题梅放洲画一：纵有松筠耐霜雪，文身宜自惜冬藏。（1915年11月）
（何天炯后人家藏）

题梅放洲画二：春风得意人何似，好鸟犹知恋落花。（1915年11月）
（何天炯后人家藏）

青山横北郭,白水绕东城。
此地一为别,孤蓬万里征。
浮云游子意,落日故人情。

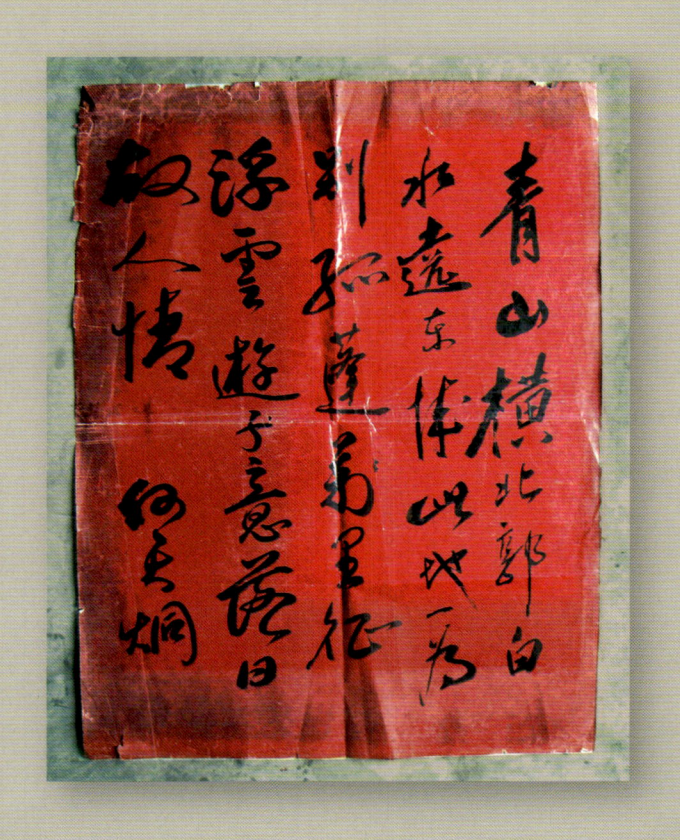

何天炯题赠宫崎滔天条幅
(宫崎蕗苳、宫崎黄石家藏)

故居大厅两侧墙壁嵌柱上的对联
（何天炯手迹）

此是野人家鱼鸟忘机无劳反覆惊云雨
谁为名下士山川满目不胜归去话沧桑

故居中厅两立柱上的对联
（何天炯手迹）

似倦鸟知还许国肺肝犹激烈
倘白云高卧谈禅风味太清空

后人缅怀

1996年何星亮、李长莉夫妇拜访东京宫崎家合影（左起：李长莉、宫崎智雄、宫崎蕗苓、何星亮）

2011年10月在何天炯故居合影[左起：何星亮、何达英（何天炯之孙）、李长莉]

2013年李长莉等拜访宫崎家合影
[右起：李长莉、宫崎蕗苳、宫崎黄石、久保田文次（日本女子大学教授）、李廷江（日本中央大学教授）]

2014年上海孙中山故居纪念馆两家族后人合影
[前排右起：何星亮、何需（何天炯孙女）、宫崎蕗苳、李长莉、何需外孙女、宫崎黄石、黄石夫人；后排右起：张之衡（何需丈夫）、何需女儿]

序 一

何天炯——被遗忘的辛亥革命元老

李长莉

一

为一个生活在一百年前的历史人物编文集，是因为这个人及其留下来的资料，对我们认识历史有值得重视的价值。

何天炯（1877—1925），字晓柳，广东兴宁人。1903年赴日留学，1905年加入中国同盟会，此后一直追随孙中山革命二十年。但是，在后世记述辛亥革命及孙中山革命的史书中，鲜少见到他的身影。孙中山、黄兴在日本创建同盟会时，何天炯是第一批干部之一，任本部会计兼广东支部长，因此有关同盟会创建的记述中会偶尔提及，至于他后来的活动行迹，则少有记述。[①] 即使在已经出版的数量繁多的历史资料中，他的名字也只是偶尔闪过。

百年前辛亥革命这场改变中国命运的大潮，是由孙中山、黄兴等发起并领导，他们堪称具有决定性、关键性作用的"革命领袖""历史巨人"。同时，这也是一场凝聚、汇集了众多海内外爱国志士，为了共同的理想和目标而投身其中、共同奋斗的"群体革命"。他们也

[①] 此前关于何天炯的研究专论仅有杨天石、狭间直树合写论文《何天炯与孙中山：宫崎滔天家藏书札研究》，《历史研究》1987年第5期。

为这场革命作出了各自的贡献。只是迄今这方面的探索尚不充分，同时也由于留存资料及我们的视野所限，一些为革命作出各种贡献的人物事迹还有待我们发掘和认识。何天炯就是这样一位以往少为人知的辛亥革命元老。

这本《何天炯集》，是编者集多年之功，在海峡两岸及日本等多地广为搜集资料，拾零缀散、汇集整理而成，包括何天炯的文章言论、私人信函、诗词题字、文书资料，以及他去世后的纪念文字等，并附有几十幅图片，更直观、形象地展现了一些历史场景及资料真迹，为了便于读者了解人物活动及资料的背景，还编写了《何天炯年谱》附后以供参照。这本书是有关何天炯存世资料最为集中和力求齐全的资料汇编。其中有的是从未面世的私家所藏，有的是零星分散在中日文档案、报刊之中的资料。将这些散落在世事变迁的历史长河之中有幸留存下来的琐屑碎片连缀起来，终于使何天炯这位几乎被历史遗忘的辛亥革命元老的形象与行迹，显露出了大概轮廓和轨迹。

这些资料显示，何天炯自1903年赴日本留学，结识黄兴、宋教仁等，1905年加入中国同盟会后，一直追随孙中山革命，直至1925年继孙中山之后离世，长达二十年。辛亥革命前，他在日本东京同盟会本部长期驻守，接应来往同志，购买运送枪械，支持国内各处武装起义。1911年春，他参加黄兴领导的广州"三·二九起义"。武昌起义爆发后，他又受黄兴、孙中山派遣，赴日筹款购械，支持革命军与清军作战。进入民国以后，何天炯长期在孙中山身边辅助其工作，1913年春，随同孙中山赴日本访问并考察实业，后来又参加反袁运动，随孙流亡日本，担任其秘书，参与创建中华革命党，任广东支部长。1917—1925年间，孙中山三度建立广州政府，对抗北京军阀政府以维护共和，何天炯也一直追随其左右，以党内公认"日本通"[①]的专长，主要承担对日事务及筹款工作。虽然他的职衔只是孙中山的秘书、顾问、赴日本代表、大本营参议等，并非位高权重，但他也属

[①] 见何天炯1921年6月29日致宫崎滔天信函。

孙中山阵营长期稳定的成员之一，是孙中山对日事务的主要助手和辅佐之一，是同盟会、辛亥革命和国民党元老。由于他参与的对日事务及筹款活动缺少正式记载，使他在一定意义上成了一位历史"隐身人"。

由于何天炯的身份与经历，本集收录的这些资料，不仅展示了他个人的人生轨迹、活动行事、人际交往、思想感情以及他对孙中山革命事业的作用与贡献，同时也揭示了一些其他记载所未见的孙中山革命相关史实，使我们得以对孙中山及其事业增加一些新的了解与认识，对以往的历史记述有所补正。

二

本书收入何天炯致宫崎滔天信函近 130 封，是分量最重、最具价值的一批资料。其中 110 余封原件为宫崎后人私家所藏，此前未曾公开，何天炯后人家中有这些信函的复印件。迄今仅有杨天石、狭间直树两位中日资深中国近代史专家，经宫崎后人允许利用这些信函进行过研究，他们于 1987 年发表了合写论文《何天炯与孙中山：宫崎滔天家藏书札研究》，摘引了部分信函的内容。本书是第一次将这批信函全部公开，并增加了在其他地方收集的十余封，可谓现存最全的何天炯致宫崎滔天信函汇集。

宫崎滔天（1871—1922），本名宫崎寅藏，又名虎藏，号白浪庵滔天。日本熊本县出身，社会活动家。他早年受其兄弥藏、民藏影响，接受自由民权思想，以助中国革命、实现亚洲及世界革命为理想。1897 年与孙中山结识，服膺其推翻帝制、建立共和的中国革命理想，毕生支持其领导的中国革命事业，为孙中山终生亲密友人，与黄兴、宋教仁等诸多革命党人有交谊。1903 年何天炯赴日留学后不久，即与帮助支持中国留学生革命活动的滔天相识，二人志趣相投，并长期携手进行筹款购运军械支援武装起义等革命活动。何天炯长住东京期间，日常往来于滔天家中，1915 年后常住国内，有时短期来日也暂住其家，可见二人关系之亲近。何天炯视年长六岁的滔天为师友、同志，二人可谓知己之交。

正是由于二人的关系如此亲近，何天炯在离开日本与滔天分别后，仍与其保持着密切的通信联系，特别是在1915年何天炯由日本返国，二人预期会长期分隔异国两地，遂相约"一周一回通信"①，互相告知双方情况，且此后践行此约而保持日常通信直至1922年（当年冬滔天病逝）。正因如此，滔天家中仅保存下来的何天炯来信就达百余封，为其家中现存所有中日人来信（包括滔天日本亲友）中数量最多者。这批信函起自1911年5月，止于1922年5月，持续时间达11年，集中在1915—1922年即何天炯常住国内时期。两位中日异国人士，远隔大海而保持通信持续时间如此之长，数量如此之多，间隔如此之密，不仅为孙中山革命阵营内之最，在中日交流史上也属罕见。这批信函的内容，主要是关于孙中山革命事业特别是与日本有关的情况，有些内容以往少有记载，具有比较重要的史料价值。

三

本书收集的何天炯文章言论、诗词、文书等资料，数量虽然不多，但从中也可看到他的人生大致轨迹，看到他从一个受传统教育的读书青年，成长为坚定的革命者，并终生为民主革命奋斗的人生历程，看到他为革命事业作出的特殊贡献，也看到他对革命事业的体验、感受、认知与思考，为我们提供了观察这段历史的一个个人视角。

何天炯在1903年赴日留学后到辛亥革命前长住日本的八年间，写下了不少感事怀人的诗词，可见他走上革命道路早期的一些体验和认知。这些诗作记录了他刚到日本时眼见日本富强、对比清朝腐败衰弱而立志改革救国的感慨，由留学生拒俄义勇队激发的爱国热情，加

---

① 见何天炯1915年10月8日致宫崎滔天信函。

入同盟会后与战友并肩革命的豪情,起义屡屡失败、队伍出现内斗时的忧虑,在人心涣散、生活贫困中对革命的坚守,对历次起义中牺牲战友的感怀,以及对故国家乡的思念。广州起义失败后,他与黄兴一起匿居香港时,二人常以诗词遣怀,在诗注中可见黄兴读到他的思乡诗后"抚然泪涔涔下"的情景。

何天炯曾先后担任宋教仁等创办的早期宣传革命刊物《二十世纪之支那》及由此改刊的同盟会机关报《民报》的记者,主要担任编务,撰写文章不多,现在可辨认的他以笔名"卫种"所写的《二十世纪之支那》发刊词,提倡爱国主义,教育启发民众,反映了他在加入同盟会之前,还主要执教育救国的思想。后来1919年五四运动爆发后,他与张继、戴季陶共同发表《告日本国民书》,深入揭露与严厉抨击日本当局奉行侵略中国的传统政策,论证中国人民反日情绪的合理性,呼吁日本国民改革日本政治,罢除侵略政策,以求中日友好和平。此文反映了他们对日本侵略中国这一国策的深刻认识及对日本人民的期待,这也是何天炯长期与日本打交道的观察与体认。

何天炯于1922—1924年乡居避乱期间所写的《山居一年半》,是他的回忆与自述。在此难得的空闲时期,他得以有时间和心境,追忆往事,感怀友朋,抒发情志,反省革命,虽然是随想随记,不成体系,但也正因此而多为直抒胸臆,有感而发,较少顾忌。

何天炯在这段避乱乡居期间,回忆往事,追怀先烈,反省革命道路的曲折及国民党内部纷争乃至发生陈炯明叛乱的现状,为革命事业的前途而忧虑。他虽然不居高位、未握重权,无力直接对此作出改变,但身为献身于民主革命奋斗二十年、亲历革命进程的革命元老,深感自己有责任记述革命历史,倡扬革命初衷与先烈遗志,总结经验教训,向后继者提出警示与忠告,以对革命所陷之困境有所挽救。因此他着手撰写革命史书,计划撰写上下两篇,上篇为同盟会史,下篇为中华革命党史,并拟出写作大纲,涵盖了这两个时期的重大事件。全书定名为《革命史衡》,意为既是记述史实,也加品评衡鉴,使后继者能够有所借鉴与记取。他于1924年夏应孙中山之召再返广州时，上篇同盟会史已经完成初稿，为了补充资料及续写下篇，他在《（广州）民国日报》上刊登启事，征集资料，并刊出此书大纲。但可惜的是，此书未及完成他便离世，随后，正如他所担心的那样，国民党内斗激化，世事变乱之中，他已经写成的同盟会史书稿也散失不见，实为憾事。

四

何天炯这样一位几乎被历史遗忘的历史人物，是怎样引起我的注意并立意编辑他的文集呢？

早在30年前与夫君何星亮相识成家以后，就常听他说起家族中多位先辈参加民主革命、抗日战争、解放战争等，有的官至将军，最早的一位是族堂祖父何天炯清末赴日留学，参加同盟会，后长期追随孙中山革命等。1988年家乡寄来一册兴宁县政协文史委员会编辑的《兴宁文史》第十辑"何天炯先生纪念专辑"，收录了何天炯的一些诗文、照片、资料及后人记述文章等，虽然数量不多，但使我对何天炯生平事迹有了初步了解。特别是杨天石、狭间直树先生1987年发表的论文《何天炯与孙中山：宫崎滔天家藏书札研究》，利用宫崎家藏何天炯致宫崎滔天信函对何天炯与孙中山关系作了研究，了解到宫崎家藏何天炯致宫崎滔天信函这一线索，由此我心中埋下了想更多了解他、研究他的愿望，并开始留意寻找相关线索。我于1989年博士毕业进入中国社会科学院近代史研究所从事研究工作，这里作为中国近代史最高学术研究机构，收藏的专业文献资料堪称举世第一，但我翻阅相关文献也很少有关何天炯的记载。至于研究成果也很少，除了上述一篇论文之外，只有李廷江《日本财界与辛亥革命》（中国社会科学出版社1994年版）一书中，对辛亥革命前后何天炯奉黄兴、孙中山之命到日本筹款等活动有所记述。1996年我与何星亮去日本访学期间，承京都大学狭间直树先生介绍，到东京宫崎滔天之孙宫崎智雄、蔎苳夫妇家中拜访，承蒙他们展示何天炯致滔天信函、题赠字幅、照片、印章等实物原件。当时智雄先生说，正在整理何天炯信函等，整理好以后准备出版。由于我那时正研究其他课题，国内关于何天炯资料很少，所以一直没有着手研究。

2011年是一个转机。10月在武汉召开纪念辛亥革命百周年国际学术研讨会，我利用已掌握的资料撰写了《何天炯与同盟会东京本部》[①]一文，这是我研究何天炯的开笔之作。会议之前与星亮一起回广东家乡，与何天炯之孙何达英族兄相见畅叙，他拿出家中自印的天炯先生《无赫斋诗草》等遗物，以及宫崎家藏何天炯致宫崎滔天百余封信函的复印件，这令我非常高兴，终于有了何天炯的集中资料。我当即与达英兄商谈了收集、整理何天炯资料，编辑文集及进行研究的计划，他遂委托我全权负责。在随后武汉的辛亥革命百周年研讨会上，遇到日本研究辛亥革命专家久保田文次教授，我虽早年在日本访学期间，参加辛亥革命研究会时见到过他，但他是年长我二十余岁的前辈老师，我是年轻后辈，且我那时研究重心不在辛亥革命，所以彼此交流不多。但在此次会议上他担任小组分会的主持人，因为他在以往研究中常见到何天炯的名字，但对他知之甚少，因而我的这篇论文引起他的注意。他在会后与我交谈，了解何天炯的情况，鼓励我继续进行研究。回到北京后，我和星亮又到何天炯幼女何莲史家中拜访，她向我们介绍了从她母亲口中了解的关于何天炯的一些情况。随后，我与何氏家族几人联名写信给宫崎蔎苳及黄石先生，告知我们希望利用其家藏的何天炯致宫崎滔天信函等资料，编辑《何天炯集》的设想。随后通过久保田先生居中联络，得到宫崎蔎苳和黄石先生的支持，此后我开始正式着手对何天炯资料的收集整理和编辑此书。

自2011年开始着手编辑此书，至今定稿付梓长达七年。之所以耗时如此之长，主要有两个原因。一是在此期间我还穿插着其他研究工作，使这项工作时有中断。另一个更主要的原因，则是由于力求将

---

① 后刊于《近代史研究》2012年第3期。

有关何天炯存世资料尽量收集齐全，而这一过程十分艰难。除了何天炯致宫崎滔天信函和《无赫斋诗草》是比较集中的资料之外，其他已刊资料很少，因此只能到当时档案、报刊等原始资料中去广为搜寻和打捞，依他的大致行迹，凡认为有可能或稍有线索者皆不放过，这一工作耗时费力。适逢在学的博士研究生刘静尚未选定博士论文题目，我遂把何天炯的资料情况告诉她，最后商定以何天炯研究作为她的博士论文题目。所以，她也参与了后期的资料收集，并在此基础上进行研究，完成博士论文《中国革命中的何天炯》，于2013年通过答辩，获得博士学位。本书后附《何天炯年谱》，参考了刘静编写的《何天炯史事编年》初稿，在此致谢。

由于何天炯活动多与日本相关，故日本方面的资料需着重搜集。我遂利用三次短暂访问日本的机会（其中一次携刘静同行），除了在久保田先生陪同下三次拜访宫崎家之外，还到东京的国会图书馆、东洋文库、外交史料馆、早稻田大学图书馆等处收集资料；到京都大学人文科学研究所，得到狭间直树和石川祯浩教授的帮助，得以看到该处收藏的宫崎滔天家藏资料；在爱知大学得到马场毅教授的帮助，在该校图书馆查阅山田良政及纯三郎兄弟家藏资料；到神户市立图书馆查阅旧报刊，拜访神户孙文纪念馆，得到蒋海波教授的帮助。还承蒙日本中央大学深町英夫教授及其夫人张玉萍博士的介绍，在日本佐贺县立图书馆石桥道秀先生的帮助下，查阅了该馆所藏"塚原嘉一郎档案"。此外东京大学的村田雄二郎教授也曾提供资料和线索。

何天炯是中国国民党元老，而国民党史资料多被携往台湾，故我两赴台湾，到台北"国民党党史馆""国史馆"等处搜集资料，得到"国民党党史馆"王文隆馆长的帮助。

正是由于得到上述各位师友及机构的帮助，才得以收集到难得而宝贵的历史资料，在此致以衷心感谢！

本书的另两位合作者久保田文次教授和宫崎黄石先生，为此书的编成作出重要贡献。

本书的重头资料是宫崎家藏何天炯致宫崎滔天信函及字幅、照片

序一　何天炯——被遗忘的辛亥革命元老

等珍贵资料，感谢宫崎滔天及其几代后人对这批资料的精心庋藏与守护，并感谢宫崎蕗苳、黄石先生慨允，得以将这批资料收入本书而面世，提供中日近代民间友好交往的历史见证，也是学界一大幸事。感谢宫崎智雄、蕗苳、黄石诸先生多次接待我的到访，对本书编辑给予诸多帮助，并且一直致力于中日民间友好交往事业，包括与何家后人的友好交往。

久保田文次教授虽已年届耄耋，但得知我立意编辑此书后，便一直以高度的热情，尽其所能给我以鼓励与协助，提供他收藏的何天炯信函等珍贵资料，介绍资料线索，陪同我多次拜访宫崎家，代我与黄石先生之间沟通联络，随时回答我的请教咨询并提供意见。在编辑此书长达七年时间里，我与久保田先生之间跨越大海往复联络的电子邮件达数十通，而且我每发一信，几乎在二三小时之内就会收到他的回复，他的勤奋、对学术的执着及对本书的关注与热情，常令我惊叹与自惭。在我访日期间，他还亲自陪同我重访东京的同盟会时期《民报》社旧址，以及孙中山、黄兴等人住处和活动旧址，我踏着当年孙中山、黄兴、何天炯等一众革命先驱走过的街道，恍然而生今昔穿越、与先辈神交之感。

还要特别感谢日本京都大学的狭间直树教授，早在二十年前介绍我和星亮首次拜访宫崎家，得知我编辑此书后，又越洋寄来了京都大学收藏的宫崎滔天家藏资料影印件，后在我们访问京都大学时，又破例允许我们查阅这批私家资料的原件。感谢本所前辈杨天石先生，他和狭间先生对何天炯的最早研究，是促使我立意编辑本书的契机之一，还在得到狭间先生和宫崎家允许后，向我提供了他保存的宫崎家藏何天炯信函的复印件，以供我参照。

何天炯之女莲史，其孙达英、孙女何需等提供了家藏的宝贵资料，讲述家族的口述传说，是启发我编辑本书的最早机缘。

在此还要感谢的有：日本的京都大学人文科学研究所、爱知大学图书馆、佐贺县立图书馆、早稻田大学图书馆、神户孙文纪念馆、住友财团等机构为本书的资料收集及出版提供了支持。

感谢日本中央大学李廷江教授、深町英夫教授及东京大学博士张玉萍女士、御茶水女子大学博士大江平和女士，陪同我在日本的访问活动并提供帮助。

感谢台北"中国国民党党史资料馆"为本书的资料收集提供帮助。

感谢何天炯家乡广东省兴宁市政府、政协文史办公室、历史纪念馆、档案馆、图书馆以及家乡亲友为本书的资料收集和出版提供支持。

感谢中国宋庆龄基金会研究中心，特别感谢李朋给予的帮助。

感谢我所在的中国社会科学院近代史研究所图书馆、档案馆，提供周到的服务。还感谢本所同事高莹莹、赵庆云、李俊领的帮助。

特别感谢本书的责任编辑吴丽平博士，她对本书出版的尽心尽力、认真负责的工作态度，令我十分钦佩。

2018年6月20日于京北书斋

序 二

宫崎智雄*先生与本书

久保田文次

宫崎家保存的宫崎滔天收到的信函中,数量最多的发信人是何天炯,达百余件。也就是说,在包括日本人在内的所有亲戚、友人、同志当中,何天炯是与宫崎滔天通信最为频繁之人。宫崎滔天是一位为支援中国革命奉献一生的人,日语熟练的何天炯代表中国革命派及孙文,与日本及日本人进行交涉,所以他们二人的通信,不言而喻对于中国革命史研究、孙文研究、宫崎滔天研究、日中关系史研究都是极为宝贵的资料。利用何天炯致宫崎滔天信函进行研究的成果有杨天石、狭间直树①合作撰写的《何天炯与孙中山:宫崎滔天家藏书札研究》。

本书主编李长莉教授的先生何星亮是何天炯家族后人,何家保存大量何天炯致宫崎滔天信函的复印件,因此机缘,李教授决意对何天炯展开正式研究。我于2011年在武汉召开的辛亥革命百周年纪念国际学术研讨会上,担任李长莉教授关于何天炯研究发表论文的

---

* 宫崎智雄(1923—2003),曾任日本早稻田大学理工学部教授。夫人宫崎蕗苳,为宫崎滔天长子宫崎龙介之女。宫崎智雄退休后在家中设立"滔天关系日中资料保存会",与夫人共同致力于保存、整理宫崎滔天与中国革命资料。

① 杨天石,中国社会科学院近代史研究所研究员。狭间直树,日本京都大学人文科学研究所研究员。二位皆为中国近代史研究资深专家。

分组会主持人，由此与李教授结识。后来2012年宫崎黄石先生有一次向我询问："我收到了一封何天炯后代请求协助何天炯研究的来信，请问您知道有研究何天炯的专家吗？"我回答说："除了杨天石先生和狭间直树先生之外，我只知道有一位去年刚认识的名叫李长莉的人。"黄石先生说："这封信的发信人中，除了几位姓何的人之外，确实有一位姓李的。"由此我才知道，何天炯研究者李长莉教授与何家有亲缘关系，故也是发信人之一。我多年来由于协助中国宋庆龄基金会整理宫崎家资料的机缘，得以经常出入宫崎家，我手里关于萱野长知[①]的资料中也有几封何天炯的信函。因此，我很乐于协助宫崎家与李教授之间进行联络，协助李教授对何天炯的研究工作。

实际上，关于何天炯后人家中存有何天炯致滔天信函复印件的来历，我开始并不太明了，也曾就此事询问过狭间直树和桑兵[②]教授。在调查过程中，我收到了李长莉教授复印的广东省兴宁县政协文史委员会编《兴宁文史》第十辑"何天炯先生纪念专辑"（1988年6月），由此得知宫崎智雄先生曾与兴宁县石马区政府、何雷先生（何天炯之孙）有过信件往来。我深深感念智雄先生不仅致力于宫崎家资料的保存、保管、整理，而且还非常热心地与何天炯家乡及其后人通信联络。

智雄先生是宫崎家的继承人，曾任早稻田大学理工学部教授。他的专业虽然是金属工学，但那个时代上了年纪的知识人，都有一些古汉语基础，所以他对中文写的文章能看懂大致内容。下面试举一个有

---

① 萱野长知（1873—1947），字凤梨，日本高知县出身。1892年后多次来华，后与孙中山结识。1897年与宫崎滔天结交，保持终生友谊。1905年参加日俄战争。1906年与宫崎滔天等共同创刊《革命评论》，声援孙中山领导的中国革命。1907年为潮州起义运送武器，被孙中山任为"东军顾问"。1911年武昌起义爆发后，赴武汉援助黄兴。1913年孙中山等流亡日本期间萱野参与其活动。与孙中山革命党人长期交往，与何天炯交谊深厚，关系仅次于宫崎滔天。后著有《中华民国革命秘笈》（日本东京：帝国地方行政学会1940年版），记述孙中山领导的中国革命历程，提供许多亲身见闻及亲手保存的历史资料。

② 桑兵，中山大学历史系教授、中国近代史研究专家。

序二 宫崎智雄先生与本书

关黄兴幼子黄乃（幼名一寰）的例子。黄乃访问宫崎家之时，智雄先生准备给他看的资料中有黄兴逝世时其遗属发来的讣告，发现发信人中没有一寰的名字。智雄先生便问我："是不是不拿给他看为好？"我解释说："黄乃是遗腹子，当时还没有出生"，这才决定拿给他看。黄乃在延安的一次坠马事故中失明，所以即使给他看，他也无法辨认。但是当把讣告递给他后，他把这件遗物放在手上抚摸，听了对这件遗物具体形状和内容的说明以后，他好像有了更深一层的理解及一种特别的感怀。还有另一个例子，智雄先生还发现了宫崎龙介（宫崎滔天长子）在1924年底用带点日式风格的中文写给孙文的信，当时孙文在赴京途中肝病发作，龙介担心他的病情，反对做手术，建议他转来日本到别府或热海的温泉作疗养。智雄先生特意把这封信介绍给久保田博子[①]，并亲自拍了照片给她。久保田博子在《宋庆龄：人间爱就是正义》（第108—109页）一书中对此作了介绍。这封信还在2014年1月31日至3月31日上海孙中山故居纪念馆举办的"孙中山与日本友人宫崎滔天"展览会上作了展示。龙介的这一劝告尽管从医学角度看存在问题，但也足见龙介对孙文视如己身的深切担忧之情及其直率表露，是反映龙介与孙文之间人性至情交流的好资料。无论是黄兴遗属发来的讣告，还是宫崎龙介这封信件，都是因为智雄先生有一定的中文素养才发现其内容并作了上述处理。所以智雄先生知道何天炯来信中有批评孙文的词句，并表示："如果让中国人看到这样的史料，大概会不太高兴。"

智雄先生得到曾在宫崎家设置的留学生宿舍中住过的何子岚的帮助，对家中所藏资料进行了查检和整理。在整理过程中发现，在滔天收到的信件中，即使包括日本人在内，也以何天炯的来信数量最多，其中有多封发自广东省兴宁县石马，智雄先生推测这里应当是他的家乡，于是便给兴宁县石马区政府写信联系。据《兴宁文史》刊载的

[①] 久保田博子，久保田文次教授之夫人，长期研究孙中山、宋庆龄与日本，曾任"宋庆龄日本基金会"事务局长等职，著有《宋庆龄：人间爱就是正义》（日文：『宋慶齡：人間愛こそ正義』，日本东京：汲古書院2016年版）等论著。

这些信件，智雄先生于 1985 年 8 月 14 日写信给石马区政府，自我介绍是宫崎滔天的后人，信中写道："何天炯来信很多，仅保存下来的就超过一百封"，因此判断"他们之间当时的友谊非常亲密"。所以他"很希望能找到何天炯的后人"，请求区政府给予协助。此信的末尾留下的通信地址是自己家里的"滔天关系日中资料保存会"。

石马区政府于 10 月 30 日回信，报告了何天炯的身世生平、天炯之子承天与宫崎龙介的友谊及天炯后人的情况。何天炯之孙、时为北京外国语学院副教授的何雷也给智雄先生写了信。智雄先生在给何雷的回信中写道：自家中关于辛亥革命的资料正在整理中，"何天炯先生的书信也在整理之中。整理完毕后，我们将公开发表。应您的要求我准备复印一份寄上"。① 由这些通信可清楚地了解到，智雄先生设立"滔天关系日中资料保存会"，致力于系统地整理、保存这些历史资料，最先与来信最多的何天炯的家乡及后代取得联系，并希望向其后代公开资料并提供复印件。

立意编辑出版本书的李长莉教授的夫君何星亮先生是何天炯家族后人，1996 年夫妇俩曾一起访问宫崎家，与智雄先生和蕗苓夫人畅谈。智雄先生去世后，李长莉教授也数次访问宫崎家，并得到主持家事的智雄夫妇之子宫崎黄石先生慷慨允诺使用这些资料，遂着手准备编辑出版此书。在此过程中于 2014 年在上海举办的展览会，也得到何、李夫妇以及在上海的何天炯孙女何需女士的协助。

宫崎智雄先生称宫崎滔天与何天炯关系非常亲密，但智雄先生、蕗苓夫人与何天炯后代之间非常亲密的关系才是使本书出版成为可能的关键。黄石先生及博子夫人也继承了智雄先生的遗志，对李教授的工作给予支持。宫崎滔天与何天炯是亲密同志，由双方的后代共同协力出版本书，正符合继承孙文、何天炯与宫崎滔天交往这一理想的事业。

我与李长莉教授结识而开始对何天炯持有特别的关注，始自2011

---

① 这些通信内容参看本书附录。

年，所以时间尚短。然而现在我对何天炯的史料却生出一种仿佛接触已久、十分熟悉的错觉。这是由于协助李教授的工作带来了很大的成就感及感到做了充实研究的心情使然。数年来的学习成果体现为这本书，对于我而言感到无上喜悦。

2017 年 1 月于东京自宅

序 三

日中友好的结晶

宫崎黄石

这次出版的《何天炯集》，收录了我家所藏的一批何天炯致宫崎滔天信函，我们从中可以聆听日中革命家之间跨越国界的心灵交流。

滔天是我的曾祖父。滔天于1871年生于日本熊本县，1922年在东京病逝。滔天与妻槌子①生了长子龙介②。后来龙介与和歌诗人柳原白莲③结婚，1922年长子香织出生，三年后我的母亲蕗苓出生。也

---

① 宫崎槌子（1871—1942），又名土子，原姓前田，熊本县出身。1892年与宫崎滔天结婚，育有长子龙介、次子震作。支持滔天的革命活动，在滔天为追求理想而无暇顾家、贫穷一生的生活中，槌子设法维持家计，不离不弃。对来往或暂住于家中的孙中山、黄兴、何天炯、宋教仁等众多革命党人悉心照料，并协助购运枪械支持中国革命。

② 宫崎龙介（1892—1971），宫崎滔天长子，律师、社会活动家。1920年在东京帝国大学（今东京大学）法学系就读时，为学生刊物《解放》记者，采访介绍知名和歌及戏曲作家柳原白莲时，与其相识相爱，引起舆论关注。自少年时与来往于家中的孙中山、黄兴、何天炯等中国革命党人熟识，并提供帮助，与黄兴之子黄一欧、何天炯之子何承天有交谊。后投身于社会活动与和平运动，致力于改善中日关系。1956年成立日本中山会，后出任日中友好协会常务理事。1949年后曾三次应中国政府邀请，偕夫人白莲到北京参加国庆典礼及辛亥革命纪念等活动，受到毛泽东、周恩来接见。

③ 柳原白莲（1885—1967），宫崎龙介之妻，日本著名和歌、戏曲作家。父亲柳原前光曾任驻清、俄公使，姑姑为大正天皇生母。26岁因家庭政治婚姻嫁年长25岁的九州煤炭大王伊藤伝右卫门，感情不谐，寄情于和歌创作。1920年与宫崎龙介相识相爱，并相约私奔，登报宣布与前夫断绝关系。因其特殊家世及不合于时俗，轰动一时舆论，称"白莲事件"，后经曲折而成婚。在龙介致力于社会活动及和平运动而收入无着时期，白莲全力支持，并以创作和歌赚取稿费维持家计。

就是说，在母亲出生前滔天已经去世，所以现在家族中已经没有亲眼见过滔天的人了。但是，母亲多次听祖母槌子回忆祖父滔天作为一个革命家的种种往事。因此，关于滔天为中国革命奉献一生的事迹，至今仍然在家族中流传。

现在挂在我家客厅墙壁上的两帧字幅，就是印证滔天这一革命家品格的资料。一幅是孙文书赠的"推心置腹"，另一幅是黄兴书赠槌子的"儒侠者流"。前一幅题字，其意指真心相交、坦诚相待，表达了孙文对滔天的全面信赖。后一幅题字，则是黄兴对滔天富有侠气而支援中国革命的赞赏。从这些书赠条幅中，可以感怀中国革命家对滔天人格的敬重与信赖。

家中藏有这些辛亥革命时期的资料，在编辑出版《宫崎滔天全集》[全五卷，（日本）平凡社，1971—1976年版]过程中更加明确了。祖父龙介仔细翻检出在家中书库沉睡多年的滔天与中国革命的相关资料，收录《宫崎滔天全集》中。当时正值日中实现邦交正常化（1972年）期间，滔天作为两国友好的桥梁再次受到瞩目。滔天、龙介父子合作的《宫崎滔天全集》恰在此时出版，不言而喻为此机缘增添了热潮。

龙介完成了《宫崎滔天全集》前四卷的监修，于第一卷即将出版的1971年去世。父亲智雄和母亲蕗苳继承祖父的遗志，完成了第五卷的监修。1976年《宫崎滔天全集》五卷最终全部出齐，此后父亲继续执着于对家中所藏资料进行整理。在这些资料中，父亲发现何天炯写给滔天的信函数量最多，总数超过一百封。父亲读了何天炯的信函之后，给石马区区长写了一封信，希望与何天炯的子孙后人取得联系。这封信成为现在何家与我家开始交流的契机，也为曾祖父滔天、祖父龙介培育的日中友好历史刻下新篇章。

重新回顾上述历程，可以说这次出版的《何天炯集》，是从滔天时代结下的何家与我家的缘分，以及两家持续致力于日中友好之志的结晶。

最后，感谢何天炯后人的协助以及编者李长莉、久保田文次教授的辛勤工作。此外，也期待着以本书为线索，以后能够在中国发现滔天写给何天炯等中国革命者的信函，希望日中两国进一步深化相互之间的理解与友好。

谨此搁笔。

2017 年 6 月 20 日

目　　录

编辑凡例 ……………………………………………………（1）

文章言论 ……………………………………………………（1）
　　一　《〈二十世纪之支那〉初言》（1905年6月3日）
　　　　………………………………………………………（1）
　　二　《复辟声中之函电》（1917年7月7日）……………（9）
　　三　《张继、何天炯、戴传贤告日本国民书》（1919年5月9日）
　　　　………………………………………………………（10）
　　四　《无赫斋山居言行录・序》（1922年7月—1924年夏）………（14）
　　五　《山居一年半》（1922年7月—1924年夏）…………（15）
　　六　《征求革命事实》（1924年7月19日）………………（38）
　　七　《国民党能否统一？》（1925年3月17日）…………（39）

信函 …………………………………………………………（41）
　　一　致宫崎滔天信函（附致宫崎龙介、震作函）………（42）
　　二　致其他日本人信函 …………………………………（133）
　　三　致国内人士信函（以日期为序）……………………（138）
　　四　中国友人致何天炯信函等 …………………………（145）

《无赫斋诗草》（增补） ……………………………………（150）
　　目录 ………………………………………………………（151）
　　一　诗词 …………………………………………………（155）

· 1 ·

二　联语 ·· （191）
　　三　字幅 ·· （194）
　　四　附录 ·· （203）

文书资料 ·· （205）
　　一　民国陆军总长黄兴给何天炯委任状(1911年12月) ············· （205）
　　二　何天炯加入中华革命党誓约书(1913年11月1日) ············· （205）
　　三　孙中山委任何天炯为中华革命党广东支部长令
　　　　(1914年12月16日) ·· （206）
　　四　中华革命党《广东支部留东党员姓名录》
　　　　(1913年9月—1915年3月) ································ （207）
　　五　中华革命党(东京)事务所财务资料
　　　　(1913年9月—1915年3月) ································ （209）
　　六　孙中山任命大本营参议令(1924年7月10日) ················ （212）
　　七　何天炯与塚原嘉一郎关系资料(1918—1925年) ············· （213）
　　八　何天炯与山田纯三郎关系资料(1921年) ····················· （220）

身后哀荣 ·· （221）
　　一　讣告[《(广州)民国日报》1925年7月3日第二版] ··········· （221）
　　二　中华民国国民政府令(1925年7月22日) ····················· （221）
　　三　中华民国国民政府批(1925年9月26日) ····················· （222）
　　四　《何公天炯追悼大会启事》(1925年7月30日) ············· （223）
　　五　胡汉民：《追悼民党巨子何天炯纪》(1925年8月17日)
　　　　 ··· （224）
　　六　胡汉民：《何天炯墓志铭》(1925年) ························ （225）
　　七　胡汉民：《何晓柳先生墓志》(1927年) ······················ （226）
　　八　挽联、悼诗(1925年) ·· （227）
　　九　戴季陶：《高洁的人格——怀何晓柳先生》
　　　　(1925年8月29日) ·· （228）

十　刘子芬：《革命志士何晓柳传》(1925 年 10 月 20 日) ……（231）

　　十一　兴宁县人民政府：《何天炯先生墓志》(1985 年 9 月)

　　…………………………………………………………………（232）

　　十二　何莲史等：碑记(1985 年 11 月) ………………………（233）

附　录 ……………………………………………………………（234）

　　一　何天炯译著存目 …………………………………………（234）

　　二　日本政府档案有关何天炯重要活动资料选录 …………（234）

　　三　《中国同盟会成立初期［乙巳丙午（1905—1906）两年］
　　　　之会员名册》选录 ……………………………………（242）

　　四　何宝松　何孟淳：《何天炯先生事略》(1987 年) ………（255）

　　五　宫崎滔天后人宫崎智雄与何天炯家乡及后人通信
　　　　(1985—1986 年) ………………………………………（269）

何天炯年谱 ………………………………………………………（275）

征引文献 …………………………………………………………（302）

　　一　档案资料 …………………………………………………（302）

　　二　资料集 ……………………………………………………（302）

　　三　文集、日记、回忆录、时人著述 …………………………（303）

　　四　报刊 ………………………………………………………（304）

　　五　论著 ………………………………………………………（305）

　　六　网上资料 …………………………………………………（306）

人名索引（依汉语拼音为序）……………………………………（307）

编辑凡例

一 本书为编者收集的何天炯著作文字及相关资料的汇集,力求齐全。编撰《何天炯年谱》,以便读者了解其生平、理解资料背景。

二 本书总体结构,以文章言论、信函、诗词联语、文书资料、身后哀荣、附录分别类目,先后排序。同类各篇编排,一般以时间先后为序,有年月无日期者,置于月末;有年份无月日者,置于年末;原件未署时间或只有月日而无年份者,考订其年月日,置于相应位置;无从考明时间者,集中置于同类各篇之后。

三 本书资料皆注明出处和来源,如有多种版本,则以较早版本为主,参照其他,以求真确,并酌情加注说明。凡转录自他人已经辑录整理发表的书刊者,直接标明该刊及辑录整理者姓名,不再另注其原始出处。

四 各篇原有标题者一仍其旧,原无标题者则编者代拟,并加注明。篇题如有时间则照录,如原无时间,则作者据内容推定,均以( )标出,特别情况则加注说明。时间一般用公历,书写阿拉伯数字。正文内时间及文末所署时间,则仍照原文,多用汉字,其中日期清代为旧历,在日本期间及民国时期为公历。

五 原文为日文者,由编者译为中文作为正文,在脚注中注明。

六 各篇文字处理及标号:因印刷等原因存在明显讹误者,径加改正;繁体字、异体字、旧体字、错别字径改为简体字和今体正字;△为原空,□为此字不清,[?]为前字存疑,[某字?]为编者推定,

（　）内为原有，〔　〕内为改正前面错字，[　]内为编者改正、补入或附加文字。原稿行文为右起竖排而出现"如左"字样者，均改为"如下"。改动文字较多之处，另加注说明。

七　原件中同一人的姓名，或分别以名、字、号、曾用名、笔名、化名、通用名等出现，为保持资料原貌，照录，必要者加注说明。

八　为方便读者阅读理解，本书于文中酌加注释。内容主要为说明该篇的写作背景、时间、涉及的人物和事件，以及文字较多讹误或某些史实的订正等。注释一律用页下注。

文章言论

一 《〈二十世纪之支那〉初言》

（1905年6月3日）①

卫　种②

发刊之趣意

　　一国之文明，系于一国之学术，而学术之程度，恒视其著述之多少为差。著述者，其研求学术之结果乎！

---

　　① 《二十世纪之支那》第一期［1905年（光绪三十一年）6月3日发行］"论说"［罗家伦主编"中华民国史料丛编"A16，（台北）"中国国民党中央委员会党史史料编纂委员会"印行1983年版］。《二十世纪之支那》，为1905年春夏宋教仁、程家柽、陈天华等联合各省留日学生在日本东京集资创办的留学生刊物，何天炯也为记者之一，6月3日发行第1期。该刊以"提倡爱国主义，教育国民"为宗旨，设论说、学说、政法、历史、军事、理科、实业、丛录、文苑、杂俎、时事、时评、来稿等栏目。该刊采用宋教仁所推定的黄帝纪元，卷首刊有黄帝画像，以此表达本刊的反清革命立场。同年8月20日，中国同盟会成立时，决定把该刊改为同盟会机关报。8月27日，因该刊第2期上刊有《日本政客之经营中国谈》一文，对日本的侵华政策进行抨击，遭到日本政府查禁，被没收刊物，被迫停刊。11月，《二十世纪之支那》更名为《民报》重新出版，成为中国同盟会的机关报。

　　② 卫种，何天炯笔名。据《宋教仁日记》1905年7月4日记："至光荣馆，晤何卫种，谈良久。何君，广东人，亦《二十世纪之支那》记者也。"［《宋教仁日记》，陈旭麓主编：《宋教仁集》（下），中华书局1981年版，第541页］该刊其他编辑人员均非广东人，更无何姓广东人。据湖南省哲学社会科学研究所古代近代史研究室校注《宋教仁日记》（湖南人民出版社1980年版，第82页），整理者对"卫种"注为"何天瀚，字卫种"。误，该注所述何天瀚事迹亦多误。从此文内容多涉外国知识及新思想来看，不大可能出自刚于1905年春由广东兴宁来日本的何天瀚之手。1905年冬留日学生反对日本"取缔留学生规则"运动时，日本警探记述何天炯与《二十世纪之支那》诸关系人曾共同发起反对日本查禁该刊活动，以及何天炯后任《民报》记者，而《民报》创刊时编辑记者基本为《二十世纪之支那》原班人员。这些皆可证"卫种"应为何天炯之笔名。参看李长莉《何天炯与同盟会东京本部》（《近代史研究》2012年第3期）。

欧美文明诸邦，若德、法、英、美等，每岁发刊图籍，不下六千余种。故其学术日研而日进，其所发明之学理，日阐而日新。如建塔，如积薪，后来者居上，昔以为崭新之论者，今则以为陈言矣。后之视今，亦犹今之视昔，追嬗于无穷，而著述亦生生不尽也，故其文明程度遂与之日高。

欧美勿论矣，即近而观诸日本，何独不然？其专书勿论矣，即杂志何独不然？就日本之杂志而论，每月所刊行者，计百数十种。其种类不同，而结构各异。其程度不同，而深浅各异。上者足补学士专家之推理，下者以供妇人孺子之诵读。其势力与教育相为表里，其普及较他书尤大也。其民德、民智、民力之进步不已者，未尝不因乎此。

反而观诸支那，则见其退而不见其进也。客岁统计尚得十余种，今且不及十种，我国民程度即此可占。夫杂志者，促民德、民智、民力之进步，挑发而引导之活机也。以今日之支那与欧美日本相较，宜有以挑发引导我国民者，实非倍蓰不为功，乃百不逮一。况列强之殖民于我土地者，已星罗棋布，以最劣之民族与最优者相竞争，其处必败之势，亦属天演公例，爰是则吾人不可不有以拯救之。拯救之方策如何？亦曰：挑发而引导之，使其德、其智、其力皆有所进也。然后对于内，足以组织完全之国家；对于外，足以御列强之吞噬。于是树二十世纪新支那之旗于世界！此则我《二十世纪之支那》杂志所以发刊之趣意也。

然吾人将执笔以从事编纂之际，或有否定者焉，曰：以汝之学，弇鄙而不文，不足以就斯学，我支那祖国，无烦吾子忧也，汝其勿为。随之而有奖励者，坐我之侧而慰我焉，曰：汝虽不文，而凭此一点赤诚，必欲唤起我同胞之睡梦，汝之志诚，足嘉。且以支那今日之状态，正溺于文胜之弊，汝之不文，言且易入，国民其或有听汝之言者乎？则汝之不文，正汝之便益也。汝其勉之，汝其勉之！

吾人将闻前者之说而惧乎？将闻后者之说而喜乎？然其实不足惧亦不足喜也，吾人惟有守此进取之志而一振我二十世纪之支那！

主义

虽然，吾人发刊之趣意既如上所述已，而吾人之主义亦不能不问。主义者，杂志所必要，犹商估之有看板乎！

世界有名之主义为今日列强所趋势者，则政治家之帝国主义其最著也，与吾人之主义同耶否耶？在十九世纪初，平等、博爱之说大昌于世，学者无不唱和，则宗教家之社会主义是也。自帝国主义既出而风会一变，此主义乃昔盛而今衰，与吾人之主义同耶否耶？又欧洲大陆，今日虽悉定宪法，脱专制之毒，而国民之权利与自由，皆从国法上所认定。乃各国人士尚以为政府时有专横，必欲尽拔其根株然后快，遂倡无政府主义。然此主义既出，而学者每斥为邪说，为各国所不容，与吾人之主义，又同耶否耶？此三主义者，吾人将何所适从耶？将兼容而并包耶？将一无所择耶？孰适用于二十世纪之支那，孰不适用于二十世纪之支那？所谓吾人之主义者，究何在也？

抑二十世纪中，我同胞对于支那者，其意见相殊，因而主义各异，其并立而角峙者，则急激与平和之两主义是也。然此二者，乃政党党员对于政府之主义，与吾人之主义微有不同。吾人对于政府者其间接，对于国民者乃直接也。然则吾人之主义为何，更不能不再问。

吾人将以正确可行之论，输入国民之脑，使其有独立自强之性，而一去其旧染之污，与世界最文明之国民有同一程度，因而得以建设新国家，使我二十世纪之支那，进而为世界第一强国！是则吾人之主义，可大书而特书曰：**爱国主义**！！

爱国主义与支那

惟其爱国，故以国名。夫支那为世界文明最古之邦，处世界最大之洲，为亚洲最大之国，有四千年引续之历史可爱，有三千年前迄今之典籍可爱，有四万万之同胞可爱，有二十行省之版图可爱，有五岳四渎之明媚山川可爱，有全国共用之语言文字可爱。支那乎！支那乎！吾将崇拜而歌舞之！吾将顶祝而忭贺之！以大声疾呼于我国民之前曰：支那万岁！！

虽然，欲振起我同胞之爱国心，而惟列举我支那美点以自豪，如卖药之功能书，备陈其功德之数，是果足使我同胞爱我支那否乎？

夫一国犹一家也，故爱国亦犹爱家。爱其家，而徒举其家产与祖先功德以自豪，以是云爱，爱乎与否，尚待疑问。以此种为爱国心，不免视其国家为玩物，而非自由活动之总体也。其爱国心为美术的观念，而非伦理的观念也。美术的观念之爱国心，如爱花焉，其繁华烂漫，则心醉而目赏之，一旦枯衰，则荆棘不若，其爱也亦仅矣。昔之支那民族亦岂无爱国心？吾见有歌颂支那者矣，见有尊崇之于无上者矣，然而不转瞬而树顺民之旗以迎敌国师旅者，则自北京之于联军见之。其迎敌者，非即支那所谓爱国者耶？建纪念之碑，以颂敌国功德者，则自台湾之于日本见之。其颂敌者，又非昔时所谓爱国者耶？其爱国也，所谓美术的观念，而非伦理的观念，故其爱也暂。

伦理的观念之爱国心为何？吾于英德见之。德意志人以国土拟之严父，故称为"父国"。英人以国家拟之慈母，故谓之"母国"。前者观国家如父，因可养其严格之义务心。后者观其国家如母，可养其慈爱之念。不以国家为无情的玩物，而拟以有情的父母，二者同出一观念。故其无事则于克尔之流、铁姆知之河洗缨而濯足，临维马耳之地，登亚波之山，玩春秋明媚之景色，酌酒而欢呼其国家万岁。一旦国家或有危难，则捧生命以守国，如救父母之急。虽或至力竭兵穷，亦惟以身殉之，终不为外敌所慑服。故苟不尽灭其种，则其国终不亡。此日耳曼条顿民族爱国之心情，所以蔚为最强最大最优等之国，而世界莫与竞也。是即所谓伦理的观念之爱国心也。

吾人之所谓爱国者，即此伦理的观念，决非美术的观念也。

然则今之爱国观念，非昔之爱国观念，而今之支那，亦非昔之支那。盖其爱国观念一变，而支那亦因之而变，于是演成"二十世纪之支那"。

二十世纪之支那

二十世纪之支那，于世界上处如何之位置？吾人爱之，不能不思索也。

二十世纪之支那，依然支那之支那乎？抑俄国之支那乎？英国之支那乎？德或法之支那乎？美与日之支那乎？吾人爱之，不能不决此疑问也。

思索之，解决之，不可不究其原因及其结果。欲究其原因结果，不可不割分为三期：

（一）**过去** 据历史以观支那过去，在二十世纪前，已为世界之视线所聚。盖自欧洲势力平均，其竞争之旋涡，不能不移于东亚，亦势使然也，而支那适当其冲。然在甲午以前，列强于我国殖民者，大抵皆用个人的方法及结社的方法而已，国家的方法犹未剧烈。自甲午败后，于是列强之殖民手段乃一变。

殖民政策中所谓国家之方法者何耶？学者大别之为四种：（1）征服；（2）占领；（3）财政权之夺取；（4）势力范围与保护地域是也。征服之方法，直接者虽或无其例，而间接者，则英法启于先，而日本于台湾亦属此类。至占领之方法，则德国之占领胶州首发其难，为最近世史中著名之政策。若夫财政权之夺取，实为列强普通之方法，今日正在进行中，未有艾也。而势力范围与保护地域，犹日见推拓，我同胞当无不知之，岂俟我言哉！

（二）**现在** 二十世纪初年，支那为北京败后时代，近数年中，俄国于北方经营，英国于扬子江流域，法国于云南、两粤，德于山东，日本于江西、福建，其势力范围，渐已认定，而东三省一地，系日俄势力之盛衰，遂惹起二国战云。现在之支那，即日俄战争中之支那也。现列国对于支那者，分为二派：一主分割，一主保全。夫分割者，固足以亡支那，而保存者，亦岂足恃？我不能自存而借人存我，是其权操诸人，而不操诸我。能存我者，何尝不可以亡我耶？支那对于列国者，亦分二派：一为媚外，一为排外。媚外者固足以亡其国，而排外者亦足以促其亡也。呜呼！今日之支那，处何如之势力，无以拟之，拟之曰：累卵之支那！

（三）**将来** 吾人试一揣将来情势，支那得如何结果耶？吾将定五点以观察之。

第一点，就保全支那之公约而观察之。夫列国所以倡导支那领土保存者，岂不曰为东洋平和，使势力平均。日英同盟，皆以是藉口。即前此之三国干涉，以取还辽东，亦不过惧日本独占东洋优势。乃未几而俄逞野心，卒至日俄开战，是未得平和而先召冲突也。宁不冷心乎？以英、美、日之力，卒能抗俄、法、德与否，尚不可知，且近以法国违反中立，于日法外交极形危迫，大有非战不可之势。观宪政本党最近之决议，必欲要求英国履行英日协约之第三条（壹千九百零三年《日英协约》，其第二条规定，日本或英国之一方，与别国开战，其他之一方缔约国，守严正中立，不加入交战团体。第三条则规定，交战之中，若再有一国或数国，加入与该同盟国交战时，其一方之缔约国，必来援助，协同战斗。至讲和亦必与该同盟国相互合意乃可）以对待法国，其变幻正不知如何。从历史上以观六国之关系，则日俄敌也，俄法与英故仇也，美以菲律宾，故害德国之感情，德美亦慝怨也。此六国相对，必有继日俄而战者。则是东洋之平和，终不可保，更足以诱起西洋之竞争，其终局必明分支那，以定其势力，斯亦事所必至者也。且也英法若加于交战团体中，则德必乘此间以规划支那，虽美国或出而干预，然必无可如何。列国于此惧其相缠，而使旁观者获利，不能不先分支那以定其界划，是支那终不可保也。况分之反足以致东洋之平和，是支那有必分之理由也。其危一。

第二点，就战争终局日胜而观察之。自日俄开战以来，黄祸之说遍播于白人之口，其中德国尤甚。日本若胜，于东洋之势力，较各国为略优，此理之当然也。列国于此能不嫉之？嫉之则必求增殖势力于支那，以分其势，则支那之去分割亦不远矣。其危二。

第三点，就战争终局俄胜而观察之。夫日胜既足亡支那，而俄胜则其亡更速。以俄之野心，既分波兰而后，并土耳其而欲分之。非英人反对其倡导，则土耳其休矣。何有于今之支那，东三省之事，已公然冒天下之不韪而不顾。况藉战胜余威，以鼓动各国，即此时之支那，其分割也，亦在人人心目中所有事。其危三。

第四点，就四川之结果而观察之。我支那行省中，为各国势力范围所未及，而其面积最大，人口最多，出产最盛，气候最温和，为农工商业第一之地者，非四川耶？列国均垂涎久矣，而实有可得之资格者，则为英、俄、法。盖三国势力范围之地，皆邻近四川，若德、日则距离颇远。但使三国中或有经营而取获者，则他国必妒之。盖今日各国之势力范围，皆相平均，倘四川或为一国所得，则其国较之他国为独优，而他国必求增拓使足与抗。然支那之地有尽，列强之欲无厌，其终局必至于分割而后已。是则四川之结果，而支那即相与沦亡也。其危四。

第五点，就保全支那公约既成后，对于支那民情之变幻而观察之。前美国外务卿克尔氏，既提出保全支那之公约，已得各国赞成。虽以德人之野心，亦勉从所请。然此保全之公约，勿论其终不成也，即既成后，保无变幻耶？以我国民之程度，尚在低级，自来无远大之图。在今日情势，排外之心不可无，而排外之暴动必不可有。同胞中或有为目前而忘远虑者，起而杀二三洋人，与为种种无意识之躁举，则他国又将以占领胶州之惯技，而再施于支那。其藉口有辞，则前约又成画饼。别国干涉之不能，则必出以同一之手段。在昔俄借旅顺，而英法干涉，干涉不已，其后一变而为同一之手段，遂借威海卫与广州湾，其故辙也。斯时支那，岂得不亡？其危五。

总上五点观之，然则支那其必亡矣乎？果支那必亡，吾人何事嚣嚣也？何贵乎其爱之也？虽然，吾有希望。

吾人对于二十世纪支那之希望

支那之危有五，吾既列举之，是对于支那之失望，然仍非绝望也。既非绝望，安得无希望？

试思支那之亡，何人亡之？即我支那也。列强不施其政策于他国，而独施于我支那，岂不曰支那有以召之？组织支那者何人？我一般国民也。是则支那之自亡，即我国民亡之。我国民亡支那，吾安得不责之？何责乎尔？谓其无爱国心。

虽然，有爱国心与否，不可不以教育为前提。教育者，爱国心之制造场也，无教育故无爱国心。反而言之，是有教育即可养成爱国心矣。昔西班牙民族，尝雄飞于世界，其后不竞，美西之战，遂蒙失败。论者究其教育衰颓，故国势流落。若德意志，则在百年前，尚未统一，今日乃执世界之牛耳，德法之役，其获胜也，卑思麦①亦以为教育之功。即今日本之胜仗，世界评论，亦以为教育普及所至，而日人亦以自夸。我支那国民而果能图教育之兴耶？则爱国心不难养成也，国不难蹶强也。然则所以责我国民之缺乏者，吾转祝其发达于将来。

或以支那之亡在即，时无暇待，而实非也。际列强交战之中，我国民乘其间以经营而整顿，正为不可失之时机。夫逆料支那为必亡者，谓我国民坐待而不自振耳。我国民而能自振，则可希望其不亡。

就令分割之祸立见，而分我国者，亦未必一次而可尽。俄、普、澳之分波兰也，第一次在一七七二年至一七九二年，将为第二之分割，及一七九五年，乃为第三次之割尽。其中非无恢复之机也，而卒抵于亡者，由波兰之民，其爱国心不普遍，不能统一，故屡起而屡败。吾不惧列强之分割，而惟望我国民之振兴。不宁惟是，即使全国既属于他人，若我国民之爱国心日加发达，则此后尚足以独立也。一七七九年之美国，实其前徵，而客岁又有马加奈独立之事，是皆我师也。吾更不患支那之亡，而惟望我国民之爱国！

记者与读者

今番我《二十世纪之支那》杂志出世，亦本此希望而发生。松本氏尝言（日本松本君平，美国文学博士，语见所著《新闻学》第五页）"今日之新闻，如衣食住，为文明国民所必要，且为国民教育之大学校，养成国民之政治思想，涵育社会的道德，授与文明之民必要之智德常识，使能解其他文艺美术、政治法律、农工商百般高尚之人

---

① 今译俾斯麦（1815—1898），德国近代政治家、外交家。1862 年任普鲁士首相兼外交大臣，击败奥地利统一德国（除奥地利），1870 年击败法国使德意志帝国称霸欧洲大陆，于 1871 年任德国首相，在任 20 年，世称"铁血宰相"。

道，发达必要之趣旨。天下何物足以胜之耶？故其势力之所及至伟大也。虽黄金之力，宗教之魔，帝者之权能，皆莫能与比。"深有味乎其言。若杂志者，严格的新闻也，不尤重哉？然其事重，则吾人执笔以将事也，更不可不慎。

第以吾侪之浅学，而撰此杂志，今第一号已告成。吾人对于读者有二种心情，敢敬为我读者诸君告以吾人之寡闻浅识，特为祖国前途之故，不能不尽其言责。其中差谬，在所不免，读者而有以诲正之，吾人所甚欢迎者也。其言或有不谬，而与支那之幸福其有相关者乎？二十世纪中，乃自言论而进于实行时代，吾人之言论，正所以为国民之取材也。吾人言之，而读者果实行之，使吾人以言论始，而不仅以言论终也，尤吾人所切望。是则吾人之幸，即读者之幸，即一般国民之幸，即二十世纪之支那之幸！吾人为之祝曰：

二十世纪之支那万岁！

二 《复辟声中之函电》

（1917年7月7日）①

南京冯副总统②钧鉴：

公为民国副总统，今逆贼覆我民国，坐视不讨，何以谢天下！乞即明示，免误机宜。

——旅沪公民何天炯、刘德泽、张水天、徐苏中、高一某、周落萍、袁子光、陆亚夫、杨福顺共五百余人同叩。

---

① 何天炯等：《复辟声中之函电》，上海《协和报》1917年7月7日第15版。

② 冯国璋（1859—1919），河北人，北洋军阀直系首领。原为袁世凯亲信，辛亥革命时率领北洋军镇压武昌起义。1913年"二次革命"爆发后，率军南下镇压，后出任江苏都督，坐镇东南。袁世凯死后黎元洪继任大总统，冯被国会补选为副总统，仍兼江苏督军，驻南京。张勋于1917年7月1日在北京拥原清帝溥仪复辟。黎元洪避入日本使馆，通电各省讨伐张勋，并电冯代行总统职务。7月4日孙中山在上海发布讨逆宣言。6日冯国璋在南京宣布就任代理大总统。7日报纸发表的这封何天炯等以"旅沪公民五百余人"名义发出的公开函电，为革命党联合民间力量促冯尽快出面主持讨逆。8日孙中山即离沪赴粤主持护法。12日段祺瑞讨逆军克复北京，张勋复辟失败。

三 《张继、何天炯、戴传贤告日本国民书》

（1919年5月9日）①

《申报》按：张浦泉、何晓柳、戴季陶三君，昨日正午在一品香招待日本在上海各报各通信社特派员及主笔等，即席宣布三君对于日本外交政策之意见，同时以《告日本国民书》交付各记者，托其传达于日本各报纸。先由张君略述主旨后，戴君即以严肃之态度、恳挚之言词，详述中国国民所以排斥日本之原因，指摘日本过去之对华政策，凡中国人所欲言之事，无不尽情发挥。演说至一点半钟之久。戴君词毕后，《上海日报》《上海日日新闻》两社主笔及《东京时事新报》《朝日新闻》代表佐原笃介均有答词。至四时席罢。张君等之《告日本国民书》如下：

中国与日本有特殊之历史及地理关系，故两国之国家及国民，当然有亲睦之实质及必要。然而数十年来，两国关系每况愈下，最近欧洲讲和会议开始以来，中国国民因日本坚持其侵略山东之主张，于是对日本之恶感更达沸点。苟日本政府及人民，对中国之政策与心理不根本更易，则两国国家与国民，将无并存之余地，其结果足使亚洲前途陷于极悲惨之境遇焉。

中国国民全体，无不以恐怖怨恨之心理对日本。日本国民苟就日本之传统的政策，及过去数十年来日本对中国之一切国际关系，平心静气，以忠恕之见解省察之，必得其原因所在。然日本人之意思，发表于新闻纸及著书者，以及日本友人与予等所言及者，从未有公道且正确的观察。予等鉴于时局之重大，谨再切实列举中国人民反对日本

---

① 上海《民国日报》1919年5月9日第1版；《申报》1919年5月9日第10版，题为《张继等对日本国民之宣言》。

之根本事实，为日本国民告。

吾人就历史的事实，认定日本扩张其政治经济的势力于朝鲜、满洲、蒙古及中国本部，为日本之传统的政策，而达此目的之方法，则惟武力及政治压迫是赖。远者勿论矣，日本之近代发展史，以丰臣氏[①]为开宗，而大陆的侵略政策，实以丰臣氏为最著。五十年前，标榜开国进取而起之维新志士，亦无不以侵略大陆为根本政策。大木氏日俄联盟瓜分中国之论，西乡氏[②]征韩以窥大陆之谋，实为代表。故侵略大陆者，日本之传统的政策，一切对华方针之基础也。中国国家及国民之利害，实日本不能两存之原，盖在乎此。

刺激中国国民，使中国国民对于日本怀怨恨与恐怖之心者，有两大事实：

其一为朝鲜问题。盖中国战败后与日本所结之条约，乃保障朝鲜之自由与独立。以国家及民族的德义论，中国与日本皆有尊重此条约之义务。而日本乃毁约背信，并吞朝鲜。中国人见日本此种可惊可吓之手段，无不具唇亡齿寒之感。盖知日本之并吞朝鲜，实为侵略中国本部之先端故也。近代日本有识者论及亚洲前途，均深恶英法之奴视印度、安南，此论吾人实具有同感。然日本之统治朝鲜也，与英法之统治印度、安南，何以异乎？奴视异种人为罪恶，奴视同种，其罪恶岂不更巨？且朝鲜之与日本，以血统言，较中国为尤亲；以文化言，更为启发日本之恩人；以怨报德，尤东洋道德所不许。此次朝鲜人民无抵抗之独立运动，日本言论界绝乏为之表同情者，以视英之于爱尔兰，美之于菲律宾，相去诚不可以道里计矣。

其二为台湾问题。中国因战败之故，割让台湾于日本，其后中国对于日本统治台湾之政策，从无何等批评。然而中国人民心理，其视台

---

① 丰臣秀吉（1537—1598），日本古代封建领主，1590—1598 年为日本的实际统治者。完成日本统一，并两次出兵朝鲜，意在吞并朝鲜、进谋中国。

② 西乡隆盛（1828—1877），日本江户时代末期（幕末）武士、军人、政治家。参加倒幕运动，明治维新成功后提倡"征韩论"，支持对外扩张。后发动反政府的武装叛乱，史称"西南战争"，兵败而死。

湾，犹法人之视阿尔萨斯罗伦也。清朝帝室为覆亡我国家之敌，故中国国民，虽国亡数百年，亦不忘此世仇，起而逐之。然以日本领有台湾后施于台湾人之政治，与满清末年清廷施于中国人民之政治较，则清廷之政治，尚优于日本，何也？清朝末年，有三德政：一曰预备立宪；二曰撤废满汉民族待遇之差别；三曰严禁鸦片。而日本在台湾所施之政治，既不予台湾人民以公权，亦从无予台湾人民以公权之约束。日本人所享受之法律的保障，以及财产上、教育上、社会关系上所受之待遇，亦不予台湾人以平等。又因暴敛金钱之故，设鸦片专卖局，使台湾人得公然吸食残体伐性之毒药。中国国民认定日本此种统治台湾之政策，为日本奴视中国人之铁证。因惧日本之政治经济势力发展于中国大陆，则中国其他部分亦为台湾之续，故视为中国国家及国民之仇敌也。

以上两者，盖中国国民对日本恐怖怨恨心理之所由起，而此种心理，更因其后日本大陆侵略政策之发展，日以加甚。欧战发生后，日本标榜正义人道，声明为世界文明东亚安全计，拔除德人在东方之根据，以之归还中国。此光明正大之宣示，实中国国民所至欢迎者也。乃日本既占领青岛以后，即于一千九百拾五年五月，以武力的强迫手段，威逼中国政府，承认九款二十一条之要求。中国虽为武力所屈服，然而国民怨毒之深，乃澈骨髓。日本对于亚洲各国家各民族，时时以黄色人种之独立自存为言，而行为则无一非强夺孱弱的黄种国家之财产，是所标榜之主义，所倡导之正谊，悉为诈术而已。而利用欧战中白皙列强，无暇顾及东方之时，以全力对华侵略政策，尤类于谚所谓趁火打劫者。故吾国国民，一闻日人中日亲善之言，即引起侵略中国领土、垄断中国利权之敌慨心。盖诈术乃中国人所深恶痛绝之恶德故耳。

此后日本为保障中日协约在欧战终了后之效力，乃缔结日俄攻守同盟，发表对中国问题之日俄共同宣言，并与其他协约国交换保障日本在中国独占的利益之文书。然中国国民所以不恨及其他各国，而独恨日本者，盖以他国在无力对付东方问题之时期，而日本则专利用此时期，以遂行其传统的政策也。

文章言论

　　袁世凯死后之中国，已渐入小康时代矣，而日本军阀利用中国参加欧战之机会，与中国军阀相结合，以扶持中国军阀者，扩张日本在中国之势力，演成中国国内之战祸。更以武器金钱，供给战争主体之一方，延长战事时期，增多中国国民之痛苦。甫入黎明期之中国新文武，遭此军阀之摧残，战争之蹂躏，实为中国国民绝大打击。故此次中国国内战祸之最大责任者，乃日本耳。段祺瑞等，不过紊乱中国国宪，摧残中国文明之正犯，而日本政府，则为之主谋者也。

　　不特此也，关于山东问题，日本最近之行动，尤使中国人民完全失望。盖中国人对于日本之传统的政策，以为尽力支持之辩护之者，以贵族军阀为最，而平民的政治家之意见，未必尽如是也。乃日本第一次之政党内阁成立，其对华方针，仍为奉行传统的政策。而最近各政党及新闻纸，关于山东问题所发布之意见，尤无不为传统的政策做辩护。于是中国国民乃确认日本大多数国民，均为传统的政策之拥护者，为维持中国之存在及国民之利益计，排日行为遂成绝不可免之事实，虽有何种危险当前，亦不容吾人之回避矣。

　　予等对于日本与中国之国交，向来主张两国国民之亲睦，对日本在朝在野之友人屡次述予等之意见，说明日本不抛弃其传统的政策，必无亲善可言之理由。予等之诚意的劝告，竟不能致日本有识者之觉悟。关于山东问题，犬养氏①狂奔的运动，此其尤著者耳。中国人民今已无可忍受矣。中国虽无强大之武力与日本战，然而中国人民仇怨日本之心理，实足为日本国家及国民前途痛苦之原因。且欧战既终，列强皆尽其全力注意于东方，而东方新进强国之日本，徒为迷信的传统政策之奴，使大陆国民全体反对日本，是不啻自陷其国家于危险之境，而甘步德意志之后尘也。

---

　　① 犬养毅（1855—1932），日本政党政治家，护宪运动主要领袖、亚洲主义者。1890年当选众议院议员，后连续十七次当选，1898年后多次入阁。与浪人首领头山满关系密切。1897年经宫崎滔天介绍与孙中山结识后，长期保持联系。辛亥武昌起义后曾赴上海考察。1913年孙中山流亡日本时，与头山满一起给予孙庇护。1910年创建宪国民党，1929年任立宪政友会总裁，1931年12月任首相，于1932年5月被军部右翼分子刺死。

从来日本人士之鼓吹中日亲善也，无〔不〕以同文同种为说，然日本之传统的政策，则专以压迫同文同种之国家及民族为事。夫国家亲善与雠仇，非与种族之同异绝无关系，然非纯为种族同异之关系也。证之世界一切历史上之战争，其理自明，英德之战更为确证。予等因个人与日本国民间之友谊，谨以至诚恳真率之言，为日本国民告：深望贤明之日本国民，以自由、平等、互助之精神，自根本上改造其政治组织，罢除其传统的政策，以与世界民主的文明潮流俱进。爱平和、重德义，为中国国民数千年之德性，他日必能弃旧恶以与日本国民相友善也。

四 《无赫斋山居言行录·序》

（1922年7月—1924年夏）①

无赫斋曰：冷热而清者，非在山泉水耶？轩然而浊者，非出山泉水耶？木石与居，鹿豕与游，耳目肺肝，清虚高迥，别有天地，非人间矣。或曰：此自了汉也，不足以言天下事。余曰：是或然矣。佛以普救众生为志，儒以己溺己饥为怀，为问今之儒佛何其众耶？彼乱法自恣，尚以救国为名，甚至强持其说，以为欲施建设必先破坏。夫破坏诚是也，革命党人亦尝行之矣。然清廷已倒，袁氏继兴，李代桃僵，以武力服人者，结果必为武力所困。尤而效之，非困于敌人，则困于部下，是则武力为至不详〔祥〕，当局者亦可恍然悟矣。窃为民国现象，再不能提倡武力以摧残民气。先圣不云乎："己所不欲，勿施于人。"彼迷信武力者，曷不以其身家妻子置于两军交

---

① 〔日〕萱野长知：《中华民国革命秘笈》，日本东京：帝国地方行政学会1940年版，附录：《唱和集》，第410页。"无赫斋"为何天炯家乡住居室号，《无赫斋山居言行录》应为其著作《山居一年半》定稿前之题名。该书为何天炯1922年7月后乡居期间陆续写成，1924年夏他结束乡居再赴广州前结稿并定名《山居一年半》，后印行多部并分赠友人。如本书收何天炯1925年1月3日致宫崎龙介兄弟函有"寄上鄙著《山居一年半》两册"之语。此篇序文应为何天炯在此书定稿前所撰自序，或为印本所载，萱野长知据其赠书抄录。

战之区，与百姓同享其乐，若曰：焚杀任之，奸淫任之，则吾必服其大公无我，确有临民之德，虽绵绵延延至于万世可无议也。非然者，徒放言破坏，而其家室财产则先托庇外人以求安全，无一毛之损，斯人也虽日攻帝国主义之非，恐便便大腹之流早已窃笑其旁，引为同调。

五 《山居一年半》

（1922年7月—1924年夏）①

《建国》编者按②：

何天炯，字晓柳，广东梅县人，为同盟会老同志。同盟会在东京成立时，任本部庶务部副部长，部长则黄克强也。当时庶务部之职权，为总理以下之总务机关，责任至重，故总理每离职之时，总理之职权，每由黄先生代理之。何先生责任既重，总理倚之亦甚专。辛亥［1911年］三月广州之役，何先生亦曾参加。南京临时政府时代，任总统府秘书，凡总理与日本民党有所接洽，何先生无不参加。因素擅日文，且与日本民党友谊甚笃，如宫崎滔天、头山满等，皆先生老友也。先生长于文艺，好读书，恂恂儒雅，与人和易，人皆乐亲之。此稿乃先生于民国十三年家居时追述陈炯明叛变之情况，并及其他革命轶事，读之可以想见当日忠贞同志悲愤感怆之情况。书成后未数月，先生亦赍志长逝矣！故特为刊录，以贻国人。

记者

---

① 《建国》（广州）1928年第14期（上）；第15期（续）；第16期（续）。另刊《党义研究》（重庆）1942年第22期（上）；第23期（中）；第24期（下）。何天炯自1922年7月由广州返乡，至1924年6—7月离乡赴广州，实际在乡近两年。

② 《建国》（1928年）首刊此编者按，《党义研究》（1942年）重刊此文时，同刊此编者按。

甲子［1924年］夏间将之广州自题《山居一年半》：

荷秀坡前处士家，战云低压静无哗。鹧鸪不管华胥好，唤起闲庭看落花。

抚松抱石得忘机，槛外风云愿又违。无补时艰深愧我，不知何处鳜鱼肥？

乌石桥边夕照斜，携儿三两问桑麻。吾田芜尽犹行役，九死归来叹破家。

沉沉云海隔人天，风引仙舟忆去年。白马素车何日事？高山流水再生缘。

交情深感死生知，惆怅神山鹤化谁？彩笔传公吾亦逝，最难征马独迟迟。

柳边松下别慈颜，珍重儿行几日还？雨覆云翻人事酷，毋须风肯动江关！

揽辔悠然下广州，鸡前牛后不回头。仲连已渺留侯在，北望秦庭一击休。

少时濯足到扶桑，自许襟怀不可量。回首廿年前后事，空怜幽愤有文章。

* * * * * *

民国十一年（1922）六月十五日之夜，惠阳人叶举率所部粤军，突攻总统府。孙总统避难永丰兵舰，革命大业，一时终止。余乃归乡不预外事，奉亲命也。先是粤军总司令兼广东省长陈炯明[①]，率师攻广

[①] 陈炯明（1878—1933），1909年任广东省咨议局议员，同年加入同盟会，1911年参加广州黄花岗起义。1913年6月任广东都督，后参加反袁活动。1917年参加广东护法运动，被孙中山任命为援闽粤军总司令。1920年10月，被孙中山任命为广东省长兼粤军总司令。1921年4月又任为广东民国政府陆军部部长兼内务部部长。1922年4月拒绝孙中山北伐命令，被免去广东省长、粤军总司令、内务部部长三职，仅保留陆军部部长一职。6月率部发动兵变，炮击总统府，孙中山避往永丰舰。8月在广州自任粤军总司令。1923年1月被孙中山组成之讨贼军打败，后逃至香港。

西，下之。孙总统谋广东之发展，亟欲北伐，遂出巡梧州，许崇智、李烈钧诸军皆会。总统下令免陈炯明军民两职，改任两广军务督理。陈炯明不怿，迳走惠州。总统回省，旋北上韶关，誓师伐赣。时则驻广西之粤军闻陈氏在惠，遂由叶举指挥回粤。有以下令制止之说进者，总统曰：置之。孰知招祸之源，即在此乎？以下粤军，统称陈军。

陈军既返粤，人心自即恐慌。赣南捷音虽日数至，然皆未证实也。总统为镇抚人心计，复驻节广州。日召各界人士，诰诫以其政略。闻友人言，总统某日在财政厅演说，声明某军如不服从，必以二十四生的大炮惩办之云云。某君深以此言为不当，余曰固然。然陈军仇视总统之心，固不因此言而有增损耳。未几，风声急矣。余于十四日午后五时入府，冀有所陈述。至则孙市长①与其僚属诸人在焉。及总统出，群趋而问军事之究竟。总统曰："无忧也。赣南尽下，我辈饮马长江，指顾间事。陈军虽有盲动谣言，然以下叛上，则其势不顺。或故示要挟，为竞存②谋复总司令计耳，何足惧乎？"余闻之，不甚释然，辞而出。至天桥遇徐参军长，形色仓皇，急云非准备不可。余告以总统仍与在座诸人谈也。陈军于十五夜十二时顷，已在总统府周围，秘密放哨。迨黎明，枪声起矣。余由梦中惊醒，急登楼瞭望，闻枪声起于观音山下。友人曰，殆矣！此拂晓攻也，总统其能免乎？余知大祸之至，即在目前，促家人起而戒备。俄而军队四出，狼顾虎视，令人不寒而栗。草草朝食毕，忽闻叩门声，启视之，则为友人某，约余往某处会谈者，急偕二弟往。沿途戒备，屡被搜诘，为生平未有之痛苦。至则某君告我以总统必无幸免。详询之，则某君昨夜深出府时，总统尚悠然不以此事为念。噫！此岂细事耶？可哀已。

总统既陷重围，外无救兵。国民党人赤手空拳，徒死何益？无

---

① 孙科（1891—1973），孙中山独子。1910 年加入中国同盟会，参与革命活动。1917 年广东护法军政府时期任广州市市长，1923 年、1926 年两次再任广州市市长，1931 年任南京政府行政院院长，1932 年任立法院院长，1947 年任南京政府副主席，1949 年辞职旅居香港、法国、美国等地。

② 陈炯明，字竞存。

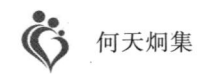

已，其乞外援乎？昔者张勋复辟，黎元洪遁入某国使馆，至今为世诟病。今总统聪明刚健，安有此者？况总统被围，消息隔绝，焉知外事。然余非政府大员，为总统闲散旧友，则无人不悉。今若以此资格与其情谊，告知外国友人，动其拯溺扶危之念，则国体已无所伤，总统生命，又获安全。会商之结果，余乃向西关行矣。往返数次，足痛欲裂，最后遇某君于西濠，乃知总统实于昨夜由某君护持，间道出险。于忧愤辛苦之余，突聆此无上佳音，余之喜慰，盖可知已。

乱事既作，友人居址迫近战线者，多转居于吾家。有某君夫人及门而僵，救治之，逾时始甦。盖在途受军人之吓诈，妇人胆小，逢此百惧矣。总统在兵舰，时时发炮，射击乱兵，为回韶许、李诸军之声助。余每闻炮声，则登楼四望，冀有捷音，乃久之而渺不可得。凡人作事，揆以情，度以理，则其结果必十得八九。今陈军所为如此，平心论之，其手段实未免过酷。虽占据粤城，张牙而舞，知其不朝食而亡耳。

有在陈部充某职之乡人，闻余尚勾留粤城也，则大惊。一日急使人促余远去，免遭不测。然余困于食指，经济之奇窘，有非可言而谕者。借贷已觉无门，典质又无长物，罗掘之余，使长女先行回沪就学，次则若弟若儿若侄，连袂返乡，禀报高堂，免劳远念。二弟则拟终始随余，使缓急有恃。三儿奇子年仅四龄，举止聪明，每闻炮声，则投匿余怀，或自关窗户以避，弥可爱怜矣。

围城匝月，望断旌旗。一日韶关之败报至，余知大势已不可为。闻总统北上春申［上海］，行有日矣。余等筹思至再，终以二老在堂，世途艰险，非回乡休养者，恐无以自全。遂决计取道东江，为一行之准备焉。呜呼！塔尖似笔，其能写烈士忧时之恨耶？海月如镜，其能照人面兽心之隐耶？余自满清末造，出亡东海，二十年来，几经忧患。而所遇之奇，所遭之厄，固未有甚于今日者。挟笔记之，知山居一年半之历史，固非无自云耳。

吾邑处东江上游，凡往粤者，非由潮汕泛海而南，则于春水生时，由老隆顺流直下，其行期不过二三日耳。余于是间风物，至为不谂，非二弟力促余行者，吾殊不敢轻于问津。是行也，计家人四，仆人一，风雨登舟，肝肠欲断。时维七月二十日之黄昏，距总统离粤之期，已一周矣。

舟抵惠城，忽动游湖之兴，此果何为者？明知虎豹在庭，荆棘满地，党狱株连，嫌怀见戮，行路艰难，无逾此时矣。乃寄情山水，率意孤行，冒不测之忧乎？旁观多为余危，而余乃不恤。驾一叶之扁舟，访胜探幽。有危楼高耸于林际者，百洲也。楼为惠人建筑纪念辛亥革命之物，倘能身体力行，岂不甚善。余拾级而登，凭栏四望。见湖上所架临时电线，密如蛛网，由陆而湖而楼，余问守者云何？则对曰："此为陈总司令办公之室，荣戟森严，今迁往白云山矣。倘子于半月前来者，岂能入此室处？微独斯楼，湖中荇菜鱼虾之属，吾侪所恃以为生者，尔时都被禁取。"言下唏嘘，余急止之，而问朝云墓所，迤北而往，有亭翼然，朝云墓也，荒圮甚矣。嗟乎！大造本无所私，徒以名士美人，点缀风光，令人凭吊。况苏公气节文章长留天壤者乎？我惠人甚念诸！

"富贵不能淫，贫贱不能移，威武不能屈"，孟子以为大丈夫，岂不然哉？余身丁乱世，所谋辄阻，以为众醉独醒，则吾岂敢。然读古人书，见贤思齐，固常以风谊自许矣。高山流水，此志尚不足为党人道，况庸众乎？由惠飞轮，而河源而老隆，踽踽舟中，牢骚抑郁，不可告人。俄而夕阳在山，告停轮矣。舟中喧扰，皆背负手提，欲捷足先登之村汉也。余倚舷默视，见舟身离岸不及三尺，足健者可跳而逸，逆料船夫必横板桥以渡老弱矣，而抑知不然。船司理为一伧夫，獐头鼠目，航行中，时时与客争值，余早已心恶其人，初未料其凶横狡诈欺压旅人至于此极也。斯时旅客有跃而登者，伧见之，则吹其唇。一小舟来矣，岸仄不可以容，乃荡其轮稍远，以入此小舟，使旅客尽登。余以为小舟渡客矣，而抑知又不然。此操舟者，如是放其舵，使微摆，令旅客各出金毫之半，美其名曰渡钱。旅客大呼噪曰：酷也。有欲跳去者，船夫则以足蹬船底，船大震动，妇孺交跌，有哭失声者矣。予熟视久，知无人理，奔而前，斥之曰："狗敢尔。"遂握其舵，不使动。大呼曰："客速登，毋纳钱，责在予一人。"船夫怒，拍其胸，欲斗予，予举杖以待。复呼曰："客速登，纳钱者非丈夫。"客乃鱼贯登，时时回顾予，惧见窘。老妇则口喃喃谢，咸以予为军官，予仆人则苦笑不止也。

余已投逆旅，口干甚，心尤动荡不止。默念船夫果与余斗者，余必无幸。余幼学技击，今废弃久矣。且彼主我客，当时怒目而视者，其数何止数十，余仅兄弟二人，复累以妇人孺子，则战况不利吾方，何待蓍龟。徒以义愤所激，不计利害，犯百难而行之。事后思量，实有不可为堂上人告者。船夫已受余创，乃转其卑劣手段以飓余，使一老者来，自认向者所为，乃后生之过恶，且自陈悔罪状。予曰："老人何为者，岂非乞钱乎？"诰诫之，叱其去，掷以钱，已不及所索十分之一矣，可恶哉。

舍舟而陆，归心之急更不可言。老隆至兴宁，为程约二百里，道途平坦。男女负载劳工，朝暮络绎，数约三千以上。长途汽车之设，余兴邑人士早有计划，使非乱事肇兴者，则测量绘图，已次递举行矣。自老隆启行，神思颇倦，时时假寐舆中，或吟《归去来辞》以自遣。抵里时，风雨大作，慈母倚门而望，相见之下，喜极欲泣。复次登堂拜父，为陈乱事缘由，老父撚髯而笑，不置一辞，心弥苦矣。三儿奇子且以省城炮声之响，张大其辞，以诳家人，无不匿笑。此吾由省返乡之经过情形也，然予昔年陈迹，尤为漫浪，溯回记之，亦雪泥鸿爪之意也。

余本山中人也，家世耕读。岁癸卯［1903年］，年二十七矣。感时发愤，负笈东瀛。时同行者，有邑中刘维焘、饶景华二氏。翌年甲辰［1904年］冬，留学乡人以潮汕铁路事，举余回国调查，辞不获已，遂行。居家不及一月，偕堂兄公博①等复渡日京，自是余为同盟会中人矣。丁辛［1907—1911年］之间，余往来于南洋、香港，怅望

---

① 何天瀚（1874—1911），又写作天翰，字公博，何天炯堂兄。1899年考取秀才，后在汕头岭东同文学堂就学并任教，又在家乡办新学。1905年春随回乡探亲的何天炯赴日，入早稻田大学攻读政治法律，8月加入同盟会，任同盟会司法部判事、广东支部长等职。1907年回国，在广州"广府中学堂"及"两广方言学堂"执教，秘密从事革命活动。黄花岗起义失败，掩护起义同志脱险。1911年9月病逝。

文章言论

家山，盈盈一水，自以名列党籍，颇为满清重视，然吾不敢轻露头角，以风鹤之惊，重累堂上。香港、春申［上海］，本为华人乐土，二老人食贫茹苦，从不作离山之想。然予之不能回国，二老人心或知之，而不肯明言，故亲朋亦无敢以是言告者。予之身世自以此时为最苦。幸予屡自振奋，济以谦衷，使乡中宵小不为鳌难，以安吾家室，此则生平可告慰者也。辛亥清亡，壬子［1912年］七月，予乃生入里门矣。勾留三月，今总统孙公时为全国铁路督办，欲漫游日本，乃电余询其行止。予以兹事体大，遂辞亲北上。及讨袁事败，上海、东京、南洋，重有吾侪足迹，续亡命也。袁已死，民六［1917年］之冬，余再归里，居仅一旬耳。大总统时为元帅，率海军回粤，以外交事重，派唐绍仪住日，以余为辅。余席不遑暖，又辞亲赴日矣。陆、莫①据粤，善类胥藏，七年［1918年］之冬，余由沪而粤而里，则侍亲几及五旬。而在沪友人则以经营事业，交相劝勉，故余仍回沪居也。八年［1919年］冬，父病获痊，余由沪归省，父龄六一，母则六旬，重开寿宴，心中舒畅，笔不能宣。忽忽光阴，遽逾三月，事关琐屑。沪上之行，虽不能已，颇倦游矣。九年［1920年］秋间，粤军讨莫，幸告成功，遂随总统南旋，期望厚也！越明年，总统选出，政府复以对日外交以嘱余，辞以亲老。日友宫崎②、萱野③诸君，都以事在必行，无已则归禀高堂，得其欢允，是两全矣。以此敦劝，余于是有十年［1921年］腊月之行。是行也，未入里门，慈颜已见。何则？盖三儿奇子初次还乡，老人思见情殷，有如饥渴，故远道迎也。提携保抱，若获拱璧，于是二老又增一爱魔矣。

"诗书敦夙好，园林无俗情。"余日本之行，虽有成约，但余依恋家园，有如倦鸟。加以二老人慈祥恺恻，余中年已过，尚时以孩提视我，故每一呼名，余闻而辄喜。时艰虽亟，绝裾而去，岂人情哉？余回肠荡气，感荷生成，初不见日本之行，二老人非独无尼，且嘉吾

---

① 时广西军阀陆荣廷、莫荣新率部占据广东，图掌控广东护法军政府。
② 宫崎滔天。
③ 萱野长知。

志，以为壮图。贤哉老人，余行矣。时二弟在省，拼挡行旅负追随之责者，实为三弟。风尘劳顿，抵省时，木棉花事尚未阑珊。闻总统驻节韶关，军书旁午。余与黄、杜二友，亦曾为曲江一度之游，自是广东之变乱起矣。

综记吾生，自癸卯［1903年］以迄癸亥［1923年］，积年二十一，回家次有七。其间居留时日，多不过十旬。而于陈军之变，避乱乡居，则几及二载，可谓久矣。屈指生平，劳人草草，今得以一年半之光阴，偷闲弄笔，自写襟怀。陈军虽虐民，鄙则受赐多矣。

兴宁位于万山之中，石马地势犹逼，故颇患人稠。吾先世开基于此，过二十世矣。凿井耕田，浑浑然太古之民。自曾祖鼎堂公任侠尚义，有名于里，先生父寅初公，性情潇散，不废酒德，壮年精通医理，活人无算。至其督责后进，向学无荒，苦心孤诣，闻其言者，无不肃然起奋，自责非人。我兄弟育此家庭，好古敏求，日有新知，遂倡留学，为邑人范。今吾兄墓木拱矣，恶知国乱如縻，覆雨翻云，乃弟"辛苦贼中来"哉？

萧坊崇丰第者，吾诞生之故宅也。自吾游日以前，吾伯叔父二家，均居于此。益于王父昆支，人丁届百，湫溢甚矣。壬子［1912年］春间，吾父始购新基于荷秀坡，刻苦经营，持之以渐。民国七年［1918年］，复买张氏别宅，告完善也。费金数百，开窗易户，葺而新之，赐名曰亦爱庐。庐前为田，劈山土填之，扩为庭园。山土既劈，遂现平地，乃于其间构一小楼，则名曰无赫斋。斋后有山，通以栏桥，广约三亩，虽山也，久辟为种菜畦矣。迤南数步，山势忽耸，其下平坦，亦广三亩，中有池塘，围以蕉竹。吾父相度阴阳，指为吉宅在是，诰吾侪光大门闾，不可有忽。吾侪对曰：敬闻命矣。吾楼位向东南，旭日凉风，都为好友，除正南为山外，如东如北如西，碧香千顷，中亘双溪，绕门而逝，濯缨濯足，吾心涣然，颇悟道也。斯楼形势已佳，点缀风景，则有芙蓉、杨柳、紫灵、黄檩、松柏、桂梅、桐槐、桃李、橘柚、柿梨、枇杷。又如碧桃、红杏、山茶、杜鹃、玉兰、蔷薇、白莲之属，有色皆香，无味不隽。若夫小草闲花，沾衣触足，难更仆数矣。尤可异者，庭来一石，高不外五尺，大不过二围，而其颜色苍黝，似久受日月之精，风云之护，故顽冷非常，当门而立，为吾负驱除俗子毋来之责也。

吾写庭园风景，绝未铺张，凡游吾园者，类能道实。至于楼中陈设，则为何物，想又人所急欲闻矣。吾本寒士，安有长物，但吾心颇不寒，故能入死出生，与强权角逐。自满清告亡，汉室重光，吾澹于宦情，时思补读。往在东京，读书革命，并行不悖。虽毕业于日本大学，然吾心犹歉然也。吾抱藏书之念，至为热烈，自恨不识左行①，而历年所储东籍，多遭遗失，嗟何及者。国籍之名，尽于经史子集，而吾之所藏，尚不及二万卷。他如古人书画，虽颇有佳者，然皆友人所赠，为数至微。古剑、古瓶、古琴，则吾甚好之，不可得也。吾楼陈设，如此而已。而乡人尚以为大观，何其陋耶？夫吾乡居无侣，坐卧其间，神游梦想，亦大有人在。惜乎饥不可食，寒不可衣，经营未半，已告捉襟。所幸家人一德一心，不以为怨，然此后仍欲现吾山居理想者，殊不能无待于三径之资矣。

客问于余曰：子其善用兵者欤？余曰：何谓也？客曰：善用兵者无赫赫名，予以无赫名斋，有已举以示人乎？予曰：否。决毋是？予偶读《汉书》，取"何武无赫赫，去后令人思"②之义耳。家风诏我，讵曰无根，吾安事侈谈用兵，至诩诩然名其额以炫人者。左氏不云乎：兵犹火也，弗戢将自焚也。民国以来，佳兵者莫如袁世凯，焚矣。次为段③，焚矣。次为张④，又焚矣。今曹⑤吴⑥赫赫，固一世之雄也，其焚矣，可翘足待。前车覆，后车鉴，公例所在，谁与逃之。

---

① 左行，指英、法等西方文字，因从左向右横写，与中国文字从右向左竖写不同，故以"左行"指代西文。
② 何天炯在家乡所建二层洋式楼房，取名"无赫斋"。语出《汉书》卷八十六《何武传》，谓扬州刺史何武"为人仁厚，好进士，奖称人之善。……疾朋党。……其所居亦无赫赫名，去后常见思。"
③ 段祺瑞。
④ 张勋。
⑤ 曹锟。
⑥ 吴佩孚。

且兵以戡乱，非以助乱，南方伟人如不恤者，遭天诛矣。凡今之人，奈何藉保民之名，而行攫利之实耶？予感客问一端，故而畅伸其义如此，非好辩也，不得已也。

洪兆麟占据汕头，握海陆各权。叶举、杨坤如死守惠州。林虎所部，则往来潮梅东江之间，而吴佩孚与齐燮元，则由江西间道，济以弹饷。封豕长蛇，实逼处此，吾其釜中鱼、笼中鸟矣！奋飞无力，有时咄咄青空，凭高远望，秋水蒹葭，伊人安在？吾处境至此，颇觉无欢，幸吾毅然舍之，别开天地。昔在围城之中，尚与黄子榆春，敲棋饮酒，视白刃如无物，今戢影蓬庐，不干时事，我即祢衡，谁为黄祖？① 于是晨昏定省之外，万念皆空。无赫斋中夜深烛火，时有读书之声，遇客驻足而听，以为是中有人，而吾悲天悯人之念，实未尝因山居而有消长也。此则可为知者道，难与俗人言耳。

自我山居，流光易逝，中外良朋，音容隔绝。矧在乱离之世，聿求友声，切磋砥砺，非仅欲通鱼雁，破岑寂已也。一日阅沪报，载宫崎滔天先生追悼会启事一节，予阅未及半，觉目瞪口呆，如青〔晴〕天霹雳，使失吾常度。伤哉！滔天非他，即日本宫崎寅藏是也。滔天其别号，又以浪庵滔天名。故家熊本，侨寓东京。昆仲三人，长八郎，次民藏，先生居季。诸葛兄弟，卧龙尤为杰出，奈何其享年尚不及之。予之由粤回乡也，尝告先生以粤变原因与吾侪行止，及今后进行之计划。云海沉沉，不获再承雅教，固已心然疑之。今也风景不殊，人琴俱渺，已伤逝者，行自念矣。昔太史公发愤著书，所作记传诸篇，无不昂藏俊伟，大为贤豪生色。我生不文，江郎才尽，岂足为伟人扬其万一？然以先生功在吾华，辅成民国，有肺肠者，宜无不闻名而慕，况吾谊兼师友，亲承教化，可无一言以记其生平大节哉？

日本自维新以后，其人民发扬蹈厉，颇有向外发展之雄心。故向

---

① 祢衡，东汉末年名士，文学家。因出言不逊触怒曹操，被遣送至荆州刘表处，后又因冒犯刘表，被送至江夏太守黄祖处，终为黄祖所杀。后黄祖对杀害祢衡一事感到后悔，遂给予厚葬。

外发展一语，严释之，则含有侵略意义。吾华接近东邻，地大物博，人民乃茸塌而不习外情，此亡徵也。先生虽为日产，然独不囿于其教育政客之军阀眼光，常能置身绝顶，以东亚问题，苦口婆心，陈告于两国人士之前，冀其觉悟结合，以抗欧美风潮。此岂今日口头亲善之夫，可相提并论者？先生抱兹宏愿，横顾中华，茫茫大地，而度地势、审民情，以为具有革命之资格者，厥为广东。甲午之役，清廷已败，先生乃航海东粤，欲访求不世之豪，与共天下之忧乐。其先结识康有为之徒，后察其所志过小，遂割席而转交于孙中山。孙公以此因缘，终得于日本东京，成立同盟大会，集全国人才，为推倒满清、开创共和之基础，岂偶然哉？先生道貌伟然，长于文艺，性刚决而中含婀娜，其爱护吾党之心，几无微不至。而其见疾当路，地踢天促，致居住生活，皆失自由，吾诚感慨系之矣！

今夫恶直丑正者，人类之劣根性也，初不分文野，不分中外，亦不分官僚、军阀与所谓党人。自亡清以还，沧桑世态，吾见闻亦日广矣。先生人中龙也，人间何世者，锻铁弹琴，肝肠激烈，使日本王公如有司马昭[①]其人者，先生必为嵇中散[②]。先生云中鹤也，泥涂轩冕，有箕[③]、颖[④]之风，使当日孙公[⑤]如为白水真人者，则先生必为严子陵。[⑥] 先生东海畸人也，风雨一椽，抱广厦万间之志；人天

[①] 司马昭，三国曹魏后期政治家、军事家。继承其父兄事业，消灭蜀汉，基本上完成了取代曹魏。其子司马炎称帝、建立晋朝，追尊其为晋文帝。

[②] 嵇康，三国曹魏文学家、思想家、音乐家，因曾任中散大夫，世称嵇中散。与魏宗室通婚，为"竹林七贤"之一，与阮籍齐名。因不满当时掌握政权的司马氏集团，遭人构陷而为司马昭所杀。

[③] 箕子，商纣王的叔父，性耿直，有才能，官太师，封于箕（今山西太谷、榆社一带）。因进谏被纣王囚禁，周灭商后，率一部旧族东渡朝鲜，以殷商礼仪制度建"东方君子国"，史称"箕子朝鲜"。

[④] 颖考叔，春秋初年郑国军事将领。有胆有识，作战英勇，遭人妒忌，终被谋害于战阵之中。

[⑤] 孙中山。

[⑥] "白水真人"，指东汉开国皇帝刘秀，因起兵于其家乡南阳郡舂陵白水乡，故名。严子陵，名严光，东汉著名高士（隐士）。少年时即有才气，与刘秀（后来的汉光武帝）是同学好友。刘做了皇帝后，多次征召其为谏议大臣，严子陵婉拒之并隐居富春江一带，终老于山林间，因此被时人及后世传颂为不慕权贵、追求自适的榜样。

皆幻，发众生平等之观。若如步兵饮酒，渊明乞食，无真不露，有机则畅，可谓东邦之贤者矣！而有时拔剑起舞，慷慨悲歌，至于泣下沾襟，斯则醉翁之意，并不在酒，盖已有尘世艰辛，入山浮海，鸟兽不同群之感焉。

十一年［1922年，实应为1923年］一月，联军由梧东下广州，陈炯明出走，其残部由惠州溯老隆而至兴宁，其他一部，则会自潮汕。东路许军闻之，遂由福建永春，回师进迫，陈军复退江西浔鄢等处，以待时机。未及二月，陈军得曹吴之助，则大举而回袭兴宁，自是吾乡遂为修罗场矣。吾乡石马，为往来梅县、兴宁之孔道，许军已退，而残害吾乡者，实为陈军。吾奔走国事，垂二十年，非独无补时艰，其结果至糜烂其乡，使二老人不安寝馈，吾思时贤，有愧曾国藩多矣。吾乡已陷水火，鹤唳风声，予乃集家人而诫以镇静，勿过惊扰。诸弟年事已长，亦多经验，佥以今日之事，首在使老弱安全，其余家物等件，都可土芥视之。而柴草楼梯，引火逾墙之物，则先置之别地，防不虞也。部署已定，乃使诸弟革履竹杖，当门而坐，以待自治军之光临。夫吾侪整暇至此，果何恃而不恐者，矧自治军非老隆船夫之比，吾虽孤愤满腔，彼犲虎不食之徒，安知仁义。徒以吾山既深，更无可入，陈军如见迫者，先必善为辞令，告以藏书所在，为一乡之精华，吾乡小学被焚，已实拜君等赐矣。黄瓜再摘，岂自治军之用心乎？此以舌退兵之一策也。倘诚不格物，拔刀相向，则恭引其入，以示无宝藏，布帛菽粟，俱任取携，此以利退兵之又一策也。至于铳炮戈矛，壮夫力士，吾亦早有戒备，以防其非礼于家人。吾操心至苦，而持虑颇精，以此周旋，遂见效验。环吾庐而居者，都有哭声，而吾庐岿然独存，如鲁殿灵光，有时非独无扰，且有式庐而过者，君子于此，叹清议之不尽无凭矣。陈军已退，乡愚哗然，以为是乃保护之所，今而后吾侪得所庇矣。此半年中许去陈来，如代飞燕雁，乡人之避兵祸者，遂拜集于吾家，但吾本无实力，自卫尚虞其不暇，以此求庇，增愧愤矣。且乡众心理，至为庞杂，吾开诚以告，彼反种种疑吾于不见容纳之故。且谓先生民望也，今先生不去，而诏吾侪勿来，先生其何说之辞。嗟乎！丧家之狗，谁不怜之，待刲之羊，谁其拯之，吾睹此情形，心中大戚，则亦来者不拒而已矣。

吾庐既小，安能大庇寒士，今妇孺老弱以及疾苦垂危之辈，俱息其中，数逾三百，告人满矣。而樵夫牧竖，惧徵行役者，尚时时飘忽而来。吾母不辞恍悴，劳来安集，而于哺孩弱妇，尤加意悯怜，甚至踜蹬往来，支窗悬帘以为掩护，颂为生佛，非无故矣。生命财产，一名词也，分之则殊无生趣，乡人已安其所，则爱护其财产，亦人情之常。然乡人贫苦甚矣，安有财产？里粮不过数月，数畜以对，则牛也，猪也，鸡鸭也，余如锄櫌耒耜、破絮烂裙之类，自乡人视之，无物而非生命。以此之故，吾庐已患人满，今复积物如山，而乡妇无知，有时私启吾门，回家收拾，其竹头木屑之属，致为乱兵所见，追逐而来，几误吾家大事。予乃特别戒严，下门钥以禁其出入焉。及陈军去而四出调查，则遭蹂躏者，又比屋而然，此诚吾侪叩天之幸，可告无罪于乡人矣。

读《归潜志》，载王郁所论出处一节，以为"仕宦本求得志，行其所知，以济斯民，其或进而不能行，不若居高养豪，行乐自适，不为世网所羁"。王子处无道金人之世，龙屈池中，固宜有此言。况今日社会，险狠龌龊，实开古人未有之局。史称五代之世，廉耻道丧，以为中国之极乱，以之例今，岂足尽其状态乎？世有阮籍，痛哭途穷而已。予感王子所言，俊伟曲达，有足为吾人指导者，故乐为记之。

陶渊明负一世高名，后人多以为隐逸者流，自甘枯槁，误矣。我生不辰，睹此横流人欲之充塞，亦已甚矣。凡今大老，徒以义务强人，斥为民不爱国，其言似也。然吾谓人不爱国，实无过于官，但官有武力，故得以爱国为名，而据无边之权利，民无武力，遂蒙不爱国之名，而尽极端之义务。以是求治，实抱薪救火，宜君子望望焉去之矣。孟子曰：人有不为也，而后可以有为。岁寒而念松柏，世乱而慕陶公，情也，亦势也。昔黄鲁直有怀陶令一首，论世知人，实获我心，而吾诗有抉共夷齐不食周粟之隐，不知有附会否？先录黄诗，附以鄙作，可参观焉。

　　潜鱼愿深渺，渊明无由逃。彭泽当此时，沉冥一世豪。
　　司马寒如灰，礼乐卯金刀。岁晚以字行，更始号元亮。
　　凄其望诸葛，肮脏犹汉相。时无益州牧，指挥用诸将。
　　生平本朝心，岁月阅江浪。空余诗语工，落笔九天上。
　　向来非无人，此友独可尚。属予刚置酒，无用酹怀盎。
　　欲招千载魂，斯文或宜当。

　　寄傲南窗一世豪，弃官犹恋义熙朝。浔阳未必无诸葛，天地沉冥酒自浇。

　　怜君扶日旧家声，归去萧闲爱菊名。斗米自关千载事，完人谁不道渊明。

　　非关束带感归田，身世沧桑欲问天。大化浮沉公早达，应无遗恨永初年。

　　柴桑人去柳如烟，百代流风尚晋贤。旷世奇才终乞食，伤哉如上首阳巅。

　　七绝四首则鄙诗也。

　　自苏洵作《辨奸论》，王安石遂体无完肤。三十年来，吾国士人眼光，尚不过如此，王氏含冤亦已久矣。王氏虽雄才大略，政学俱优，然其所谓"天变不足畏、祖宗不足法、人言不足恤"诸语，则确足以骇俗。而肆其流弊，至于今尚不知伊胡底也。科学已明，安有天变？五帝不袭礼，三王不沿乐，维新之士，类能道之。王氏之冤，其渐伸矣乎？未也，孔子曰："民可使由，不可使知"，此本可以"不恤人言"一语为注解。然民权之世，孔子学说，尚多被驳斥，王氏更无论矣。庄子曰："世俗之人，皆喜人之同乎己，而恶人之异于己也。"今南北伟人，自命甚新，一方则逆行其脑，以附于孔王之徒，怪莫甚于此焉。彼以"不可使知"之言为体，以"不恤人言"之为用，体用兼赅。复以"愚者难以虑始、可以图终"之言，含〔涵〕盖一切，特下处死之判词，可谓酷而虐矣。大凡愤激之辞，不充于事实，施之于交道，尚犹有憾，况论列天下事乎？今以国家之广漠，人类之复杂，风气已殊，智虑不一，而执政者乃所谋一不遂，辄以武力统一，为救国之经纶。共和已建，覆辙相寻，尚不知省。斯人也，非祖龙之专，新莽之伪，则为帝制遗孽而已矣。谈政治者，以为乱世用人，则人重于法，半开明之世，则人法并重，立宪之世，则法重而人轻。今乱世耶？立宪世耶？机械虽灵巧，终必借人力而后成功。孟子曰："徒法不能以自行"。易曰："小人乘君子之器，盗思夺之。"然则用人一道，固尚未可以儿戏出之矣。知人则哲，尧舜尤难，然明目达聪，不参以私见，则贤不肖自分。夫道若大路然，岂难知哉？昔魏武求才，及于不忠不孝、盗嫂受金、屠狗卖浆之流，彼欲为周文王耳，宜其有此也。民本主义之先觉，天下为公。以礼义为干橹，忠信为甲胄。孟子曰："仁者无敌。"其斯之谓。欧阳子云："戒小人之遂非，希君子之改过。"引颈南望，固未足释山居者之杞忧矣。

羊叔子登岘山，慷慨悲伤，惧百世下湮没无闻，即君子疾没世而名不称之义也。迨后襄阳百姓，思念功德，望碑坠泪。叔子有知，其亦可无憾矣。而吾独怪宋孝宗之不识李纲，至为扼腕。专制之世，预人家国，其不等于卞和之刖足者几希。周益公云："淳熙末，李忠定诸子皆不存，其侄申之进公奏议，请谥于朝。孝宗似未习其人，余为历陈本末。上曰，张浚比耶。有司请以忠定易名，制曰可。"夫宋当靖康建炎之间，公忠爱国之臣，当以李纲为第一。南渡以还，益以高宗之暗，秦桧之奸，主和苟且，屏弃贤良。孝宗虽称令主，习非成是，亦淡然忘之矣。而其使人短气之处，则在复以张浚为比，真荒谬矣。张浚居心阴刻，以随时幸直之功名，固宠朝廷。而朱熹号称圣人之徒，亦以浚子南轩交谊之故，极口推尊。夫使父可因子之贤，遂故出其恶，且从而贤之，则何不可子因父之贤，亦不计其恶，复从而贤之耶？刘禅如在，吾侪宜远吮痈舐痔，奉为帝天，以王此沃野千里天府之国之巴蜀也。君子论世至此，知党同伐异，贤者不免，告子性恶之说，非大有研究之价值耶！

世传孟浩然与王维善,一日孟浩然在座,玄宗猝然驾临,浩然走匿床下,王维以实对。玄宗曰:朕久欲见其人。遂呼出,使诵其诗。至"不才明主弃,多病故人疏"之句,玄宗曰:卿自不求仕,奈何怨朕耶?遂放还云。唐令狐相欲进李远为杭州,宣宗曰:闻李远云,长日惟消一局棋,岂可使治郡哉?对曰:诗人之言,不足为实也,乃荐远廉察可任。此正说诗者不以辞害意也。然孟浩然自是命运不佳,使王维当日能以此意为孟氏解说,玄宗人殊聪颖,孟氏虽未必得官,亦何至以此遭谴,遽放还耶?昔在东京,与赵伯生①、林广尘②往郊外寒香园访宋钝初③,尝谈论此事,以为笑乐。余云:"唐以诗赋取士,颇觉风流。使我辈生当其间,作几首清平调,岂不慷慨!"座中无不轩渠。今林广尘死难黄花岗,赵伯生愤死香江,不及见共和成立,而宋钝初则暗杀于袁世凯。三子者皆吾党之杰,宜其成名而去,独吾岿然尚在,避乱山中。孔子曰:"不有祝鮀之佞,而有宋朝之美,难乎免于今之世矣。"三子如在,不知其感想又当何如?

---

① 赵声(1881—1911),字伯先(生),号百先,江苏人。1901年考入江南水师学堂和陆师学堂,1903年赴日本考察,与黄兴结识,立志革命。回国后入新军任职,1906年在南京加入同盟会。1907年任广东新军统领,后因联络革命党人谋举义事被疑忌而弃职。1909年底参与策划指挥广州新军起义,失败后避往香港。1910年11月应孙中山之召,与黄兴等再次筹划广州起义,被举为统筹部副部长。1911年4月广州起义(黄花岗之役),担任起义军总指挥,因其为广州城内官吏所熟识,不便先入城。27日,副总指挥黄兴率先发动起义,与清军激战一昼夜,终因寡不敌众而告失败。赵声于次日晨赶至广州已无法参战,被迫撤回香港。由于广州两次起义均遭失败,他忧愤成疾,于1911年5月18日病逝于香港。

② 林文(1887—1911),号时塽,字广尘,福建人。1905年留学日本,8月加入同盟会,任福建支部长。后多次参加同盟会发动的武装起义,往来于日本、南洋和香港之间。1911年4月由日本回国参加广州起义(黄花岗之役),随黄兴冲入清总督署,中弹牺牲,为广州黄花岗七十二烈士之一。在日本时与何天炯有交谊。

③ 宋教仁(1882—1913),字遁(钝)初,号渔父,湖南人。1904年与黄兴共同组建革命组织华兴会,当年冬在长沙谋举起义,事泄未遂,潜赴日本。1905年8月加入同盟会,任司法部检事长。1911年武昌起义爆发后,与黄兴一同抵达武昌,参加革命政府的法律工作,参与起草《鄂州临时约法草案》。1912年1月1日中华民国临时政府在南京成立,被任命为法制院院长,主持起草《中华民国临时政府组织法》。8月成立国民党,任代理理事长。1913年国会选举中,领导国民党获压倒性多数席次。3月20日,在上海火车站遇刺,二日后身亡。时论指为袁世凯主使暗杀。孙中山因"宋案"而提出武力讨袁,发起"二次革命"。

文章言论

余在乡间，有不快之感四：一为陈军之骚扰，二为沈氏之反粤，三为滔天先生之讣音，四为国民党共产之谣言。香港《大光报》者，其论调素以赞成民党闻，然自本党改组以来，则时有本党共产之记载，而于汪、胡、廖三氏，尤致其微辞。汪、胡、廖者，汪精卫①、胡汉民②、廖仲恺③也，三君皆余旧友，其行谊吾所素谂。然《大光报》之词锋，则竟如此。心摇摇如悬旌，颇动吾出粤之戚焉。窃为吾国今日之需要，不虞思想之不新，而在思想之不实。共产为不得已之行，以其谈学理，毋宁考事势。欧美极物质文明，其贫富悬绝，几如天壤，人民又各有相当教育，以是而无恒产可言，则其欲共之也固宜。反观吾国，则何如者？特产之丰富，气候之优良，人口之众多，若加以聪明材力，及孟善④之勇气，则自食其力，无求于世界，已绰有余裕，何必以共产为标榜乎？社会主

---

① 汪精卫（1883—1944），名兆铭，号精卫，生于广东三水。1903年赴日留学，1905年加入同盟会，任评议员、《民报》编撰。1907年春随孙中山赴南洋进行革命活动。1910年3月，在北京谋炸清摄政王载沣，事泄被捕入狱，辛亥革命后出狱。1917年后参与孙中山广州政府工作。1924年1月国民党"一大"当选国民党中央执行委员会委员，任宣传部长。1925年7月，广东国民政府成立，当选常务委员会主席兼军事委员会主席。

② 胡汉民（1879—1936），字展堂，名衍鸿，广东番禺人。1902年赴日留学，1905年加入同盟会，任本部书记、《民报》编撰。1907年春随孙中山赴南洋进行革命活动。1911年春参加广州"三·二九起义"，武昌起义爆发后，领导广东光复，出任都督。二次革命失败后流亡日本，任中华革命党政治部部长。1917年后参与孙中山广州政府工作。1924年1月国民党"一大"当选国民党中央委员会委员，旋兼广东省省长。1925年3月孙中山逝世后，代理军政府大元帅。7月任广东国民政府常务委员兼外交部长。9月受排挤赴苏联考察。

③ 廖仲恺（1877—1925），广东人，出生于旅美华工家庭，后回国。1902年赴日留学，1905年加入同盟会，任外事部干事。1911年武昌起义后，回广东任广东军政府总参议，兼理财政。1913年二次革命失败后流亡日本，中华革命党成立时被任为财政部副部长。1917年任广东护法军政府财政部次长。1920年10月孙中山改组广州军政府，被任为广东省财政厅长。1921年5月孙中山就任广州民国政府非常大总统，被任为财政部次长、代理总长。1923年3月孙中山重回广州就任陆海军大元帅，被任为大元帅大本营财政部部长，后任广东省省长。协助孙改组国民党及实现国共合作，为国民党左派领袖。1924年选任国民党中央执委、常委、政治委员会委员，并兼任广东省省长、财政部长等职。1925年8月20日遇刺身亡。

④ 孟善，明朝军事将领。靖难之役时，跟随朱棣（后为永乐皇帝）起兵。守卫保定时，以数千兵力抵挡中央军万人围攻，得保存城池，遂受封为保定侯，后镇守辽东。死后赠滕国公，谥忠勇。

义者云："不劳动者不得食。"吾国游惰之民，亦已众矣，今不鼓舞其生产之机，而煽动其共产之欲，无责任之文人，自快其口可耳，若执政者亦以是为新奇，可号召一部人士，以壮吾势力，饮鸩止渴，取快一时，亡可翘足待也。

余敢下一断语曰：今日吾华之患，非在不共产，而在不爱国耳。爱国之君子，决不倡共产，以破共和之局，以涣众庶之心。非理不可通，实势不能行矣。中华民国，为吾人自由竞争之场，非列强暴力角逐之地。敢告富商，其急公好义，毋私而财，以贻仇敌。台湾、朝鲜、安南之富人，有自由处分其产之权乎！虽欲共之，不可得也，则知耻为最要矣。天津、上海、香港，虽信美而非吾土，岂徵歌选舞，斗鸡走狗，遂足扬眉吐气于其间乎？郑有弦高，汉有卜式，先贤多足师者，胡为托庇异族，沁沁倪倪。国未亡犹如此，国既亡安适归？故能知耻，则必争爱其国也。敢告军人，私斗毋勇，公战毋怯，执干戈以卫社稷，童汪倚犹能行之，若堂堂七尺，而乃自残同种耶？李鸿章之见辱于毕士麦①，公等宁不闻之？则明理为至要也。兄弟阋于墙，外御其侮，此良心之悠然而生者，况殃及无辜乎？古之人行一不义，杀一不辜，而得天下，皆不为也，可不猛然自责耶！诚如是，能知耻能明理矣，则能保其国也无疑。泱泱中华，何事不可为，而必共产之为耶？

用情多者，烦恼随之，用情深者，沉郁中之。忧能伤人，都非寿徵。然余已过中年，即死亦不为短命。满清之亡，亡于党人，世无不知之者。以党人用情之激越，复好读史乘，故能深知满人之恶。泊夫末造，他族肆其凭陵，满人反欲利其凶焰，以压汉族，则汉族真无死所矣。余崛起草茅，并未受满清一命，故革命之志，颇为壮烈。而中外史乘及金元记载诸书，又适为助长革命之资。吾人所以常不顾一切而行之，当时处境之困，本不易言，然每至无可奈何时，则强为吟咏以自遣

---

① 毕士麦，即今译俾斯麦。李鸿章在西方外交界有"东方俾斯麦"之誉，他在1896年3月访问德国时，与已卸任首相的俾斯麦会面，交谈中炫耀自己剿灭太平天国及捻军的神勇，本想获得其赞赏，不料俾斯麦对他说："我欧人以能敌异种者为功，自残同种以保一姓，欧人所不贵也。"（梁启超在《李鸿章传》中所言）李大惭。

文章言论

适，至于今尚不改此态。回忆昔年读《宣和遗事》，有徽钦北狩倡〔唱〕和词二阕，余心伤其遇，为屡和其韵，共得四阕。今挑灯检阅，不觉自叹用情之过，亟录于此，以志昔年亡命之情况，举一可反三矣。

少年慷慨尽英华，爱国故离家。问天不语，金瓯有缺，恨拨琵琶。秋风萧瑟征人去，吹起战场沙。白云倚剑，家山咫尺，血泪凝花。

风流潇洒更清华，门第谢王家。堂前燕语，主人何处？别抱琵琶。青山绿水都如昨，无地限龙沙。蓬莱且住，临风尺八，吹看樱花。

衣冠文物旧中华，倾覆怨谁家？青山满目，且休回首，湖畔琵琶。琵琶湖，风景绝佳，为日本有数之胜游地，余时在京都故云。此间信美非吾土，故国障风沙。爱随仙子，楼头吹笛，清彻梅花。

飘摇风雨到京华，秋思在谁家？王孙倦矣，祇园金粉，听罢琵琶。细数生平劳碌事，到底化虫沙。光明世界，无人无我，一笑拈花。祇园为京都裙履属流之所，故旅客趋之。

辛亥三月廿九之役①，乃同盟会人以纯洁之精神，实现其铁血救国之第一幕也。牺牲已大，前途遂见曙光，而当时统其事者，实为黄兴。余忝与其事，败走香江，怨愤之余，遂多吟咏。而白人对待吾侪，至为苛酷，常一日三迁，以避其锋。一日余避往尖沙嘴，夜坐高楼，有侦史四，一白人率之，蛇行而入，作鹭鸶笑，曰："此为彼中人矣"，遂倾囊倒箧。云南吕君，被检尤严。无所获，则尽将案上书籍及家常簿记，席卷而去。独吾新作咏怀诸什，未遭干没。呜呼！此诗史也，岂可亡哉？录如下：

---

① 三月廿九之役，即广州黄花岗起义，当时通行旧历，即三月廿九日，民国后改用新历，为四月二十七日。

· 33 ·

暮春多别离，死别更心伤。头颅轻一掷，血泪揾千行。白日遇魑魅，春花牧犬羊。丹心指碧海，秋水色如霜。

浮生若大梦，慨然思立名。如何璧莹士，尘委五羊城。公论千秋在，英风四海惊。贾生正年少，从此无哭声。

良夜苦不寐，起坐对青灯。灯色成惨沮，梦见嗟不能。昂首盼霄汉，浩气何奔腾。流光忽陨地，良士悲无恒。无恒非所痛，所痛失股肱。忽忆生平事，涕下挥苍蝇。

好花妒风雨，故人隔幽明。世界虽龌龊，于此见人情。行者未必死，居者未必生。独有明哲士，生死得其名。名在人不归，珠江起恨声。

空山闻流水，冷然助哀音。东风自佳丽，悲喜复登临。莫怨玄黄马，难知黑白心。有根同釜泣，无侣对花吟。太息芬芳节，崇朝飞满林。

驱车名园去，闲花若为谋。对此心旷悦，潸然念良俦。黄鸟鸣树巅，意态何悠悠。人岂不如鸟，良弓将焉求。鸿鹄游四海，骏马驰九州。一旦归来迟，天地入清秋。

行人向佳阴，过客临清流。君子居人国，渺渺子心忧。碧眼非青睐，南冠为楚囚。我岂无征马，日暮止踟蹰。揽辔登高山，明灭古神州。林间塔似笔，未足写羁愁。

三月天气佳，南方忽传警。烈士喜从军，往往用力猛。有国失其魂，无林藏汝影。他山石何坚，深闺月犹冷。公私两渺茫，沾襟发猛省。猛省将如何，麐麐靡所聘。

乐郊非吾土，适此情内伤。吾土安在哉，虎豹踞深堂。义愤郁以发，结客东海疆。一朝风云会，勒马在戎行。矫矫云中鹤，旦夕将翱翔。宁知造物酷，天纲忽四张。贤者喜解脱，奈何此国殇。

白日忽西没，皓月向东驰。悟此阴阳理，中心乃坦夷。人生几代谢，功名非所期。故人隔三月，墓草已离离。逶迤东门路，不见党人碑。闻诸烈士丛葬于东门外某山，不知何日始能以生刍一束告墓也，哀哉！逝者长已矣，生者将何为？

我从东海来，金兰若盈把。谈笑见心肝，久之辨真假。真假非所论，君子恶居下。宝剑吐光辉，其功归大冶。长途试驰驱，其劳识良马。世事固不尔，黑白混淆也。嗟我寡见闻，气郁不能泻。

青青道傍草，皎皎雪中梅。草木虽异质，侪不羡美材。清风拂林下，明月澹山隈。十月你先发，闻香我徘徊。

大风卷黄尘，诸军壁戏下。灭虏而朝食，唯我能大厦。萤火耀清秋，霜风下原野。怜汝不胜寒，飘零何处也。皎皎东方月，望之殊清雅。光不及朝阳，清辉亦四泻。感物伤我心，丈夫恶全瓦。

几日不出门，忧惟浊酒浇。问子何忧尔？友仇实显昭。贤愚尽其责，家国将焉销。之子不归来，但闻风萧萧。至今流涕客，不敢过闽峤。

读不求甚解，泛泛得其神。王学满天下，知行贵传薪。聪明欺冰雪，潇洒绝风尘。天马不可勒，竖子以为嚬。沉酣一骂座，刻薄非斯人。

孔言仁者静，我乃见斯人。大海汇百川，浩浩清浊沦。感子人如玉，守道得天真。匹夫不夺志，鸣凤忽落尘。同胞真负汝，不觉泪沾巾。

佳宾忽入幕，春风识面初。殷勤展姓字，示我数行书。清辉竞桃李，谈笑报琼琚。不见仙人返，空教盼太虚。

桓桓者谁氏？一别五六年。念子多英姿，其死实可怜。今者子血碧，岂敢责备全。知人本不易，自昔愧圣贤。迢迢北城路，渺渺大营旃。嗟尔受其愚，战马不能前。

丈夫为国死，何来二竖灾？忆昔神山会，慷慨呼快哉。披肝照秋水，论世浮金罍。逸兴寒香游寒香园名，琳琅佳句裁。英雄多血性，成败等尘灰。可惜魔王在，君应眼尚开。

遄车十二社，清风吹我襟。中酒见人情，援弓识此心。一笑不中的，目乃无古今。披胸各言志，功成返故林。何天不助汉，到处空望霖。迢递玉京路，回看胡马侵。

我家江水滨，青山复排列。耕稼日月长，鸡犬声不绝。一朝大盗来，四野人踪灭。仗义欲提戈，同胞反龃龉。巧言盗有道，应伤人无血。侧眼看旗翻，赏心闻矢折。知尔别肺肠，教诲亦不屑。

泰山何巍巍，万类蕴蓄之。泥石不成器，而乃泰山訾。毁誉失平准，良由见道迟。往者吾不咎，来者汝可追。君子怀好音，有美玉于斯。

热泪洒北极，名山忆故园。登楼倍惆怅，况乃近黄昏。噩梦今忧昨，良朋没与存。宝刀鸣肃肃，时复自开樽。

广州事败后，吾人本不欲久留香江，徒以环境所迫，又欲为某种计划之进行，是以仍忍耐居此。而克强较为港吏所注目，故其韬晦也尤深。余常见其终日伏案，学为填词，或弄气枪以为乐。填词本非克强所长，然彼心甚好之，复时时怂恿余摹写古词，以为是可养心。盖处境逆者，往往欲泻其牢骚，言为心声，人类固应尔也。曾记克强有步韵东坡大江东去词一阕，其词不复记忆。然壬子［1912年］夏间，尚书之扇头，以赠吾父。拟暇时检获珍存，以为纪念。当辛亥秋节顷，武汉消息已入于吾侪，吾以是急冒险入粤，以实行吾志。其时所咏甚多，今强半遗佚。曾记舟中望月一首云：

水明夜照白苹洲，洲上苹花动客愁。望到月圆刀已折，迎将秋至泪先流。几多故鬼皆兄弟，忍看群生作马牛。玉碎瓦全须自择，不堪前路是西州。①

舟抵河南，伏某旅寓，独步高楼，忽得思亲一阕，录之日记簿中。复将神州二字涂抹，恐涉嫌疑。归示克强，以为甚工，然吾自后

---

① 西州，唐时新疆一地名，曾为吐蕃占领。

不甚填词也。词云：

  独上层楼也，向荡荡青天。问予浮萍身世，去国是何年？遥睇天边一雁，便泪沾衣欲泻，无字祝平安。乌鸟恋私情，如我缺承欢。

  春花发，秋月白，照无眠。频惊风鹤，时登屺岵望将穿。叵耐中原逐鹿，依旧天涯结客，奔走未停鞭。神州如可复，何事不团圆。

  噫！今神州复矣！而毁法乱纪之徒，方兴未艾，诚有不堪回首矣。奸人作恶，其始本求快意，及势成骑虎，则虽欲罢手而不能。多行不义必自毙，此语也，使奸人清夜诵之，想未必全无震动于中也。君子观于董卓、王莽、朱温，及袁世凯之末路，知民意固昭昭不可诬矣。癸丑〔1913年〕事败，余被迫于袁世凯，比之满清，尤为加厉。吾生平行事，已非暴烈，宜彼可舍之而无大憾，而孰知其购余首级，悬赏至五万金乎？余当时避难春申〔上海〕，本茫然不知此事。及民六〔1917年〕还乡，友人在县署者，始以统率处公文见示。呜呼！袁如不死，余破家必矣。追原祸始，帝孽官僚固为可恨，而昔日自称民党之流，见事不可为，亦身入彀中，助万岁舞蹈之兴，不令人大笑缨冠绝耶？

  山居以来，随感即录，或于目前，或溯已往，至将来之身世，则毋得而知，然亦不必知也。天下兴亡，匹夫有责，此诚可自信以为已知之者矣。君子疾没世而名不称，孔子曰："德之不修，学之不讲，闻义不能徙，不善不能改，是吾忧也。"若夫功名之事，时为之、势成之，辅以智力，则事半而功倍焉。虽知之而不能为，吾知其所以为也。所以然奈何？则辛亥以前之革命，纯主义为依归，而不杂于利害之见；辛亥以后之革命，虽以主义为号召，然已趋于利害之途。此将来成败之关键也，吾党勉乎哉！〔完〕

六 《征求革命事实》

(1924年7月19日)[①]

原编者按：

民党巨子何天炯，现正编纂《革命史衡》一书，其上编已将脱稿，内容极富，犹恐尚多遗漏，昨复发函征求革命事实，函云：

粤自辛亥革命，清运告终，而中华民国如婴儿坠地，粗具形骸，其能成育为黄胤克家肖子崭然露头角于世界乎？固当时知识界中一重疑案也。迄于今三十稔矣，纷争混乱，靡有纪极，党人信用，不见重于国中邦人，弱点亦大暴于天下，革命事功，几等于零。此殆先烈所不及料，抑亦后死所不能辞其责者。天炯避地山居，哀兹危局，无力回天。自以改革以还，与当世英雄不无多少因缘，乃乘斯暇日，亟以平昔见闻，及身所经历者，笔诸简篇。其辞虽激，其心则公。惜乎乡居僻陋，重以兵燹，已参考之无由，复搜罗之不广，是以敬乞同盟，匡我不逮，短篇只字，实拜嘉猷。夫饮水思源，固难语于轻薄，而焦头烂额，亦自有其辛劳。吾人秉至正之衷，对先贤则表彰事实，重节义也；论大局则特著兴亡，儆将来也。故其事繁、其责重，虽不自度量抱有春秋之志，而所纪是非可公月旦之评。

无赫斋主人　何天炯启

本书体裁概要：

一、本书定名为《革命史衡》。

一、本书分上下两篇：（甲）同盟会时期，（乙）中华革命党时期。

一、史乘纪载首重详实，而本主人认为民国前途与本党有非常关系，故于纪载详实外，对于已往之成败得失反复咏叹，屈子离骚，贾

[①] 《（广州）民国日报》1924年7月19日第6版。

· 38 ·

生痛哭，庶几于闻者足戒之列。

《革命史衡》内容概要：

上篇：

一、同盟会之成立；

二、同盟会之组织；

三、同盟会宣传机关之《民报》；

四、同盟会内地发展之计划；

五、同盟会时代之军事进行；

六、同盟会全盛时期；

七、同盟会风潮时期；

八、同盟会与日本外交；

九、同盟会与日本民党；

十、同盟会与俄国虚无党；

十一、同盟会与清肃王；

十二、同盟会秘密文件之处置；

十三、同盟会发愤之最后战争：

（甲）辛亥三月二十九日之役；（乙）武汉之役。

十四、同盟会结束之批评。（未完）

七 《国民党能否统一？》

（1925年3月17日）①

东京十五日电。国民党重要分子何天炯于十二日夜间到东京，寓宫崎龙介（滔天之子）宅。本日据其对电通记者谈云：国民党之前身，由同盟会改革而成，然人数倍于昔者，关系既极复杂，则分裂朕兆，自难否定。但本人意见，以为倘若分裂，适将自灭无疑。目下统

---

① 《晨报》，1925年3月17日第3版。

一旧同志之势力，十之八九在张继、戴天仇二氏之手。然对于段政府，则国民党决定极力予以援助。彼冯玉祥、孙岳、胡景翼诸人，初不过本党手下有实权者，概皆同盟会时代以来，所目为南方之人物。今后孙文逝世，党内自然以委员制组织为宜。此组织更张之结果，反可预卜该党势力之增进也。

信 函

编者按：

（一）宫崎滔天后人宫崎蕗苳、宫崎黄石家中现藏有何天炯致宫崎滔天信函百余件，多为毛笔墨书，仅有数封为钢笔书写。此录以何天炯后人何莲史、何达英提供宫崎家藏何天炯百余封信函复印件为底本，以宫崎蕗苳、黄石提供家藏百余封信函原件为对照补充，文中均不再标注出处。此外有少量据日本京都大学人文科学研究所藏"宫崎家藏中国革命史料"（狭间直树和杨天石教授提供）、久保田文次教授提供资料、台北"中国国民党党史资料馆"档案、日本佐贺县立图书馆档案等补充，文中均予标注出处。

（二）信函原文用中文写成，其间夹有少量日文，由编者译为中文，并予注明。

（三）信函原件属日期多为月日而无年份，今编者据信末所属、信封邮戳、信封地址及信函内容等可确定者加以标示。日期不能确定者则据信中内容、信封所属住址等推测日期，并加［　］号，以便读者参考。为助读者理解信件内容，明了何天炯写信时行止，每封信函在标注日期后加注发信地点，以［　］号标记。

（四）信末属名多为何天炯、天炯、何晓柳、晓柳，也有为避人耳目而用其日本化名高山、高山英太郎、高山英、高山生、在沪高山生、上海高山生、在沪生高山等。信封属寄信人时，除用"何寄"之外，也有以其如夫人邱桂英名义属"邱桂英""邱寄"等。

（五）为求简便，信末例行问候语除有特别意义之外，一概省略不录。有信封者如发信人何天炯信封地址有助理解信件内容者，作适当保留，收信人及信封地址除有特别意义之外，一概省略不录。

何天炯集

一 致宫崎滔天信函（附致宫崎龙介、震作函）

1. 1911年5月19日［在香港］①

滔公足下：

　　事败以来，未上一缄问候，实因脑痛心乱，不能执笔。今少间适，请为阁下陈其大略：此回失败最大原因，在胡飞卿②一人。伊为人私心太重，复意气用事，且误用侦探陈某，委以绝大之任务。事发之时，胡复偷生怕死，伊所招募死士一百人，临时无一人在故也。其次之罪，则为姚雨平（嘉应州人），临事仓皇，皆由平日所办之事半真半假，致事发之时，克强独力难持。然幸克强所部，人人奋勇向前，致满兵伤亡，三倍我党，稍快人意耳（我军伤亡及事后被擒者约千人以上）。林时爽〔塽〕君脑部中枪，死于督署门前。东京田野方所住之同志，共死五人，深可伤也。克强君手负伤，三指切断，不日可以痊愈矣。但此事乞阁下暂时秘密，以刻下满洲政府以为克强已死，今若骤然发布，则东京侦探必告知满廷故也。赵声君于昨日病死，皆由事败后血热气郁，致生肠疾亡。呜呼！吾党又弱一个矣！

　　此回事虽失败，然不失名誉，故将来对外洋同志，仍可筹款。惟克强此刻十分愤激，深恨同志之误事，故欲不预闻大局之事，而行个人实行之事。故刻下同人多方劝慰，尚未气平耳。

　　吴君永珊③及熊君月珊俱于昨日出帆，向贵国进行，届时详

---

① 杨天石有《何天炯谈"三·二九"起义》一文，对此信作了翔实解读（载杨天石主编《民国掌故》，中国青年出版社1993年版，第23—25页）。
② 胡飞卿即胡毅生，胡汉民堂弟。负责购运武器，误用实为清侦探的香港商人陈镜波，致起义计划泄露。
③ 吴玉章（1878—1966），名永珊，四川人。1903年赴日留学，1905年8月加入同盟会，被选为评议部评议员。1911年4月参加广州黄花岗起义，武昌起义后领导四川内江起义。1913年参加反袁二次革命，失败后赴法国留学。1918年参加广州护法军政府。1925年加入中国共产党，1926年被选为国民党中央执行委员。

· 42 ·

细情形必能面述。弟行止如何，尚未有定，大约事定之后，欲往南洋一行也。专此即问

　　鸿安　　萱野君未另缄乞代问候

　　各位好

弟　何拜　　五月十九

　　阁下如有缄示，乞交："香港西营盘第四街二十三号二楼何梅春收转交何"。

2. 1912年2月9日 ［在日本］①

二月初何天炯发电写寄
二月九日发
上海宫崎虎造宛：

　　若使袁世凯左右时局，则万事皆休。断乎不可为袁所欺，俾贯彻初志。请警告南京。尚乞报告近况。

小川平吉②电

附：二月九日发
南京宋教仁宛：

　　至使袁世凯左右时局之事，我等所绝对反对，断乎不可为袁所欺，以贯彻初志。请告孙、黄二君注意之。
尚待君来朝③面谈，乞早来。

二月初何天炯发南京政府及各团体宛电信译
二月初何天炯发电写在中

---

① 藏于日本京都大学人文科学研究所，此件写于"小川法律事务所用纸"印笺上。宫崎虎造即宫崎滔天，时在上海。原文为日文，编者译为中文。

② 小川平吉（1870—1942），日本政党政治家，律师。参加东亚同文会，加入立宪政友会，1903年当选众议院议员，后连任十届。辛亥革命时期，为孙中山革命派提供援助。此件应为他代何天炯向中国国内发电报。

③ 即来日本。

3. 1913年9月13日前① ［在上海］

呈滔天先生　　　　　　何缄

　　启者：

　　弟今朝因起身过早，故腹背仍然发痛，午后一时之约谅不能践。请先生径向黄君处一商后，然后辱临弟家。如事机不大急迫，则东行之期请延至十五日，则万事尤觉完全，如何々々。

　　　　　　　　　　　　　　　　晓柳　　本午十二时

4. 1913年11月5日 ［在归国途中门司］

敬启：

　　弟于昨早八时抵神户，随即上船，时间充足，不胜快愉。中山君②处须时时往晤，否则三千円之数彼或忘之亦未可料。舟行无侣，感念良朋，凋零殆尽，不觉哀从中来也。手此即问　滔天

　　吾兄大好　并颂　阖潭安吉

　　　　　　　　　　　　　　　　何晓柳　　五日早

　　信封地址：在［日本］门司八幡丸　　林有利　　五日

5. 1913年11月9日 ［在上海］

肃启：

　　弟刻安抵沪江，胜田、民藏③两兄均既见及。弟日内拟不出门，兄所谋之件甚望速速成功。高野④先生近况恳兄随时报告，

---

① 1913年3月宋教仁遇刺案发生，孙中山率何天炯等一行结束在日访问回国后，组织讨袁运动。"二次革命"失败后，因遭袁世凯追捕，孙中山等于8月初逃亡日本。宫崎滔天因病与何天炯滞沪，延迟至9月13日始同赴日本，与孙中山等在东京会合。

② 孙中山。

③ 宫崎民藏（1865—1928），宫崎滔天之兄，早年接受自由民权思想，1902年在东京组织"土地复权同志会"，进行土地复权运动。与孙中山、黄兴等革命党人结交并支持他们的革命活动。

④ 孙中山的日本化名。

· 44 ·

此间如有所得，亦必速为通知也。即问

  滔天兄及全家大好

            晓柳 九号

  信封地址：上海星阳馆 何

6. ［1914年4月］15日［在东京］①

  交 宫崎虎藏样   何缄

  拜启：

  松本兄来传达贵命，拟如约赴宴。奈松本兄去后再少睡片刻，即寒热交作，刻下尚未复元，今晚三宅之行恐不能如约矣。残念②之极々々。专此即问

  滔天先生刻安

          何天炯 十五午后三时半

7. 1914年4月24日［在东京］

滔天吾兄大鉴：

  兹绍介友人吴健陶前来，所有商量一切，万望鼎力扶持。切盼。顺问

  阖潭福安

          何天炯拜启 四月廿四

  ［附便笺］青山南五之八九松本寓

  ［附便笺］：

  协丰洋行 张栋民

  条约 存折 小切手③

  爱国堂 爱记 义记

  ［附任寿祺名片］

---

① 此便笺未属年月，考何天炯1914年4月在东京期间曾寓居松本家，此笺应为此时所写。

② 残念，日文，意为遗憾、抱歉。

③ 小切手，日文，意为支票。

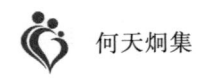

8. 1914年5月15日 [在上海]

滔天先生尊览：

　　曾绍介吴君晋谒，想已见及。该件有八九分之理由，如可成功，则吾辈生活当有几分春气。否则，前途不可问矣。万望设法维持，切嘱切嘱。

　　另付戴君一缄，请劳转达。即问　全家清吉

　　　　　　　　　　　　　　　　　　晓柳　　五月十五

　　（此间有矿煤可图，另缄山田①君来此一商，请转达）

8-1. 子纯②先生：

　　前略。日来多有友人来商量矿煤等件，该物已经试验，品质佳良，且交通便利（在长江一带）。吾辈生活困难，万事难成，从事实业，其首选也。兄坐守东京，不如来此图谋一切也。切盼切盼。

　　并问　　全家幸福　　　　向菊池先生问好

　　　　　　　　　　　　　　　　　何天炯　　五月十五

　　请交山田纯三郎先生

　　信封地址：上海法租界麦赛而蒂罗路吴兴里七五　高山英太郎

9. 1914年5月25日 [在上海]

敬启者：

　　由吴君转到尊缄，均悉一切。但小杉君现在东京京桥木挽町冈本旅馆（昨日另有电达尊处），请兄等直接商之交涉可也。但该件迟延至今，非法理可以解决，乃纯然一势力问题矣。倘官僚派若

---

　　① 山田纯三郎（1876—1960），日本青森县出身。1900年入南京同文书院学习，后在上海同文书院任职。其兄山田良政参加1900年10月孙中山领导的惠州起义并战殁，受到孙中山赞誉。1907年入南满铁道株式会社，后入三井物产上海支店。1911年武昌起爆发后协助孙中山向三井物产借款，并参与商谈租借满洲，后事未果。后长期在华从事商务活动，与孙中山阵营保持长期联系，与何天炯多有交往和商务合作。

　　② 山田纯三郎，字子纯。

先有几分革命嫌疑之疑惧，则气已先馁，断无成功之望。弟意如此，兄以为何如？

  滔天先生及全家清吉

天炯 五月廿五

  信封地址：上海四川路高山商店

10. 1914年［6月？］7日［在上海］

滔天先生有道：

  海天万里，相思何极，想同之也。邓①君东来，欲谒高野②君，须兄指示一切，切求切求。

  上海情形，邓君能道其详，不赘。天下事，得不足喜，失不足忧，所操在我，于人何尤？唯神经错乱，不明事体，则其去成功也甚远。至于等信义于粪土，视货财若性命者，则又无评论之价值矣。明若如我兄，以为何如？七八月之间，仍欲东来贵国，消遣万虑，但不识届时仍有别事阻隔否耳。

何天炯

11. 1914年6月13日［在上海］

滔天先生尊览：

  手谕祗悉。本日得吴君函，嘱弟转催小杉君进行。唯此件得我兄为之筹划一切，自能相机而动，无劳弟嘱。但小杉君见面时，请兄台代达鄙意。该件如有一分希望，则万恳果毅行之。大旱云霓，想能谅此苦衷也。

  阖谭清吉

  另交吴君缄，请为转寄

晓柳 六月十三

---

① 邓恢宇，湖南人，1906年加入同盟会。此期间与何天炯、宫崎滔天等共同筹办招日商开矿实业事务。

② 孙中山日本化名为高野长雄。

信封地址：大仓洋行　　高山

12. 1914年6月28日［在上海］

滔天先生有道：

　　刻由田中君交下尊缄均悉。是小杉君之件，如来示所云，极为赞成，但据鄙见，则并此小小结果亦恐做不到也。此事非法理问题，乃势力问题也。日政府不敢庇护党人，亦无庇护小杉君个人之必要。已无势力可恃，则所谓进步党云云者，恐亦眼中无小杉其人也，明智之子及早罢手可也。《蚕丝调查书》谨先奉上，其《棉花业》一册，弟现正翻译，一俟告成即为邮寄不误。七八月之间，仍欲东来一会。手此，即请

　　阖谭清吉

　　　　　　　　　　　　　　　　　何天炯　　六月廿八

13. 1914年7月29日［在上海］

滔天先生左右：

　　邓［恢宇］君来，诸情袛悉。先生尽力民党，苦心孤诣，至可感也。弟亦非忘情世事者，所以流连沪上者，有不得已之苦衷在也。弟本拟于八九月之间东来卖画，今闻孙君[①]望弟之来甚切，不知其意何居也。若谏不行、言不听，则虽来无益也。风云甚迫切也，权利之竞争亦剧烈也。官僚以权利为性命，其竞争犹可言也，若革命党人尤而效之，则不如不革命之为愈也。况争夺于革命未成功之际，则尤愚劣之下也，奈之何也？八九月之间东来卖画，弟之真情也。此问

　　合家幸福

　　另附致孙君[②]一函，请劳神转达。

　　　　　　　　　　　　　　　　　何天炯　　七月廿九

[①] 指孙中山。

[②] 指孙中山。

信封地址：上海法界麦赛而蒂罗路吴兴里七五　　邱寄

14. 1914年9月21日［在上海］

滔天先生左右：

久疏言问，至为歉疚。弟刻拟乘筑后丸（九月廿六由上海出帆）东来，故人伊迩，无量欢喜，想同之也。舟抵长崎，拟即换乘汽车①入京，届时仍电达尊处，但弟未入京时，对于同人等望兄仍守秘密耳。匆匆。

即问　　全家幸福

高山英太郎　　廿一日

信封地址：上海三井洋行石炭部石川

15. 1914年11月12日［在上海］

滔天先生尊览：

弟于十一日早平安抵沪，经过门司、长崎时，被探侦格外严查，想见日政府对待党人之态度也。抵沪时关吏之检查箱笼（无论大小），水泄不通，如有同人回沪者，请转告知留意焉。此间同志虽热度高至百度，惜无金钱，徒唤奈何而已。所嘱借家一事，请俟弟第二缄来时决定之也。

高山　　十一月十二

信封：在沪生高山

16. 1914年11月22日［在上海］

滔天兄

敬启：

回沪以来，为种种事情所牵绊，致不克早日归东，不得已也。兹决拟本月底（或来月一、二日顷）动身。所托借家一事，

---

① 汽车，日文，即火车。

望即代劳实行。万事面谈，不赘。

何天炯　十一月廿二

17. 1915年4月2日（由日本返沪船上）①

滔天吾兄如握：

舟行安稳，请无挂念，大约明日午前十时可以抵沪矣。唯弟仓卒退京，致与兄往来相左，不克深谈，殊为憾事耳。楼船望海，思子维劳，吟寄一章，亦香草美人之意也，乞为鉴之：

追风逐电诉归期，肠断京华两不知（以兄仍住京都故发电询之也）。佛说因缘如可破，一生无复怨分离。

何天炯　二日晚八时

财布、田中两兄处乞代为致意。杜君病如稍可，究以回沪为是，请代嘱。

信封：香取丸　高山

18. 1915年［7—8月间，时在上海］

滔天先生左右：

屡接琅函，过蒙锦注，感谢之至。唯弟自前月以来，卧病在床，兼之兄处直接有中山公之消息，是以大局之事，未有一函奉告也。失礼之极々々。弟对于嘉兴、湖州二府之事②，进行极密，同党中鲜有知者。至其成效之佳良，比之孙公处用全力以谋（不知用了多少金钱）杭州者，实有天渊之别。唯该件近来误于廖仲恺氏为可惜耳。盖弟因经济之故，不能不绍介该处之代表者于廖氏，而廖氏烧饼之心大重，竟指该代表者为无赖汉，且实其言曰："此人旧

---

① 何天炯在日期间，对孙中山要求加入中华革命党者需宣誓效忠领袖并按手模，由此引起内争而势致分裂等诸事不满，曾与孙发生争执。此次仓促离开日本回上海，继续从事革命活动。此信即何天炯由日返沪船上所写。参看诗词第75首《马关舟中寄滔天先生［1915年4月2日］》。

② 1915年7月，革命党人姚庭、杨海在浙江嘉兴组织救亡会，准备发动反袁起义，事败。信中似指此事。

年屡在孙宅乞钱，吾（廖氏自称）为之驱逐者非一次，汝切勿为其所骗"云云。该代表闻之忿火中烧，急闻举事以明心迹。遂至机未成熟，因而失败。及失败后，弟向廖氏提出质问，彼乃自称错误。亦足见孙公处办事人之无聊也。今该代表现在狱中，体无完肤，不久恐遭枪毙。乃不料其夫人是女中豪杰，见其夫之生命无望，乃先仰药以殉（是十七夜之事），其遗嘱云："余夫为国而死，殊无遗憾。余则为夫而死，亦无所苦。遗孤三岁，拜托何君。至余身后棺葬之事，不要官家一钱，可求于上海之同志"云云。呜呼，壮哉！弟虽孑然一身，大义所在，只有典质家物，勉强得百円以助之而已。弟书至此，脑痛欲裂，不再写矣。但嘉湖之事，仍甚有希望，盖机关未完全破坏也。惜手中无一钱，则奈何而已。

前田[①]兄问好

晓柳

信封注：滔天兄一人展视　他人阅之无用

［此信无日期，系托人转交］

19. 1915年8月27日 ［在上海］

滔天先生左右：

两接琅函，及晤许君，东京情形祗悉一切矣。唯先生责备弟游优自适，不任大事，则是未知弟刻下痛苦之情形也。弟自南洋回中后，个人经济已困不堪言，而顾瞻党事，益愤懑无聊。前月底曾致函于胡汉民、廖仲恺、邓铿诸兄，嘱其切劝中山公，改订誓约以维系人心。鄙函痛哭流涕，指陈得失，质之良心，尚无愧怍。闻三君对于此事，俱太息无法挽回。当时该函为孙公所见，不独毫无反悔之心，且责弟为不明事体。然则民党前途毫无希望，弟尚何有东来筹谋一切之事乎？

---

① 应指前田九二四郎，宫崎滔天妻弟。

前两上芜缄俱不见覆，以为先生与一欧往米①，私心揣度如此。今乃其不然，且贫迫如此。何相隔一海，竟有无聊如吾两人者之遥遥相对乎？可叹亦复可笑也。支那内地无甚异闻，民党之中坚且如此，其他何望乎？东京地方虽小，有中山公一人之请负②，不知革命事业可稍有起色否？一笑。即问

　　全家福安

　　　　　　　　　　　　　　高山英太郎　　八月廿七

　　信封地址：上海法界吴兴里廿六　　邱寄

20. 1915年9月3日

滔天先生左右

敬启：

　　尊函诵悉一切经济困难之结果。准于九月九日乘八幡丸直抵神户。手此先覆。即候

　　大安

　　　　　　　　　　　　　　高山英太郎　　九月三号

　　信封地址：在沪法界吴兴里廿六　　高山生

21. 1915年10月8日 [**在上海**]

滔天先生尊览：

　　在东时蒙种种厚谊，感谢之极，不知何日始能报答也。一日早抵神户，乃知佐渡丸须二日始出帆，不得已在田中屋滞宿一晚，寂寞之感，几欲搔首问天。五日晚安抵申江，到处怨声，不堪入语。袁氏之为皇帝，以反面言之，未始非民国前途之福也。友人谢氏现尚在暹国，故弟香港之行须俟之来月中旬。东京方面，万事由兄主持，成败得失俱不足论，尽吾良心天职而已，拜托拜托。

---

① 米，即美国。
② 请负，日文，意为包办。

黄兄①与此地之康氏②颇有函件往来，若孙氏③之绝对排斥康派，真不知其是何用意也。一叹。此请

阖潭清吉　　　　　一周一回手纸④之约彼此须履行也。

山本兄如见及时请代问候

$\qquad$ 高山英太郎　十月八号

22. 1915年10月11日 [在上海]

滔天先生足下：

九号曾上一缄，谅邀青览。本日接尊函，祗悉一是。所存该件，托兄一切全权为之卖却（该画一幅非邓氏物，乃黎氏物也，然弟负完全责任者），价钱不计多少。亡命之徒，虽有周鼎商彝，不及布帛菽粟以图可救饥寒也。昨报北京又派三团兵驻守浙之枫泾等处，防浙兵变也，风云亦日急矣。余俟后报。即请

鸿安

$\qquad$ 高山　十一

23. 1915年10月19日 [在上海]

滔天先生尊览：

弟回沪以来，已迭奉两缄，想均次第收阅矣。此间谣言日起，人心惶惑。经详细调查，则各方面军界人物跃跃欲动者实不乏人，但未有导火线，则相隐忍于一时耳。千载一时，真吾党之好机也。先生苦心孤诣，嘉惠民党，每一念及，唯有感叹。但民贼此回之举动颇为奸险，宁做皇帝，不惜利权。果尔，则与日政府之外交问题，想已暗中圆满解决矣，与先生等之所图必日有扞格难入之患。虽表面有如何如何之消息，语云："不诚无物"，其

---

① 指黄兴。
② 指康有为。
③ 指孙中山。
④ 手纸，日文，意为信函。

结果无良好之希望可逆料耳。唯鄙意贵地人民颇具侠肠,其关怀东亚大局者亦复不少,若由上而下,转而为此方面之运动,功效不求其甚大,进一分则有一分之实用。时机迫切,事半功倍,唯先生图之。康有为已逃往青岛,有密电捕拿故也。

贱内邱氏患贫血子官病,生死关头,不得已送往病院。语云:"贫病交加",贫字必与病字相联,盖天演之公例,不可逃也。唯无钱之亡命人,处此境遇,则难为情耳。呵呵

诸君问好

高山拜启(第三函)　　十月十九日

24. 1915年11月1日 [在上海]

滔天先生尊览:

十七日尊函祗悉一切。所询冯①、康②联络之事,此刻尚在半真半假之中。然帝政问题如日紧一日,则将来成为事实亦未可知也。且康之所图范围颇广,比之"神样"③,实有天渊之别。弟恐第三次革命成功,竟在官僚之手。果尔,则自称"神样"者将变为泥菩萨,无人香花供养矣。有"神样"之顽迷,致使同志四分五裂,为官僚所轻视,乃出而自树讨贼之旗,虽目的甚同,而吾党将来不能在政治上独占优势。推原祸始,陈英士④等实不

---

① 冯国璋,时任江苏都督,坐镇江南。自1915年秋袁世凯称帝活动日渐明朗后,冯持消极态度。10月28日袁举行改变国体投票,意图称帝,冯暗中抵触。此信所指为这一时期风传冯与康有为联络应对袁称帝之事。12月12日袁宣布接受拥戴称帝后,全国兴起讨袁运动,冯于1916年3月开始公开反对帝制。

② 康有为。

③ 神样,日文,意为上帝、神。讽称孙中山有过于自负、独裁倾向。本函几处"神样"皆同。

④ 陈其美(1878—1916),字英士,浙江人。1906年赴日学习警政,旋加入同盟会。1908年奉孙中山之命回上海进行革命活动,加入上海青帮,为大头目。1911年7月,与宋教仁、谭人凤等组建中国同盟会中部总会,策动长江流域革命活动。武昌起义后,组织发动上海起义,上海光复后,被推为沪军都督。"二次革命"爆发,被举为上海讨袁军总司令。失败后赴日本,支持孙中山组中华革命党,任总务部长。1915年春回上海,主持长江下游的讨袁行动。1916年5月被袁世凯派人暗杀于上海法租界山田纯三郎寓所。

能辞其咎也。弟处兹时局,一忧一喜,不知先生有善策以教吾否也?昨得香港友人函,催弟起程甚紧,兹拟明日出发,万事容后告。香港通信处如下:

香港云咸街九号裕昌洋画店梁崑甫收,但里面写高山收为盼。

书画事,仍须相机发卖,切嘱。

高山英太郎　　十一月一日

信封地址:上海 日本行

25. 1915年11月8日 [在香港]

滔翁大览:

弟于一昨日①到此,各处情形均甚佳妙。唯龙济光②之为人颇为愚蠢,刻虽有与冯③、张④提携之事,难保无中变之虞也(云南、广西均可靠)。然天下事求其在我,就使龙等俱树讨袁之旗,而纯粹民党不能在军界上占有势力,则其结果亦毫无良善,可断言矣。故今日之事,一喜一忧,真吾党发奋之秋也。广东事,就民党之范围言,亦颇复杂,弟虽有调停之苦心,然今日非此时机,故不如不言,俟起事后相机而行可耳。弟之方面,由谢

---

① 一昨日,日文,意为前天。

② 龙济光(1868—1925),云南人。清末以办地方团练起家,1903年率五千兵投效两广总督岑春煊。1907年12月,会同陆荣廷部镇压孙中山领导的镇南关起义,因功升为广西提督。1911年调任广东陆路提督兼警卫军副司令。辛亥革命爆发后,广东于10月20日宣布独立,龙拒绝革命党人劝告,仍表示效忠清朝。11月9日广东军政府成立,龙迫于形势,表示归顺,被任命为广东安抚使,依靠武力控制了广东政局。1913年"二次革命"爆发后,被袁世凯任为广东宣抚使,率兵讨伐宣布讨袁的广东都督陈炯明。龙率军占领广东,屠杀革命党人,被袁世凯任督理广东军务。袁称帝后,龙即通电拥护。1915年12月护国运动在云南发生后,协助镇压云南护国军。1916年4月,龙迫于反袁形势而宣布广东独立。袁世凯死后,龙济光取消独立,表示服从中央,被黎元洪任为广东巡抚使。但广东各界纷纷呼吁罢斥龙,遂被迫离开广州。

③ 指冯国璋。

④ 张鸣岐(1875—1945),山东人。1910年任两广总督兼署广州将军,捕杀革命党人。1911年4月指挥镇压广州黄花岗起义,并下令捕杀革命党人。10月武昌起义爆发,广东革命党人闻风而起,张鸣岐被迫宣布广东独立,被推举为临时都督,但他避而不就。1913年10月,被袁世凯任为广西民政长,会办广西军务,1915年7月改任广东巡按使。同年底,他窥知袁世凯有称帝野心,遂与广东督军龙济光上表劝进。护国战争爆发后,张鸣岐从此脱离政界,隐居于上海租界。

君筹得三万円左右，惜谢君在遑时，有由南洋托携一万三千银元者，见谢君不在，遂横领而逃之澳门。其由已收入者，现已不存分文，困难情形不可言状。故弟虽由沪来此，不能再有进行，殊闷煞人也。神样①方面，亦派人四出筹款，能达到目的，亦属疑问，就使能得多少，亦杯水舆薪，谓其能包办粤事，恐亦未必。弟才疏学浅，然忧世之志未一日忘，先生知我者，此番机会未可放宽〔过〕，当仁不让，弟窃有志焉。若得十万元，弟敢不辞大言，虽为南粤霸王可也。若得半数，则粤事亦能中分而持牛耳。不知先生有善策以教吾否也？山本②兄时时见及否？头山③老翁现有布画否？此等古谊男儿，求之东方，实不可多得，弟盖无日不心仪其人也。万事拜托先生，军械问题请注意及之。总之，以粤事为己事，非先生不能肩此重任也。天时人事，俱相迫而来，若我辈毫不能活动，则为〔惟〕有看人革命，所谓过屠门而大嚼，虽不得当，且快意焉耳，奈何奈何。箭在弦上，不得不发，望先生尽心力而为之。不罪々々。

　　寺尾④翁、山本兄均望羽候。

　　书画事如能得小款，请仍交上海敝宅，多多拜托。

　　　　　　　　　　　　　　　　高山英太郎　　十一月八日

---

①　讽称孙中山。

②　山本条太郎（1867—1936），日本实业家、政治家。1901 年为三井物产上海支店长，1908 年回国，任东京总店常务理事。辛亥革命时主持三井向孙中山提供 300 万日元借款。1913 年孙中山访日期间与日商协议合办"中国兴业公司"，山本参与出资。1914 年退出三井，后投身于政界。1920 年由立宪政友会当选众议院议员，1927 年任政友会干事长，同年担任南满洲铁道株式会社社长。

③　头山满（1855—1944），号立云。日本政治活动家、亚洲主义者。1880 年创立玄洋社，派人赴中国活动。1901 年又创办大陆浪人团体黑龙会，主张强硬对抗俄国向满蒙、朝鲜的扩张，扩展日本势力。作为浪人领袖，在日本政界有很大影响力。1898 年通过宫崎滔天与孙中山结交，对孙领导的革命活动提供一定援助。1913 年 8 月"二次革命"失败后孙中山等流亡日本，他与犬养毅对孙提供庇护，后与孙中山革命党人长期保持联系。

④　寺尾亨（1860—1925），日本东京帝国大学（东京大学前身）教授，国际法学者、博士。1905 年自费在东京开办东斌学堂，为中国留学生提供军事教育。辛亥武昌起义后离职前往中国，中华民国南京临时政府成立时，被聘为法制顾问，参与制定中华民国临时约法。后回日本。1914 年 1 月在东京开设政法学校，为流亡的中国革命党人提供教育，该校存续七年，为革命派培养了一批人才。与孙中山革命党人有长期联系。

26. 1915 年 11 月 9 日 [在香港]

滔天先生大览：

　　昨日已上一缄矣（内有转达头山翁函），事急之际，胜手①要求，不罪々々。然因此致发生误会之点，可笑々々。盖谢君之书记生以为弟早已向兄运动好了，故代弟发电急催，真小儿希望食饴之景象也，然亦可见此间急如星火之苦况矣。复函时，尚望兄将东京运动情形，极言有望，勿作悲观，则此间人气较佳。虽表面敷衍，无益实际，然能迁延一日，此一日之中，弟必仍向他方有实际处运动进行。政治运动之手腕，甚为假杂，弟今日始知其苦也。

　　此间局面，若弟出来维持，较之他人，阻碍力实为减少。然缺少实力，则为〔惟〕有太息言之。今日世界，谁肯向公理上研求哉？弟甚悔从前取退让主义，其他勿论，盖若早与先生往南洋运动一番，则天下事定矣，今则晚矣。弟前时颇有此志而与先生言也。总之，万事拜托。

　　此等运作，勿对第二人言之，切嘱。

　　　　　　　　　　　　　高山　　十一月九号

　　来函仍交香港云咸街九号怡（是此怡字不是此裕字，从前误写今更正）昌洋画店梁崑甫收。

　　此间戒严时候，来函用语勿太露骨，以避检查。又及。

　　克强有消息否？念之慨然。

27. 1915 年 11 月 13 日 [在香港]

滔天先生尊览：

　　前叠次上言，万分苦衷，诸希见谅。欲为政治家者，固如此其困难耶！一笑々々。头山翁想已见及，有一线之希望否？此间

---

① 胜手，日文，意为随便。

箭在弦上，不得不发，而团体之纷杂，非得孔方兄大展神通，断无结合之望。就令此刻听其自然，俟举事后再俟融和，然若无大力者以提携其间，其结果之无甚佳良，亦可预言耳。弟刻拟乘鹿岛丸返沪，此间诸事有谢君等维持现状，虽痛苦不堪，亦坚忍奋斗而行。至弟之回沪，则有两原因：一、沪上为总交涉机关，其进行程度究竟至于何程，且发难之点，究系长江一带或须在粤，此中关系至为复杂，非亲涉其境，恐于大局有防〔妨〕碍也。二、由沪至日本，一切交通较为便利，所托诸事，倘有须弟至京之必要，则一电遥促，必星夜前来也。克兄①致先生之信有何主张，亟欲一视，请为达其大意，切叩々々。

先生前日嫌弟信少，相约一周必彼此一回，今得无嫌其太多耶？一笑々々。

高山　十一月十三日

信封地址：香港　日本行

28. 1915年11月14日 [在香港]

滔天先生大鉴：

弟今准于十六日乘鹿岛丸回沪，前上诸函，想已次第惠览矣。万事拜托，感何可言。克兄之消息，请速报告一二。倘有尊函已迳交香港，则弟已回沪与之相左，万望再补示一切可也。

森恪②君现在何所，请示知其住址。切叩

高山　十一月十四

信封地址：香港　日本行

---

① 即黄兴，字克强。
② 森恪（1882—1932），曾任日本三井物产职员，武昌起义后协助三井物产上海支店向革命派提供借款，后又协助三井物产与孙中山商谈借款及租借满洲，此事未果。1913年孙中山访日期间与日方合办"中国兴业公司"，担任董事。1915年从三井离职后，自行在中国经营实业。与孙中山等革命党人多有经济联系，同时主张对中国采取军事压力。1920年当选日本众议院议员。后与日本军部联系密切，并参与策划1931年"九一八"事变侵略中国东北。

信 函

29. 1915年11月21日［在上海］

滔天先生大鉴：

弟于昨日回沪矣，其理由俱详在港所奉诸函，特不知先生近况何似？至为盼念耳。以鄙意视察所及，则两广方面情形实较长江一带为佳，而广西则尤觉可恃。广东之龙济光虽甚蛮劣，而其部下实至易动摇，特所欠者些少之运动费耳，故弟之希望于先生者即为此也。总之，此番帝政发现以来，各方面谣言极多，然不多可信。若军警两界人与吾党接洽者亦颇不少，然全恃吾党团体之坚决与猛进之精神，方能吸收一切耳。今大团体已难望结合，所恃者各人猛进之精神也。以为何如？克强消息如何哉？望示一二。万事拜托々々。国事至此，弟何敢爱惜生命以负知己耶？口不节言，诸希谅之。即请　钧安

诸君宜く①

高山英太郎　　十一月廿一夜

信封：在沪高山生

30. 1916年1月2日［在上海］

滔天先生尊览：

惠书敬悉一切。今南方风云已告变矣。以天时、人事推之，袁政府当无所逃罪于天下。可虑者，一般拥兵大员不知共和为何物，虽一旦反戈向袁，其结果于民国前途不能放若何之异彩。盖敝国情形如奇花初胎，岂能几经风雨。今后若无良确之政策，则大势所趋已略可推测，是亦先生等抱东亚宏愿者之隐忧也。鄙人近年抱消极遗世之心，先生尝深以为戒，今时机迫切如此，自非全无心肝，岂能闭门独善不为人道一援手乎？惜德薄能鲜，无所成就，是不能无望于先生等之赞助也。今特派林君国光前来代陈

---

① 宜く，日文，意为问好。

鄙意，诸凡擘画，全仗鼎力。头山翁处亦请代为介绍晋谒深谈，使知鄙人人微志远，耿耿寸衷，未尝因碧海茫茫而陨厥初志耳。诸希心谅，不宣。即贺

年禧　　不一

愚弟何天炯鞠躬　　一月二日

31. 1916年1月6日 [在上海]

滔天先生大鉴：

敬启者

月之三号，曾特派林君国光渡海进谒台阶，奉商一切，刻想已面聆大教矣。目下风云之急迫，殊觉笔难殚述，在先生关心大局，亦无俟鄙人喋喋，且觉词费唾。云南已树独立之旗，则贵处之活动想亦较为便利，故遣林氏之来，所以表弟等之微诚，尽此职责，其实成功与否，请先生亦无庸介意也。共和之死活，全关系于两广之向背。据人言陆荣廷确然可靠，所以表面不发表者，恐以广西之贫乏而首当北军之冲也。若陆氏一旦讨袁，则龙济光亦必附和，否则逃奔香港，皆意中之事。两广一定，长江之局面亦随而动摇，以是上海之新活动可开始矣。此弟等所以必死致力于此问题之故也。以情理言，"神样"① 方面，此刻若无特别之建树，殊无以维持革命元祖之体面也。最近伊之左右某氏新由东京来云，"神样"对于宋氏② 已宣言将正式结婚，其结果如何，不得而知也。此请

阖潭清吉

高山英太郎　　正月六日

信封属：在沪高山生

---

① 讽称孙中山。
② 指宋庆龄。

32. 1916 年 1 月 12 日 ［在上海］

滔天先生尊览：

所派林君国光，想已接洽一切，刻下风云之急，非笔墨可喻。拜托之件，如可成功，感大德者不止弟一人耳。弟刻因事转居于上海法租界宝昌路宝康里五十五号，倘有函电，请迳交此间。若面及林君，请为转告可也。即问

阖潭　福安

　　　　　　　　　　　　高山英太郎　　正月十二

　　信封地址：上海邱 寄

33. 1916 年 1 月 23 日 ［在上海］

滔天先生尊览：

屡接林君来函，知先生热诚毅力，尽瘁吾党，所事有成功之望。同人等闻此佳音，莫不手舞足蹈，钦感先生不置也。唯弟处拮据至极，对于林君旅费一节无从接济，尚望先生鼎力挹注多少（少则陆拾円），俾他早日回沪，则铭感靡已矣。此间诸事妥当，笔难尽述，诸希心照可也。

先生如能动身来沪，尤感々々

诸先生问好

　　　　　　　　　　　　高山英太郎　　正月二十三

　　信封：沪 高山生

34. 1916 年 2 月 24 日 ［在上海］

滔天先生左右：

林君回申后，祗悉先生尽瘁人道，奋斗不挠，将有大成功之希望，同人等无不额手称庆，殊为可感也。唯目下此间局面如慢性淋病，不痒不痛，推其故，实因缺少药品，所以各方面俱难着手。且同人生活问题亦属异常辛苦，大有解散团体而各为四方奔

走之计,睹此情形不胜忧闷。夫西江之水无救涸辙之鱼者,以其沛泽虽多,不足以苏目下之困也。除刻下电达尊处外,再为函达,实希望一勺之水耳,不知先生可以教我也?万急万急,即问

阖潭清吉

高山英太郎敬启　　二月廿四

回音寄:上海法界宝昌路宝康里五十五号　　邱桂英

35. 1916年4月25日 [在上海]

滔老先生尊览:

最近一周间前上芜函一封,谅达左右矣。该函所呈各节,不知有一二希望否?凡事全仗先生鼎力,此间亦晓极力运动,以期两方面俱有圆满之结果也。但以敝国今日危亡之时局,而急公好义者竟至寥若晨星,殆即运命无可挽回之一证也。外间不悉鄙人苦衷者,以为抱悲观之念。其实鄙人否认此事,不过天下滔滔,争权趋利、不顾廉耻者之多,则鄙人宁可不与之来往也。上海驻在之海军,有五万円即可得其树讨贼之旗。一周前陈其美派已与之交涉纯熟,唯以中山誓约及须挂青天白日旗(中华革命党旗也)两问题,致谈判破裂,将该五万円交回陈氏,而在上海之民党则无人有五万円之能力,诚可痛也。日来未见先生一函,不知何故?想系事与愿违,故百无聊赖。然先生达人也,奋斗人也,一时失意,何必介介于此乎?今鄙人有请于先生,祈为一一覆答,拜托拜托,问题如下:

一、外交对华问题;一、有现款能否买军械问题;一、贵邦人士对于孙氏[①]问题;一、孙氏东京之举动(闻其借款五十万成功);一、黄兴氏何日回东京。

高山英太郎　　四月廿五

信封:上海高山生

---

① 指孙中山。

信 函

36. 1916年4月27日［在上海］

滔天先生尊览：

　　连上两缄，谅登记室。本日胡汉民君来访，畅谈时局，深为太息，力劝弟即日回粤，调停民党中人之派别，共相团结，免致腐败官僚利用此机盘结吾粤，使影响大局，益使不可收拾。弟维敬恭桑梓，此责实无旁贷。拟于一周间内直往香港，此行有无功效，尚难逆料，不过聊尽一分义务而已。此后所有教言，望直寄"香港云咸街九号怡昌店梁君转交何小柳"可也。即请

　　鸿安

　　　　　　　　　　　　高山英太郎　　四月廿七日

　　　信封：上海法界高山英

37. 1916年5月4日［在上海］

滔天先生尊鉴：

　　弟于本日乘镰仓丸回港，因该处友人屡函促迫。粤省时局乱若焚丝，非先从民党内调和一切，恐前途不堪设想也。弟本无心人世，徒以桑梓敬恭之谊，不能漠然。先生如有良言佳策，尚冀时惠一二。日来蛰居沪上，颇为困穷。所幸时当清和，将冬用衣服尽行典质，为旅费之用。闻中山处大款告成，惜弟兀傲性成，为保全人格计，亦不能再与彼接洽耳。两番亡命，一叶身轻，不怨天、不尤人，先生固知我者也。一欧[①]闻已来沪，竟未得一面，用是东京情形颇为茫然。克强兄究何日回东，见面时请转致鄙意。不知能否代弟少筹活动之费否？缘经济一层，在港亦无甚友

---

① 黄一欧（1892—1981），黄兴长子。1905年赴日本东京随父居住，入弘文学院学习。1907年经孙中山、章太炎介绍在东京加入中国同盟会，为同盟会最年轻会员。1908年入日本东斌学校习陆军。在黄兴离日南下领导起义期间，寄住于宫崎家，与宫崎龙介为好友。参加1910年广州新军起义及1911年4月广州黄花岗起义。辛亥武昌起义后，参与光复上海之役，任沪军先锋队副司令。1912年冬赴美国留学，1915年秋赴日本。回国后历任长沙市政公所总理、广州国民政府参事等。

人可靠。盖彼等尚望弟来有筹款之希望,不知此回革命与第一次全然不同,前度商人及地方上财政俱未甚破坏,今则粤事到处糜烂,财政真不堪设想耳。

溥泉①兄仍在京否?如见及请代致意。前事拜托。匆匆草此。

余俟后详　即候

阖潭清吉

弟:何天炯　五月四号

"香港通信处如下:香港中环广泰祥转何晓晖②收。"

信封:沪上高山生

38.［1916年5月宫崎滔天来上海期间］

滔天翁鉴:

刻有要事奉谈,归途时请顺便过我。专此拱候,即问

刻安

弟何天炯

封筒:汉阳里六号　宫崎滔天先生　何函

39. 1916年5月25日［在上海］

滔天先生尊览:

沪江握别,未尽所怀,想已平安抵京矣。沪事现归钮永建君主持,唯苦于经济,不克进行,殊可痛也。久原款事,此后想仍有希望,请先生与克强兄商酌进行。此款如告成功,则袁必多一

---

① 张继(1882—1947),字溥泉,河北人。1900年赴日留学,入早稻田大学学习经济。1905年加入同盟会,任同盟会机关报《民报》编辑兼发行人。1908年转赴法国。辛亥革命爆发后回国,参与创建改组国民党。1913年在国会被选为第一任参议院议长。宋教仁遇刺案后,参加讨袁,失败后追随孙中山流亡日本,参与建立中华革命党。后参加孙中山发动的护法运动,任第一次广东护法军政府驻日代表,第二次广东军政府顾问、国民党北方部主持人等。1924年1月国民党第一次全国代表大会上,被选为国民党第一届中央监察委员,对孙中山的联俄容共政策持异议。孙中山去世后,支持西山会议派。

② 何晓晖,何天炯之弟。

制〔致〕命伤，可断言耳。先生在沪时，纽君甚恨未曾把臂，嘱转问候。克兄处弟亦未另函，相别日久，无善可告，且世变茫茫，亦非此笺之笔墨能尽所憾也。请转致鄙意一切。即问

大安

何天炯拜　　五月廿五

信封地址：上海法界　高山

40. 1916年6月29日〔在上海〕

滔天先生尊览：

别后未惠一简，诸事艰难可为逆料，然亦事之常也。海军刻告独立，一切生机从而酝酿。报载克强行将返沪，炯颇为盼望。孙先生之中华革命党暗中仍极力进行，此回海军独立，纯是唐[①]、钮[②]运动而成，中山派见之颇生嫉妒。哀哀孙公，权利之心老而弥笃。蚩蚩信徒，衣钵相传。民国之祸，正未有已也。松本君为吾党奔走，极可感念，唯热心过度，并不懂此间情形，是以有乱说乱跑之嫌，故钮君等颇为所苦。深望先生来函，嘱其凡事遵依秩序而行，若能与炯商酌，则为公为私，炯与松本君俱有莫大之利也。

专此即问　　阖潭安吉

何天炯　　六月廿九

信封地址：上海法界高山寄

41. 1916年9月10日〔在上海〕

滔天先生大鉴：

昨奉上芜函，想可次递收到矣。惜言有未尽，兹来中日国际间交涉频繁，虽不致有重大问题发生，然影响于实业方面者恐亦

---

① 唐绍仪。
② 钮永建。

不少也。鄙人素以公道为怀，值此时局，于己国政治尚不欲关系之，若日本实业家专注于商业之经营而无何等政府之关系者，鄙人无论何时俱欢迎之。前接先生函悉有漫游支那之志，以为故人重见即在目前，欣欢何极。继而思之，恐经济问题亦不易解决耳。鄙意若铁矿问题而能先得二万円之运动费者，则先生漫游之目的亦一并达矣。日资本家徒注意于孙、黄①二氏，亦浅见之辈也。山田君日来对弟感情颇好，在商言商，是其本位不错也。孙先生近来态度甚为谨慎，外界非难之声尚少。惟其行事，忽然积极，忽然消极，如生龙活虎，无从摸捉，则欲四万万人有依赖之信用也，恐不易矣。黄先生对于政界，暗中十分热心，然此刻决无出头之望。以黄先生之资格地位，将来本为有望之人物。惜其人好作虚言，老同志中甚为解体，且其自身之气欲，日见发展，是亦无良好之结果也。支那虽日见堕落，然世界必日进文明，请先生勿悲观可也。松本君往杭州去了，尚未回来，胜田馆之膳金已欠至三百円左右，刻尚无法可设想，此人亦同弟死活者也。呵呵。

　　此信看后请火烧之

　　　　　　　　　　　　　　　　天炯　　九月十号早
　　信封地址：上海法界宝昌路宝康里五五何寄

42. 1916年9月11日［在上海］

滔天先生尊览：

　　连上两函，有收到否？松本君现在何处，先生能知其详否？彼临行时自言系奉一欧②之命，秘密往杭州。彼已言秘密，弟则不便究其何事，但嘱其宜时常通函。惜至今半月之久，尚不知其行先③之在何处也。有人云，彼实已回东京。然耶否耶？

　　前函言铁矿事，问题甚大，恐不易成功。弟所急欲行之者，

---

① 指孙中山、黄兴。
② 黄兴之子黄一欧。
③ 行先，日语，意为去的地方、目的地。

信 函

以最小之机械（比土法子稍好的），躬亲其役，度此生涯，真妙事也。请先生为我调查其价值。为［惟］此事如果成功，则与先生一生同隐此间，比之寄迹弢园①，殊为有趣。何也？以鄙人等野马之性，居文明国，受规则之约束，实不如在茫茫大陆上，自生自灭、无遮无碍之得所也。舍弟现由香港来此，彼寄语问先生之福祉。十月末左右，弟将有回家省亲之役。先生民国漫游之理想，能实现否？日来极欲一晤，渴想之余，时形梦寐。惜俱为金钱所苦，失此自由，然皆非己之罪也。呵呵。便问

阖泽清吉

弟：天炯　　九月十一

信封地址：上海法界宝昌路宝康里五十五邱寄

43. 1917年3月12日 ［在上海］

滔天先生左右：

本日得接屈大夫明信片一张，瞻仰前贤，弥深感慕。茫茫禹域，旦夕将沉，不知今日犹有此公否？一痛々々。弟刻下回家目的尚难达到，株守申江，亦属无谓，兹拟日间即行北上。十年奔走，未到京华，亦人生之憾事也。令夫人时时见面，安好无他，惜弟处境甚艰，无所补助，徒唤奈何而已，勿怪々々。黄公葬事何日举行，尚望告知一切。倘弟在京无事，届时定来执绋，以尽友谊。一欧兄夫妇如见及，请为转达可也。在京递信处如下"北京延寿寺街三眼井胡同三号谢君转何晓柳"

何天炯　　三月十二

信封地址：湖南省城学院街　黄公营葬事务所　宫崎虎藏先生展
上海法界霞飞路宝康里

---

① 弢园，宫崎滔天东京住宅名。辛亥革命后黄兴代表革命党为感谢宫崎滔天倾家支持中国革命而生活贫困，援助其购地所建，黄兴为之命名"弢园"。

44. 1917年6月3日 ［在北京］

滔天先生尊鉴：

　　接五月三十一手谕，知兄急遽归京，此后尊处见闻所及，当望时锡〔赐〕嘉言。愚现拟不日回沪，尊函请直达该处（上海法界麦赛而蒂罗路吴兴里七十五号），届时有通信自由之乐，愚亦必将所知者尽情告兄也。敝国祸变迭兴，难以理喻，为佛为仙，如有门径可寻，实祷祀以求之也。

　　　　　　　　　　　　　　　　晓柳　　六月三日

　　信封地址：北京高山等

45. 1917年7月11日 ［在上海］

滔天先生尊览：

　　久不接函，甚为烦闷。刻下敝国风云日紧一日，先生如在尊处无甚要事，请即日束装来沪，因就教之事甚多也。匆匆即问

　　暑安

　　　　　　　　　　　　　　晓柳 急白　　十一日

　　信封地址：上海法界打钱拱吴兴里七五邱寄

46. 1917年9月13日 ［在上海］

滔天先生

敬启：

　　久未上函，失礼之极也。前在尊夫人处得悉前田兄来示，道及铁山借款事，十有八九可望成功云云。闻之不胜感谢之至。唯弟刻下屡困于经济，致一事无成，实属抚衷自愧。急迫之余，故对于该山借款一项，他处亦有商量，唯能否成功，则殊不敢必，不过多寻几条生财之路，以希冀万一而已。兹特恳先生再确询前田兄，该款究竟有无希望？若有希望，则甚愿早一日到手，实可多做几分事业。倘该款万难设法，亦甚愿先生即日通知。弟意若款无希望，则好离开上海，将他

往而为别途之奋斗也。日来邮便检查甚严,凡事心照可也。

　　前田兄问候

　　　　　　　　　　　　　　　　　　　晓柳　　十三夜

　　信封地址:在沪高山生 十三日

47. 1917年11月12日 ［在上海］

滔天先生大鉴:

　　日来音问甚稀,未审起居何似,至为悬念。弟刻拟本月十四日赴粤,该处情形俟调查明确时,再行奉告。闻督军问题众议推举程璧光(海军总长),倘能成为事实,则民党方面亦可少有生色耳。铁山问题,弟到粤后有资本家可以商量,请勿劳锦念可也。

　　尊夫人在此,弟无能帮助,惭愧之极々々。

　　　　　　　　　　　　　　　　　　弟 何天炯　　十二夜

48. 1917年12月8日 ［在广州］

滔天先生尊览:

　　弟到粤后,曾上芜缄一封,有收到否?刻下支那全局,自湖北独立、重庆收复后,形势又复一变矣。粤中军政府,此刻唯有取稳健态度,以观时机之变耳。中山公屡欲遣弟东来为经济之运动,弟以为此刻当非其时,故局促于此也。陈君炯明现得督军,已允许编练军队(饷械俱由粤政府补给)二十营(约五千人左右),若能取渐进主义,不招当局者之大忌,则纯民党方面未始无活动之余地。刻下此军拟向福建出发,惜饷械不十分充足,不知先生有何良策以救助之否?弟日来独行踽踽,颇为寂寞,若弟不能往,先生能不能来耶?每当良夜开樽,感念故人,不知身世之在何所矣。闻贵政府方针,仍以北方为中心。瞻顾东亚大局,忧从中来,不可断绝,愿先生有以教也。专此即请

　　鸿安

　　　　　　　　　　　　　　　　　　何天炯　　十二月八日

信封地址：广东长堤照霞楼寄

49. 1917年12月20日 ［在广州］

滔天先生大鉴：

　　弟到粤后曾奉芜函一封，不知有收到否？刻下粤省大局，混沌中尚含危险性质，结果如何，虽神仙不能逆睹也。其原因虽由陆氏①派之野蛮无识，而第一着由孙公②做坏。其后种种办法，背道而驰，如作茧自缚，使一切民党毫无活动之余地，则不能不咎孙公之用人不当耳。可悲可叹，民党其从此已矣乎。刻下一线之希望，在攻闽军之能否得手。如能如愿以偿，则浙江方面亦有归入民党之好机，如是则军政府或不至无颜下场也。

　　先生在京有何运动，音信隔绝，弥为惆怅。上海尊夫人处亦未得有消息，闻孙公处每月仍有百元之救济，惜贵宅租金大昂，如能缩小范围，则能苟安一时以待机会，亦无法中之法也，尊意如何耶？弟困处此间，颇为烦闷，拟于一礼拜后偕山田君到敝乡调查矿务。倘有良好之结果，则经济问题亦稍可活动耳。

　　此后如有函件请交：汕头兴宁县石马墟同发祥号何晓柳收可也

晓柳　　十二月二十

信封地址：广东高山寄

50. 1918年6月28日 ［在日本神户］

滔天先生尊览：

　　贵电拜悉，唯有感谢。弟等一行在岚山花之家一泊，风景之佳，徒使旅人增故园之痛而已。溥泉③现仍在京，回国之举徘徊

---

① 陆荣廷，桂系军阀领袖。
② 孙中山。
③ 张继，字溥泉。

无定。敝国人士无不疑其有何种情事，唯先生知其内容甚详，尚望开诚告之，勿使其有途穷之悲，则先生爱人以德，溥泉终亦必感激之也。先生何日来沪，拱候来驾，不胜切盼之至。即问

　　大好

天炯　　二十八

　　信封地址：在神户高山生

51. 1918年7月15日 [在上海]

滔天先生左右
敬覆者：

　　华翰拜悉矣，感谢々々。张溥泉君闻仍在别府浪游，是彼仅离开东京而不离开日本，其用意益复暧昧不堪矣。此间同人无一人以张氏为成问题者，即对于唐绍仪氏亦恶口不绝矣。人不自爱，谁能救之？殊可叹也。

　　弟全家幸托福平安，龙介①君在此殊不寂寞，夫人②亦甚强健，但不知先生何如？可来沪耳？弟于本月底将往粤，顺返汕头，殊无政治意味。中华大局一任恶人横行，乘此时机自行修养，亦一善法也。以为何如？

何天炯　　七月十五日

　　信封地址：上海虹口昆山路一号

52. 1919年2月21日 [在汕头]

滔天先生大鉴：

　　弟于昨日由家抵汕头矣。在家时曾接唐绍仪君之电，请弟同赴日本云云。弟以乡居月余，一切新闻无从得悉，即拟于明后日由此间乘苏州丸往粤。大约在粤一周之久，俟商议妥当，可以回

---

① 宫崎龙介。
② 指宫崎滔天夫人宫崎槌子。

· 71 ·

沪，再往东京矣。相见伊迩，一切俱俟面谈。特此通知。即问
　　合宅平安之喜

　　　　　　　　　　　　　　　　弟：何天炯　　二月廿一日

　　信封地址：汕头华安旅馆何寄

53. 1919年4月23日 [在汕头]①

滔天先生尊鉴：

　　二十一日鄙电，想可入览矣。所托交涉之件，延长一年之久，变象至此，深堪浩叹。山田②、菊池③、塚原④诸君，皆鄙人之知己，今皆分道而驰，益觉前途之茫茫耳。唯芳川⑤君与山田君等之恶感，究在何处，抑复杂至若何程度，鄙人实不得其详（一年以来，山田君并未以内容相告故也），至此件之搁浅不行，关于鄙人立场之困难，固不俟言，而直接间接影响于该实业者尤大也（此事非面谈不详）。今势已至此，唯有请山田兄等谅吾苦衷。俟鄙人不至十分困难，则其厚意为吾生永不能忘。且以山田兄等之深通鄙国事情，其可经营之实业甚众，何必介介于此些小之实业乎？兹请先生极力进行，尚望早日来沪也。

　　向诸君问好

　　　　　　　　　　　　　　　　　　何天炯　　四月二十三日

---

① 久保田文次提供。
② 山田纯三郎。
③ 菊池良一（1879—1945），日本律师、众议院议员，与山田纯三郎为表兄弟。毕业于京都帝国大学（今京都大学）法科，后从事对华商务、律师职业。1915年以宪政会所属当选众议院议员，连任七届。与宫崎滔天、萱野长知、山田纯三郎等共同参加"日支国民协会"。辛亥革命时期与孙中山结识，1913年孙访日期间随行各地，后孙等流亡日本期间予以协助。后与孙中山革命党人保持联系来往，与革命党代表何天炯等合办实业。
④ 塚原嘉一郎（1884—1960），日本矿产实业家，佐贺县出身。其妻弟秋山真之（日本海军教官、军务局长）与孙中山革命党关系密切，塚原参与多项孙中山革命党人实业活动。1917年9月受孙中山电招来粤，与何天炯合办汕头铁矿公司，后扩及其他地方矿业。
⑤ 芳川宽治（1882—1956），时为日本三井物产职员，与革命党代表何天炯合办实业。

54. 1919年4月27日［在上海］

滔天先生尊览：

弟由汕头奉上一函，想早登记室矣。抵沪后即闻先生有来游之说，乃久之而音信寂然，岂殆为孔方兄所困乎？虽然，此先生之所以为先生，益令吾侪钦仰不置矣。弟居沪无事，本拟即买棹东来，饱看山水，徒以中日风潮有加无已，使有心人深为忧虑，是以弟亦不能不暂搁足，所以免旁人之误解也。

兹有请者，家严现年六十晋一，敝邦习惯，为人子者应有祝典，而亲戚友朋亦常以诗文等件为贺。刻在沪友人既公推胡汉民兄撰就寿文一篇（文另呈电），大手笔固应不凡，但庸劣如弟，实愧不敢当耳。唯弟亡命以来，迄于今兹，于国于家两无裨益，徒使堂上老人抑郁不安。故弟愧恨之余，欲于今秋天朗气清之日，多集亲友，大开寿筵，以欢娱之耳。弟与先生情同骨肉，不敢有欺，故欲特请俯赐鸿文，为弟辈光荣，即家严亦感谢靡已也。至联名庆祝之友人，则以弟至交之日本友人为限。此举既蒙山田诸君欢迎赞助，愿先生鉴此微诚，亦不我遐弃耳。大文撰就后，请径寄沪上敝寓，即速加汉译，缮于红绫，传之奕祀，永为纪念耳。家严性情刚决，不屑苟合，以弟亡命，故伏处山中，不能展其才志，皆弟之咎也。今老矣，弟又不能克绍箕裘，徒看国家扰攘，一筹莫展，弟又何颜向先生喋喋也，即乞恕之。即候

全家幸福

      天炯顿首 四月廿七日

萱野兄现在京乎？如有见面，请代问候。

信封地址：上海法界吴兴里七五　邱宅

55. 1919年5月15日［在上海］

滔天先生尊览：

本日接到手示，欣悉一切。奉上些小之资，何足挂齿，唯望时惠

好音，使弟得悉先生近状，则快愉之极也。中日两国国民，本有亲善之要素，徒为少数握权力者迷误其方向。日本以国家主义为前提，故以侵略为天职。北京则以权力为生命，故至万不得已时，则虽卖弃其国家而不惜。一买一卖，而东亚从此多事。为人民者宜如何发愤，起而纠正其迷梦，为人道前途放一绝大光明也！先生以为何如？

　　家君寿诞，请先生赐一寿文，并借重相知友人之大名，则敝家光宠多矣。其他礼仪，则恕不敢拜领也。切叩々々。孙公现甚平安，唯南北和议，现又停顿，其前途安危如何，殊难逆料耳。中日风潮，影响于两国国民自由提携之实业者，颇为重大，真不堪忧虑之至也。先生如有高见，请随时指示为嘱。尊夫人病气全快否？甚念。即叩

　　　　合宅平安　　　　　　　敝宅亦颇平安也

　　　　　　　　　　　　　　　　　　何天炯　　五月十五

　　　信封地址：上海法租界吴兴里七十五号　何宅寄

56. 1919年6月7日 [在上海]

滔天先生鉴：

　　陈君中孚①来，接到所赐"理想寿神"一座，感谢之情何可言喻。又昨日令嗣所寄《デモクラシイ》②亦均收到矣。尚望益为人道奋斗，弟必竭其绵力以附骥尾也。

　　自昨日起沪上情形渐渐不稳，大有买卖停止之势，民情之激昂亦可想见。不知北京、东京间之大买卖肯停止否？此后尚乞时赐教言。不罪々々。即问

　　　　全家幸福

　　　　　　　　　　　　　　　　　　天炯　　六月七号

---

① 陈中孚（1882—194?），江苏人。清末留学日本，加入同盟会，参加孙中山领导的护法运动。1917年第一次广东护法军政府时期任大元帅府参议，参与第二次广州政府工作，第三次广州政府时期任大本营参议，南京政府时期历任地方职务。

② 《デモクラシイ》，英文"demokrasi"的日译，意为民主主义、民主政治。

信　函

信封地址：上海

57. 1919 年 6 月 16 日 ［在上海］

滔天先生尊览：

　　前接手书，知寄交宫地君《新露西亚①宪法》一册，惟至今一周余之久，尚未见寄来，未审何故耳。《财界训蒙》已收到，请转告龙介君。六月份之《デモクラシイ》亦请再惠一册，不胜感谢之极。即候

　　全家幸福

　　日货排斥之事，非两国政府有相当之觉悟时，则永久无回复现状之希望也。

　　　　　　　　　　　　　　　　　何天炯　　六月十六号

　　信封地址：上海法租界吴兴里七五　何寄

58. 1919 年 7 月 16 日 ［在上海］

宫崎先生尊览：

　　《露国②宪法》及"理想寿神"均早接到，多谢之至，夕夕。沪上梅雨连绵，一似天公悯人类之恶劣，特下血泪以警之者。因此之故，弟曾卧病数旬，今则渐渐复原，请纾锦念可也。弟近来时时购读《上海日日新闻》，故虽身隔重洋，而先生之精神言论，则殊为接近，亦苦中之一乐也。

　　敝国时局无从说起，以弟个人意见，唯有着眼于实业方面，俟经济可以独立时，则从事于社会之改良。若目前之革命问题、亡国问题，则暂且放下。而个人之人格，则非极力保全不可。盖敝国一般之病症，在无真实学问，而好为权利之争，其结果则志行薄弱。官可也，民可也，北可也，南可也，即无人格之谓也，

---

① 即俄国。

② 露国即俄国。

即真亡国之死症也，故以鄙见观之，敝国之病，实在内不在外也。若夫所谓文明之国，其结果则一般人心日趋于功利，而道德观念亦从而薄弱，实立国者一大问题也。强大如德国、如露［俄国］，俱有受裁判之一日，奈何々々。想先生必以吾言为然也。

家严之寿文，大笔已挥就否？弟则固所愿也，不敢请耳。
诸君问候

何天炯　七月十六

信封地址：上海法租界吴兴里七十五号何宅

59. 1919年9月9日 ［在上海］

滔天先生大鉴：

三日前曾奉一电，想可登记室矣。铁山事闻前田兄云，系因伊东①从中作梗，欲中止进行云云。夫伊东为先生旧友，弟亦颇识其为人。倘该件议已纯熟，而为伊所妨碍，前田兄不与之争，因而罢手者，则前田兄之人格为无上高妙。独惜弟处境困难，又当国家多事之秋，对此功亏一篑之事，能勿痛心？兹事万恳先生向伊东说明原委，彼身居议员，又号支那通，与弟殊有交谊，再得先生从中疏解，使该问题死而复活，真如天之幸也。若伊东而欲得多少运动费者，请先生为我斟酌许之。

广东大局日有起色，先生运动诸事想亦渐可顺手。匆匆未尽。顺问

前田兄大安

何天炯　九月九日

信封地址：在沪法界高山生寄

---

① 伊东知也（1873—1921），1895年以随军报社记者赴朝鲜和满洲，日俄战争时再赴满洲，后游历中国南方。与孙中山革命党人交往密切，武昌起义后奔赴武昌考察战况。1912年当选众议院议员。后与孙中山革命党人保持交往。

60. 1919年10月13日 ［在上海］

敬启者：

贵电及舟中之华翰均早接及，昨日复接所托种种之报告情形，阅之深为感谢。此后东京一切交涉事件，深托先生相机行事，弟唯有在沪拱候佳音而已。先生南洋之行已定期否？望便中示知。诸希不罪，并候

阖潭鸿安

　　　　　　　　　　　　　　　　弟：天炯　　十三日

　　信封地址：上海

61. 1919年10月18日 ［在上海］

滔天先生左右：

昨日接到九日惠函，详明恺切，甚感吾兄之不辞劳悴也。山田之件，须在东京解决之，弟无须参预其间（但该山彼原为内幕之一人，甚恐其乱放谣言，以阻他日之进行，请注意）。芳川诸君所云加派技师一事，本可照行，唯弟意以南北协和及排日风潮稍息后为尽善（和议大约明年正、二月顷可告一段落，排日事件，亦因而缓和，可断言也）。总之，凡事既相见以诚，则须各尽其能力之所到者而为之，若区区之时间问题，不足计也。为山九仞，功亏一篑，此其时矣。请为我转告芳川诸君，只要信任小弟，则何事皆可为①，诸事请安心可也。

目下金价下落无已，十万日金，不过收上海银五万左右，实不足以展弟之怀抱，若再节之又节，则弟实无一事可办也。家严祝寿云云，弟不过借此名义而已，若真为祝寿起见，二、三千円可矣。弟虽不肖，何致向诸君腆颜启口哉？请塚原诸君了解吾意可也。兹弟急欲回乡，该款能否即日汇来，甚望得一种确实消

---

① 此句原为日文"サェ私ヲ信ジテ下サレバ何处モヤリマスカラ"，现译为中文。

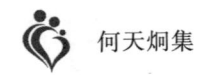

息。迁延时日，甚无谓也。请代

　　问候各位

何天炯　　十八日

信封地址：上海法租界吴兴里七十五号何宅

62. 1919年10月18日 ［在上海］①

滔天先生：

　　九日附御书翰，昨日拜见，兄之尽力之处，难有奉谢。山田之件求于东京解决，小生无关之事（关于该山之件，可说内幕之一人。他日如云谣言，恐妨碍我等之进行）。

　　承蒙告知芳川等诸君派遣技师之事，小生考虑，以为待南北妥协及排日思想稍息之后为最善之事（私议来年正、二月顷，当可告一段落，如是则排日也当缓和，此可断言）。

　　万事相互出以诚意，各尽其能力。若以区区时间问题，不足计，所谓九仞之山，功亏一篑。请给芳川等诸君传言，诸君给我信任，则万事请安心。

　　目下金价下跌不知其底止。日本金拾万円不过为上海银约五万，实不能一展小生之抱负。若如此，则小生无一事可办也。

　　关于家父祝寿之事，只不过借此名义。若真举办寿庆的费用，二三千方可。小生虽言不孝，但见诸君之面，也不会说钱的问题。请塚原及其他诸君，了解小生之意。

　　小生急欲归乡，请将该款即日邮寄来，至急确实请回答，迁延时日，甚无谓也。

　　请向大家转达此意。

何天炯　　十月十八日

---

① 此信原件藏于日本佐贺县立图书馆藏档案「塚原嘉一郎関係資料」（第0336号），内容与上封宫崎家藏信略同，但文字稍异，似为宫崎抄转给塚原。

63. 1919 年 10 月 18 日 ［在上海］

滔天先生鉴：

　　本早奉上一详函，想可与此函同时入览矣。鄙所要求之十万金，务望达到目的，然后石炭①问题可另一提案，与塚原等商量进行。如欲派遣技师时，则马场君一人足矣。此处交通便利，马场氏又能操中国语，所以无妨。又及。即问

　　全家幸福

　　　　　　　　　　　　　　　　何天炯　　十八 上午

　　　　信封地址：上海法租界吴兴里何宅寄

64. 1919 年 10 月 18 日 ［在上海］②

滔天先生：

　　今早拜见尊函，请与此信同封笑览。小生要求叁拾万円。然石炭问题，提出另案，请告知与塚原氏商谈进行情况。

　　关于派遣技师，马场君一人已足。现在交通便利，马场氏亦能使用中国语，甚为合适。

　　　　　　　　　　　　　　　何天炯　　十月十八日午前

65. 1919 年 10 月 20 日 ［在上海］

滔天先生尊览：

　　十八日连奉两函，想可次第收到矣。弟刻接家函云，家严自九月间起，即染有微疾（发热、呕吐等症），时发时止，唯延至刻下，则颇有增重之态。弟因之心绪不安，如坐针毡。特使舍弟即日归省，弟所以未能分身前去者，实因拜托之件，未得解决之

---

① 石炭，日文，意为煤。
② 此信原件藏于日本佐贺县立图书馆藏档案「塚原嘉一郎関係資料」（第 0336 号），内容与上封宫崎家藏信略同，但文字稍异，似为宫崎抄转给塚原。抄转信中有要求十万円与三十万円的不同说法。

故。兹特请先生转询芳［川］、塚［原］诸君，该件有无解决之希望，俱无妨下一决心，免弟株守沪上，有无限之苦情也。特此奉劳，不罪。

先生南洋之行有定期否？望示知。

何天炯　十月二十日早

信封地址：上海法租界吴兴里七十五 何宅

66. 1919年10月21日［在上海］

滔天先生鉴：

本日接到十三日手示，欣悉一切。所求与山田最后解决之办法云云，若至万不得已之时，弟自当取绝对之决心，唯须取如下之手续，方为合情合理，请谅察焉。

（一）芳川君与山田氏之恶感果何在乎？若在金钱问题乎？其程度又至于何等乎？是弟皆不得而知也。然则弟向山田氏当如何立言耶？此则弟当转问之芳、塚诸君者。

（二）若芳川君与山田氏为三万金之问题乎（存在山田手中者）？此三万金乃芳川直接交于山田者，弟事后乃始知之（约昨年五月顷之事）。当时芳川不详知于弟，何也？则虽谓芳川信山田不信何氏也，即不信矿主而信绍介人之谓也。然则今日弟将何言乎？此当转问芳、塚诸君者也。

总之，山田之件，以平稳了结为上策，至万不得已时，乃取最后之手段可也，以为何如？

弟详审先生函中之意旨，则十万金之问题，芳、塚诸君似欲以再派遣技师为条件，如弟不允派遣，则十万金亦难支出之意。虽未明言，其心情可推测而知之。若然，则彼等真不达事情，而又不肯信弟之证也。弟前函云，俟大局稍定，然后再派遣技师者，实因汕头一带，现为武人所盘踞，而又为排日旺盛之地。若再加以日人探取矿山之谣言，则借爱国之名，以迫挟金钱之徒，将遍地皆是矣。区区十万金钱，足以填无厌之欲壑乎？总之，今日之事，乃信用问题，他虽千言万语无益也。然则弟何为屡屡向人自鸣其信用之足恃乎？请芳、塚诸君下一决心可也。舍弟今晚动身回乡，弟专为此件在沪拱候教言。想先生已了解弟之苦衷矣。芜湖煤矿之件如何，请便覆。山田如回东京，其行动如何，亦请告我为祷。即候　鸿安

南洋之行有定期否？

列先生请代问候

何天炯　十月二十一

山田为人，弟虽不满意之，然较之塚原等尚为了解敝国之情形。且伊兄为吾党而死，殊有不胜同情之处。如今回塚原等欲再派技师一事，知山田必反对之。此后万事唯托先生鼎力，或维持，或解释，相机而行耳。又及。

信封地址：上海法租界吴兴里七五　何寄

67. 1919年10月23日 [在上海]

滔天先生伟鉴：

一函又一函，诸情欣悉，想鄙意亦可邀洞鉴矣。弟今种种考虑之结果，山田之件，总以平稳了结为是。倘至万不得已时，想彼亦必有向弟告诉苦情之时，唯目下彼尚未对弟有何陈述，则弟亦只可佯为不知山[田]、芳[川]、塚[原]之内容也。以为何如？

弟之地位，乃不论山田、不论芳川，乃至不论焉，盖向芳川交涉十万之款，实一文不能少也。少则无事可为，不如不取之为愈也。

唯弟意推测之，山田此时甚恐惶也，即不知弟之心情如何之谓也。请先生乘此机会向彼劝诱云："何氏此刻甚为烦闷，君（山田）宜以力所能为者尽力助之（经济问题）（能得中银一万亦可），至君（山田）与芳川、塚原等等，皆有直接向之要求十万款之权利也。盖此件皆为彼等最初承认者，而不能以其内部之

纷扰（山、芳、塚当初为一团体）而中止之，若中止之，则无异解约之时机到达也。至派遣技师一事，弟前函详陈其理由矣，若彼等仍不了解之，此又无可如何者也。弟今又想出一救急之策，请先生助我运筹，纷扰之件，宜平和解决之，则何氏亦无别情。盖何氏之地位，乃不论芳川、不论君等，皆看做一出资者。若因君等与芳川之故，而使何氏有种种困难之状，则后事殊不好云云。"

此小策也，请先生为我弄之，然亦无罪恶之策也。呵々，请谅焉。

看后火化

何天炯　　十月廿三

信封地址：上海法租界吴兴里七五　何寄

68. 1919年10月24日 ［在上海］

滔天先生左右：

昨日又上一函（书留①），想可入览矣。所嘱与山氏交涉出金之件，请先生临机应变，总以速达目的为主。盖该氏实有吐出此金之义务，唯金额不多，不值用强硬手段，请先生谅之焉。

旧岁弟既书五万金借款之证据交于芳川氏矣（论理，我出山，彼出金，我写一"受取"证足矣，况五万金又不经弟手，且不经弟眼焉，然则芳川、山田、塚原之行动果皆完全合情理乎），若目下十万金之交涉，弟为不得之故，拟再写借用证据以安彼心（先生为我作保证人可也），倘彼等仍有迟疑之态者，则弟亦不欲与彼等共事矣。此弟由衷之言也，请先生速为传之。

总之，此际请一面向山田劝诱吐金为是，谅之々々

第五函

何天炯　　十月廿四日

---

① 书留，日文，意为挂号信。

信封地址：上海法租界吴兴里七十五号　何寄

69. 1919 年 10 月 30 日 ［在上海］
滔天先生尊鉴：

屡渎清神，定邀谅察。昨日接家电，始悉家严病气危殆，促弟速返（舍弟及长男等已于一周前起程矣）。此际云山万里，生死莫明，真游子伤心泣血之事也。

芳［川］、塚［原］诸君之件，此刻想无圆满之希望。盖些小之费用，在弟不足以有为，且日后之要求（经济）转益棘手，故鄙意不如不要之为愈也。若告以鄙人目下之情况，恐转为彼辈所要挟（塚氏尤专弄小策之人），以为持之以久，必能俯就其范围。此虽弟猜疑之心，然先生与之交涉时，实宜取相当防卫之手段也。弟归心似箭，种种考虑之结果，以维持善状计，则实不如向山田诱劝其出金，或者彼鉴于情形及种种顾虑等，不能不屈从弟意也。唯东京刻下交涉变幻，已至若何程度，弟又无从知之，则凡事唯有仰仗先生之大力耳。谅之々々

　　　　　　　　　　　　　　　　何天炯　　十月三十日

信封地址：上海法租界吴兴里七十五 何宅

70. 1919 年 11 月 13 日 ［在上海］
滔天先生鉴：

由北海道所发贵书既披阅矣。所托交涉之件，以弟愚见，总以向山田使出小款为是，且或可以做到也。弟得此小款，可暂了在上海之目前要件，则直回乡省亲家严，一二个月后，再行回沪，以解决他之大问题，先生以为何如？々々

先生安家问题，俟此间筹小款，不论多少，时时寄来。勿罪々々。

年终岁暮矣，诸事留神焉，一笑々々。

　　　　　　　　　　　　　　　　何天炯　　十一月十三

信封地址：上海法租界吴兴里七五何械

71. 1919 年 12 月 15 日 ［在上海］

滔天先生左右：

昨日奉到由信州寄来手示，深悉先生一片苦心。而贱体颇沾风寒之疾，卧床至一周之久，今幸告愈，请纾锦念可也。山〔田〕、吉〔芳〕〔川〕诸氏之件，刻下想无希望，此亦无可奈何之事。唯家严病气现又告痊，弟不胜喜欢，拟一周后即排万难而回家，大约明年一月底可再回沪。此刻东京消息，请时时告知，拜托々々。

日来中日国交，至为危险，华人排货风潮，弥漫全国。而排货之起点，则在辰丸事件①，其时弟与先生在京所作种种，可谓极谋两国亲善者矣，不知今日之日本当局，亦尚念及之否？一笑々々。

先生曾询王统一之行踪，此人曾住万岁馆，今则不知何往。王氏为人，大约近法螺一派，此众人之言，弟则不深知之，乞谅々々。

问候大家

天炯　　十二月十五

通信处：上海法租界吴兴里七十五

汕头兴宁县石马区何晓柳（此处电报可通）

信封地址：上海法租界吴兴里七十五 何宅

72. 1919 年 12 月 26 日 ［在上海］

滔天先生尊鉴：

今早接尊电，欣悉一切。近来家严身体日见良好，故家人特

---

① 即"二辰丸事件"。1908 年 2 月，澳门商人柯某雇日本商轮"二辰丸"私运枪械，在澳门海面被清方拘获，引起日方抗议，清粤都被迫鸣炮道歉并赔偿损失。粤人视之为外交大耻，引发两广抵制日货运动。当时在日本东京的何天炯和宫崎滔天，曾据孙中山指示予以排解，故有此信下文所述。

催弟速回，以与祝寿之典。兹准于廿八早乘德安轮回汕，大约在家勾留须一个月之久，方可来沪。如有要件，请即通知（打电亦可），弟必作速动身也。尊电云云，无论有无成效，弟甚感先生之出力。唯弟船期既定，及因诸种之关系，万难在沪久俟。倘先生运动如有成功，或通知上海敝宅，或通知兴宁，均由先生之便。倘通知上海敝宅时，则请先生嘱龟井兄转告一切，尤便当也。乱笔失礼。

兴宁通信处：汕头兴宁县石马区何晓柳

弟：天炯　　廿六夜

信封地址：上海法租界吴兴里七十五　何寄

73. 1920年2月12日 ［在广东兴宁］

滔天先生尊鉴：

弟到乡以来，叠接尊电两封，诸情欣悉，当即逐一回电，以谢尊意，想可次递入览矣。弟为家严诞日及诸琐屑事，故应酬颇忙，今又为旧历新年所拘束，拟于阳历二月二十三日准由家起程来汕，俟有便轮，即行回沪。所有在东京由先生交涉事情，非面聆雅教不可，不知先生能否拨冗来沪？引颈东望，殊不胜暮云春树之思。临楮即请

鸿安

问候诸位

何天炯　　二月十二夜

信封地址：兴宁县石马区何寄

74. 1920年3月21日 ［在广东汕头］

滔天先生尊鉴：

弟自回乡后，日以种树为业，劳劳五十余日，音问虚疏，未审先生之起居何似也？前在沪敝宅来函云，尊夫人已返珂里，然则虹口尊寓已完全取消否？别后几经一载，世界风云依然变幻不

测，虽志士立功之会，亦狂生饮酒之秋，况节届清和，江南春满，遍地莺花，何不命驾来游，一消磨壮志乎？定当扫榻以待，车马琐费亦请无劳虑及也。匆匆候覆。即问

全家幸福　　　　　　　龙介君平安上课否，又及

　　　　　　　　　　　　弟：天炯　　三月廿一

　　上海法租界麦赛而蒂罗路吴兴里七五　高山英太郎

　　信封地址：汕头华安旅馆何寄

75. 1920 年 3 月 26 日 [在上海]

滔天先生尊览：

弟于昨日上午到沪，在家得读尊函两封，始悉东京诸事反复无常，深叹先生心力交瘁，感佩之余，又不禁慨人事之难凭也。刻下该件筹划进行，既进至若何程度，甚望先生明白告我，此事弟早既以全权付托先生，而弟之苦衷想亦早邀洞鉴矣。闻先生有来沪消息，弟殊欢迎之至，尚望早启门旌以慰渴念。匆此即请

　　合宅平安

先生函云事机又复逆转，弟不详其原因，故特渴欲面谈也。

　　　　　　　　　　　弟：何天炯　　三月廿六

　　信封地址：上海法租界吴兴里七五 何寄

76. 1920 年 3 月 30 日 [在上海]

滔天先生鉴：

弟到沪后即上函、电各一，想可入青览矣。二、三日前在日友处（山田宅居住之人）得见山田致伊一函，并嘱转通知鄙人。该函云：仆（山田）与菊池、塚原、犬塚之子等之铁山权利，既饮泣交渡于芳川氏云云。弟默念先生所谋之件，或已有良好之结果，故甚望即日来沪，以谋完善之进行也。切盼々々。

再芜湖之件，弟亦希望甚急。弟意欲请马场惟明技师来沪，着手调查，然后再寻资本家，方为完全办法。马场之行动，系弟

一人所招待，此刻不必向芳川、塚原等说明（此刻虽与芳、塚等谈芜湖之事，想彼等亦无意于此，故弟欲一人行动也）。唯弟刻下尚甚拮据，马场之川资，亦无所出，请先生此刻向彼说明借重之理由，俟一个月后，弟必筹集寄来（马场为人、炭矿学问颇进，风土人情亦熟）。

敝国滇、桂、粤之风云日急矣，先生能来一观世局，亦殊面白①之至。唯此等扰乱，与资本家甚为不利，请先生注意，勿与彼等深谈可也。

弟：何天炯　三月三十

信封地址：上海法租界吴兴里七十五

77. 1920年4月7日　［在上海］

滔天先生尊鉴：

昨日接到手示，深悉东京近状，并感谢先生及萱野兄之勤劳。弟意该山事件，内容复杂，恐一时无解决之望，故深盼先生屈驾来沪一游（若该山如可成功，则尤急盼先生之来以共商天下事也）。唯先生目下处境之困难，可想而知。弟又未能稍效棉〔绵〕薄，此则弟所为焦急万分者，如何々々。

目下滇桂之风云急矣，孙②、唐继尧、李烈钧、陈炯明、王文华（贵州人）（既驻一旅精兵于湖南、广西之界，将一举直冲柳州，此陆荣廷心腹之大患也）俱联为一气，势力亦颇不小。

福建方面，则陈炯明与方声涛正在交战中（闻方氏既完全败却云）。陈氏之言曰：方氏受岑③、莫④之密命，特来福建监视我等之行动，若不先行剿灭，则方氏为后顾之忧，我兵何能直入广

---

① 面白，日文，意为有趣。
② 孙中山，时为广东护法军政府七总裁之一，因受桂系军阀排挤，于1918年5月离广州到上海，此时正联络粤、滇诸军讨伐桂系军阀。
③ 岑春煊（1861—1933），广西人，清末曾任两广总督，民国后曾任粤汉铁路督办等职。时任广东护法军政府主席总裁。
④ 莫荣新，桂系军阀，时任广东督军。

东耶？此亦不得已之苦衷也（今日之形势，陈氏不畏李厚基[①]为后顾之患，而畏同为护法军方氏为后患，其变幻亦不可测度矣，此诚可忧可叹之时局也）。陆[②]、莫在粤，人心既去，但强盗团体，颇为坚固，且其所处地势，指挥亦颇敏捷。反观孙[③]、唐[④]之气焰，亦颇不小，且其兵力亦颇足包围广东，惜运用殊欠联络。总之今日之事，尚不知鹿死谁手。若长此"沉闷"、"混沌"、"欺诈"、"分赃"、"伪和"，诚不如大破坏、大杀戮，为少快人心也。天下之风云急矣，此亦先生不可不来沪之一理由也。呵々。

萱野兄处请代致意

问候诸君

弟：何天炯　四月七号

信封地址：上海法租界吴兴里七十五

78. 1920年4月17日 [在上海]

滔天先生左右：

久未接示，未审东京事件，已进至若何程度？弟时时考虑，以为芳与山等之恶感，日趋于不可解决之途，因之芳氏不肯出款。此虽为一小小原因，唯目下所极力研究者，则芳氏对于鄙人实在有无诚意之问题是也。弟意纵令山氏对于芳氏有用款不勘定[⑤]之咎，然此为山氏与芳氏之问题，不应牵及鄙人，以破当时之约束也。何也？芳氏信用山氏，较之信用鄙人，其厚薄之程度，乃芳氏当日之自由，其自作自受，又将谁怨乎？鄙人此四年内，抛却政治运动，而从事于实业，全副精神俱注于此。今因

---

① 福建北方督军。
② 陆荣廷，桂系军阀领袖，时任广东护法军政府七总裁之一。
③ 孙中山。
④ 唐绍仪，时任广东护法军政府七总裁之一，支持孙中山讨伐桂系军阀。
⑤ 勘定，日文，意为算账、结算。

芳、山之故，而搁浅江中，又值满天风涛，不能傍岸。揆之人情友谊，不一援手，则此后事业之进行，其前途无良好之结果，可断言矣。弟深自考虑，此事除破约之外，实无第二方法。其用款手续，弟处甚为清楚［前年四五月间，弟在东京，已书有五万（日金）圆之借用证，若勘定之结果，仍多出此数时，必再补书之］。弟刻下颇为愤懑，不知先生之意下如何？再此外别有良法否？请即一报。

弟今又为最后之让步，则前日要求之日金十万圆，按之今日市价，实值中银（上海银）四万五千元左右。而弟以无可奈何中，择一办法，则仅得三万元中银亦可渐了一切障碍。今向芳氏使之出日金五万圆，则可得中银约二万二千五百元左右，然此尚不足中银三万之数。弟今又有一苦肉策，则汕头银行尚存有保证金一万元（对于政府而纳之保证），此款依于法律，非俟该实业有具体的开采之办法时，则政府不许滥用之。然弟之友人与该银行有生死之交谊，弟若请求友人为弟之保证人，则可将该款借用之，或至少亦可借用七八千元左右。如此则弟手可实得三万元之数，而芳氏刻下不过使出日金五万，而弟之困难渐解决矣。此事万请先生相机而行，若并此条件而不能容纳，则破约之外，无他法也。

何天炯　　四月十七日

信封地址：上海法租界吴兴里七五　寄

79. 1920年4月21日 ［在上海］

滔天先生

拜启：

请进行之电报已于本日奉上，请先生速即来沪，至盼々々。再十七日奉上一函，该内容之一切交涉请勿发表，容后再商。即叩

晓柳　　四月廿一

信封地址：上海法租界吴兴里　何

80. 1920年5月22日 ［在上海］

滔天先生左右：

　　尊处四月廿九日所发之函、电均于五月五号收到（电报问合[①]中迟延）。据先生云，诸事妥当，唯塚原在长崎，四五日可归来，则先生当设法来沪等语。弟以先生来沪在即，故未覆函。俟至今日则尚未见有若何动静，则变局纷纷，又可想而知。唯此件弟已以全权付托先生，即如弟四月十七日函所云，能得上海银五万之数亦可者，是亦无妨相机而行之也。反之若芳川全无诚意时，则弟无劝山田等弃其权利之必要。俗语云"送了夫人又折兵"，弟实不愿中芳川之计也。先生以为如何？何时能来沪，乞电覆。

　　问候诸君

何天炯　　五月廿二日

　　信封地址：上海法租界　高山寄

81. 1920年5月26日 ［在上海］

滔天先生尊鉴：

　　本日接十五、二十所发两示，欣悉一切矣。先生刻下之苦境，弟深为谅察。唯弟欲乞先生即日来沪，倘能得小许舟车之费，请即放心前来，以后之事再筹划可也。即问

　　全家幸福

何天炯　　廿六日

　　信封地址：上海法租界吴兴里七五 高山寄

82. 1920年6月8日 ［在上海］

滔天先生左右：

　　接六月一日函，祗悉一切。唯弟披阅贵书，至再至三，颇疑

[①] 问合，日文，意为询问。

芳川之诚意，不足以共远大之事业。芳川云"暂先敷衍，以待何氏所能接受之最低额之时机"①，又"必须弟东来"或"派遣代表"。夫弟东来可也，重订契约亦可也，然东来重订契约而得最低额之金钱，则弟唯有决辞谢之。且所谓最低额者，果低至若何程度乎？彼已〔亦〕不明言。则弟意度之，其数千円乎？其一万円乎？以刻下金价之低，则日金一万，亦不过中银数千而已。呜呼！以数千元之数，费一年之时日，又必牺牲山田等，使芳川一人独专其利，此乃市侩之行为。曾是忝膺贵族之芳川，而亦腼颜为之乎？今弟再退一步言之，若得小款而能弥缝一时，则弟亦颇乐为之也，然事实上已做不到。则弟得此小款，已无所用之，以云为维持生活费乎？则弟刻下每月尚得山田二百円之补助。纵令一时断绝，则弟亦不以个人生活之故，牺牲山田，使彼等笑吾目光之小也。反之如果得中银五万以上，则弟可弥缝一切之外，尚可为少许之活动，成一直接间接有益该山之事业。诚如是，则弟必劝山田等谅吾苦衷，使让其权利于芳川。然问之良心，已痛苦不堪矣。颇闻芳川与山田之冲突，为一昨年②三万円之事件。今弟对于此事，略加评论，请先生为吾转告芳川可乎？今试问芳川，迳交三万于山田，为何意义乎？为山田绍介报酬之费乎？想芳川不以为然也。然则芳川为资本家，弟则为山主人，彼迳交三万于山田，为何意义乎？抑该三万元，与该铁山无关系之计划乎？如无之，则弟不多言也，如有之，则芳川此等之行动，有无蔑视鄙人之意义乎？然则彼对于山田何其慷慨，对于鄙人何其酷烈也。总之一年以来之交涉，弟细按其前后之言论，发见其无诚意之处甚多，今不一一抉出之矣。总之，此件交涉，已无良好之结果。弟唯有暂时放弃之，俟他日筹得二三万之款时，将弟部分所用出者，返之芳川，立即迫其废约。至彼与山田、塚原等之金

---

① 此句原文为日文。
② 一昨年，日文，意为前年。

钱关系如何，弟无过问之必要也。一年以来，先生之苦衷，萱野兄之扶助，弟唯有感谢而已。

再者，弟与芳川之交涉不进行，则山田之权利当然保留之，特再声明。

天炯　六月八号

信封地址：上海法租界吴兴里　高山寄

83. 1920年6月8日［在上海］

滔天先生左右：

昨接六月一日手示，已于今早覆告一切矣。兹弟意有未尽，故再引申言之。启者：

芳川氏款，弟东来交涉一切，俱不惮以最低额之金钱为饵，先生能逆料其要求之内容否？以弟意度之，山田诸人俱提供其权利，则今日伊等所消费之金额，将何人继承其责任乎？此不待智者而知其归着于矿山问题也。然则弟今日得芳川少许之金额，而承继无穷之债务（闻将近日金二十万円云），此岂人情所能忍受乎？呜呼！弟本以敝国时局多端，其不能活动之故，实因受经济之压迫，故欲以矿山问题，筹相当之金额。今非独无望，且得一凶恶之结果，此诚书生对于世务无经验之报也，自恨亦复自笑而已。

萱野兄均此未另

炯　六月八号下午

信封地址：上海法租界吴兴里七五　高山

84. 1920年6月10日［在上海］

滔天先生鉴：

六月四日函已接阅矣。唯弟之宗旨已于一昨日（八日）速奉两函，想先生能鉴察弟之苦衷也。芳川无诚意之证据甚多，但弟亦无有再言之必要。前托芜湖矿事，倘无希望，则塚原手内之地图书类等，请先生决意取回代存为是。今回铁矿事件，所谓"羊肉不曾吃、惹得一身腥"者是也。再者，弟手共收到四万円，除运动"许可"费二万円，保证金一万円，余一万円系弟个人消费者。查当时之中银四万元不过值日金五万二三千円左右，今芳川云已用去二十一万何千円等语。然则彼十五六万之金钱，果用于何方面耶？真令人无从索解矣。芳川如询问弟之返事①，则请以"悲观"二字奉酬，他不言矣。

何天炯　六月十号

　　信封地址：上海法租界吴兴里　高山

85. 1920 年 6 月 15 日　[在上海]

滔天先生左右：

　　六月五号手示已于昨日接到，循诵再四，想见先生筹划之苦衷，感谢々々。

　　对芳川问题，弟已连奉两函，想亦可次第收览矣。据弟愚见，终觉芳川少些诚意，交涉一年之久，岂尽银行恐慌之时哉？即如旧岁鄙人老父垂死之际，亦不能动其毫末，反之，对于山田、塚原等，则慷慨使之消费，且并不通知鄙人，则有蔑视鄙人人格之嫌。鄙人之意，所以要保存山田等之权利者，以其消费太多，断不许其脱然无事而去，岂有爱之耶？以为何如？铁路一件，弟亦早有成算。唯该山问题，已无一些良好结果，则一波未平，一波复起，实无趣味与之共事耳。就使鄙人忍痛为之，彼方要求之条件不至苛酷否，其出资能至若何之程度，皆不可考虑之事也。专此即候

　　合宅平安　　　（萱野兄处已另函道谢矣）

天炯　六月十五

　　信封地址：上海法租界吴兴里七五寄

---

① 返事，日文，意为回复。

86. 1920年6月18日 ［在上海］

滔天先生左右：

　　一昨日接到尊电，本拟即覆，继念弟八日所上芜函，可即日递达尊览，想先生能谅弟一切苦衷矣。先生来函所示，自是积极之大计划。唯该山问题，自去岁交涉至今，彼所要求者（山田等让渡权利之事）已一一达到目的，而弟所要求反一无答应，又必须别生问题（如铁路等事），然后有出资之望，至该问题之要求条件，有无面倒①，及能出资至若何程度，皆尚在不可知之数，此弟所以种种考虑而不能率尔承诺者也。刻下先生接弟函后，不知与彼人有见面否？如山事全然无望，则从此停止交涉可也。弟目下断难来京，拟九、十月后摆脱一切俗务，必然东渡，与山田、芳川等为一度之大勘定②耳。此亦不得已之事也。

　　　　　　　　　　　　　　　　弟：炯　　六月十八日

信封地址：上海法租界吴兴里七十五

87. 1920年7月9日 ［在上海］

滔天先生左右：

　　前奉诸函，想均入览。嘱转致芳川一节，未悉彼对于弟之意见有何感觉？甚愿先生为最后一度之报告，使弟心中能了然于彼人之态度，而下一最大之决心也。切盼々々，多劳々々。

　　敝国时局，日趋混乱，皖直两派，终有破裂之日。而吾党行动，自有前辈主持，弟不敢过问。然以鄙意度之，则日趋堕落可断言也。奈何々々。顺问

　　诸君幸福

　　　　　　　　　　　　　　　　　　天炯　　七月九号

---

① 面倒，日文，意为麻烦。
② 勘定，日文，意为算账、结算。

信函

信封地址：上海法租界吴兴里七五 何寄

88. 1920年7月14日〔在上海〕
滔天先生左右：

久不接函，近况何似，至以为念。前托交涉之件，劳神费日，虽未奏功，而先生之尽力于此，弟实铭感无已矣。刻下芳川方面果抱何种态度，甚望先生再为示知。而弟坐守此间，终觉无聊，加之直皖风云，急转直下，与民国前途，关系至巨。我辈已不能强，又不能弱，虚生人世，终夜思之，汗泪交流。而辛苦营经之事件，又中途搁浅，想先生亦为吾扼腕不置也。今先生想一时不能来沪，而弟意则欲乘此时局扰攘之中，重渡贵邦，以观察种种。而芳川之件，尤非一度亲调察之，则内容终不明也。但弟如东来，则芳川究持何种态度与其诚意，甚望先生再为一度之确告。果有东来之必要时，则请赐一电为祷。但请先生此刻勿告芳川于弟东来之行期为妙也。

晓柳　七月十四

信封地址：上海法租界吴兴里七五寄

89. 1920年8月2日早（1）〔在上海〕
滔天先生尊鉴：

沪上今年酷暑蒸人，弟因此困病几天，今日大雨如注，心地清凉，适接来示，诸情欣悉。所云沪上菊池①所云，弟不要大款等情，想是彼人之手段或误解，本不足置论，更何能间弟与先生之交情乎？唯是自旧岁至今，中间几多变幻，近则株式②风潮，殊出人意外。而芳川君目下境遇，弟亦颇能了解。兹请先生再代表弟意，重为交涉，请芳川君即汇日金式万円，以了弟目下一切

---

① 菊池良一。
② 株式，日文，意为股份。

之急务。其余从前弟所要求之款项，俟芳川君银根活动时，然后再为实行也。刻下接到乡中来函，家严自旧岁大病后，身体尚未复元，故屡思弟等回家，以作清谈。老年之人，应当有此光景。故弟亟欲将此交涉作速了结，拟秋凉后，乘兴回家，不知先生届时能从吾作田舍之游乎？甚望亟来沪上一谈。

山田等之件，此刻当然不成问题，弟亦拟今冬再莅贵邦，与芳川君商量一切。总之，弟与芳川君已肺腑相见，则后事不难解结之也。多劳不罪々々。

段①派失败，当然之结果也。倘不失败，则所谓与孙②联络者，亦表面之事耳，与民国前途无关系也。今失败至此，则民国多一革命党，殊可喜之事也。另付一函，请交芳川君阅之。

晓柳敬启　　八月二号

90. 1920年8月2日（2）［在上海］

滔天先生尊鉴：

本日接手示，欣悉一是。芳川先生之境遇弟亦深能了解，前所请求之件，一俟伊银根活动时再为商着。唯弟刻下之急务，非二万円则断难了结，请向芳川先生代达鄙怀，即为援手。

闻沪上有种种谣言，说先生如何々々。此皆小人之手段，岂足离间弟与先生之交谊乎？秋冬之间弟必再莅贵邦，与芳川先生商量一切。总之，弟与芳川先生肺腑相见，则凡事不难解决之，甚望芳川先［生］亦体察鄙人之苦衷也。即请

暑安

芳川先生请代致意

请以电示

何天炯　　八月二号

---

① 段祺瑞。
② 孙中山。

信封地址：上海法租界吴兴里七十五 何寄

91. 1920年8月2日下午（3）［在上海］

滔天先生青鉴：

　　本早曾奉一函，想可次第入览矣。溽暑如火，想先生出入都市，辛苦极矣。所函所陈，弟已鉴于财界之恐慌，不复如前之执着，唯至低限数，非得二万円（中银不过一万三千余元）之度，则弟之厄境，必有加无已。倘并此而不可得，则芳川君之诚意，亦可想而知耳。铁路问题，弟实早有虑及，但须今冬回乡详为调查，然后着手。日来报上载有"南潮铁路"之新闻，此事内容如何，望先生详细调查之。切嘱々々。

何又及　　八月二号下午

信封地址：上海法租界吴兴里七五 何

92. 1920年8月2日晚（4）［在上海］

滔天先生左右：

　　今早接手示，仓卒奉覆，意有未尽，此为第三缄矣。弟之初意，本欲排万难而东来，然弟刻下实为种种事件所牵连，大有不能脱然东渡之感。如芜湖矿事，现亦求一了结之法，倘不致十分损害，则决然弃之。以穷极书生，作整兴实业之也，其谚所谓"癞虾蟆想吃天鹅肉"也。一笑々々。弟对于芳川二万円之请求，想不致十分无望，或别生问题以难吾。倘彼承诺弟之要求而又欲与鄙人商谈之件时，则唯为请先生来沪一行，以为彼此传达之机关。此等辛苦之义务，尚望先生慨然许诺之也。切叩々々。

　　再者，闻东亚同文会有新出版之《支那经济调查》一书，此书册数几何？须价几许？内容完善否？请转嘱龙介君为我调查之。

　　再关于统治"朝鲜""台湾"之详细书籍（如行政等方面）当以何者为善？亦望详示。切嘱。

皆样宜く①

　　　　　　　　　　　天烔　　八月二号晚

第三函

信封地址：上海法租界吴兴里七十五号 寄

93. 1920年9月6日［在上海］

敬启：

今早接先生廿八日来示，欣悉现已东回，令姊得庆勿药，尤奉贺之至也。前月廿一日奉上一函，系照先生所嘱。是弟之宗旨，已明白爽快，想前途亦无甚遁辞矣。

广东风云，日急一日，此番想可得手。家乡在望，喜忧交集，久罗水火之粤民，天理循环，定能脱绿林酷虐之政治也（孙公②之狂喜，如小孩得了玩具）。弟刻下亟欲回乡，唯此件未了，则不能脱然通身，而又不能东来，以求早日解决，则唯有将此交涉（与芳川交涉）之全权付托先生。若先生能来沪一行，尤欢迎之至也。即问

合宅平安

　　　　　　　　　　　何天烔　　九月六号

信封地址：上海法租界吴兴里七十五 何寄

94. 1920年9月19日［在上海］

滔天先生尊鉴：

惠书欣悉。屡访芳川，尚未一面，据先生推察，抑芳川果不在宅，或有意规避耶？如有意规避，是前途之事，无可希望，亦无可奈何之事也。但自去岁交涉至今，芳川所要求者，弟已一一应允，今忽又中变，其不顾一己之信用，果至此哉？弟远处申

---

① 皆样宜く，日文，意为向诸位问好。
② 孙中山。

江，其中情形未能知悉，请先生确实告我为祷。

今日菊池氏来敝宅，据云：自下月（十月）起，先生（即弟也）之式百円补助费，不能不中断云云。弟诘以何故，彼云现仅存六百円，又为赤平氏用去，未能取还，是以没有法子云。弟闻言之下，悄然久之，不能置一词。盖山田氏已如此，他不足论耳。

据本日香港来电，惠州即时可以陷落，虎门要塞，已入民军掌中。果尔，则广东事可大定矣。广东定，则局面又大可活动。弟归心之急，不可言状，如何，请有以教我。

炯　九月十九

信封地址：上海法租界吴兴里七五 寄

95. 1920年9月30日 ［在上海］

滔天先生

敬启：

惠书欣悉。承询对于芳川取如何手段云云，弟远在海上，芳川近日情形，殊难明白。且该件特托先生与彼交涉，已有一年之久，则芳川之实在内容，唯先生知之最详。今彼忽然避面不见，且手纸[①]亦无返事[②]，殊为不近人情。以弟意度之，则彼不过不肯出资而已，何乃至应酬之礼节亦不讲耶？先生曾云，彼是一个商人，讲势利，不讲信义，然则弟亦付之奈何而已。

废约一节，弟亦甚有决心，但彼不允时，弟亦无别法对付之，奈何々々。

再者，前不得已时，或废约，或使之出资。弟若亲身东来，有好法子否？乞一报。

请费神调查芳川对弟东来时之感情如何。再嘱々々。

天炯

---

① 手纸，日文，意为信函。
② 返事，日文，意为回复。

信封地址：上海法租界吴兴里七五 寄

96. 1920年10月4日 ［在上海］

滔天先生鉴：

　　鄙书想早入览。芳川避面，无可奈何，弟刻下又无废约之能力（消费之金额，如无着落，则彼不肯破约）。据山田对芳川之报告，则事务所仍有金若干云云。然此间之菊池则云"现存金六百円，为赤平滥用，不能取回，故自十月份起，弟之补助金项完全取消云云"，是亦无可奈何之事也。天下不平，无可奈何之事亦正多多也。芳川之事，有无善法，请先生亦代弟一考究之。不罪々々。

　　弟所谋芜湖矿，闻经技师泽村氏调查精确，有详细之报告书，但刻下彼等已与此山脱离关系。弟曾向龟井氏乞取此书，彼意不甚首肯，后虽首肯，而又言已交于先生处云云。弟今欲得此报告书为参考之资料，请先生谅焉。如无差支[①]之事，请先生惠寄一份焉。日间曾见及许又铭氏，谈及矿务，则云必发书于先生转寻台湾颜某商量，但颜氏在京否不可得而知，想此亦缓不济急之事也。即候

　　阖潭清吉　　　民藏先生在京否？请代致意

　　　　　　　　　　　　　　　　　何天炯　　四号

　　　信封地址：上海法租界吴兴里七五号寄

97. 1920年10月10日 ［在上海］

滔天先生鉴：

　　惠书欣悉矣。芳川之件深劳臂助，唯其结果总必出于无希望之途，弟此后将放弃此问题，以免徒憎〔增〕心头之烦恼，想先生必赞成之也（山田、塚原俱在不谈之列）。

　　弟之芜湖矿区，据龟井兄转述泽村氏之言云："支那之矿山，

[①] 差支，日文，意为妨碍。

因年代久远，大底〔抵〕矿床深浅不一，故工作较为困难。唯此矿（即芜湖之矿）则甚平坦，与日本的无大差别。故虽煤质少嫌烟大，而矿区平坦，易于工作。轻重两权，得失相抵，我日人视之，亦殊有价值云。"又云："支那矿山丰富，到处皆有发见，故不甚重视之。若我日本如有此矿（即芜湖矿），其价值可抵百万円云。"此乃龟井私对弟之述言（言时其声甚细，若恐人有闻之者）也。今泽村在先生处之报告，则与此相反，大抵失败之后，立言反复耳。总之我辈对于此道，全是门外汉，一任技师之播弄，亦无可如何也。最近弟托广东温技师（伦敦大学毕业生）到山调查，其报告亦云，矿区平坦，其工作较他矿为易。弟曾嘱其作一开工计划表，另抄奉阅。

震作[1]君之友如有志确实永久之事业，舍矿山外亦无善策。最近上海煤价日增，且渐渐运往西欧消〔销〕售，真绝大之利源也（支那煤运往欧西，供其消费，今回为破天荒之事，现仅运往十余万吨，而支那内地，呈供不应求之势，因之其价日涨）。弟意刻下之实业，无过煤矿，请先生留意焉。顺问

全家幸福

何天炯

滔翁再鉴：

兹奉上开采煤矿预算表，请为查察。据此表则得十万金即可开办，乃除开消〔销〕外，其余利至每月可得三万六千円，其获利之厚真出人意外矣。此表为友人工学士潘〔温〕君所计划，系负责任之言，请先生物色有志愿此业者否，如单借款关系则尤欢迎也。

英国工学士温少璠开采安徽宣城县蔡村煤矿计划书：

---

[1] 宫崎震作，宫崎滔天次子。

竖坑（长十二尺、阔六尺、深三十丈，坑分三部，二部为转运，一部则为通气及装置打水管之用）

开凿费	洋六千円也
斜窟（六尺、四尺、深三十丈，为工人上下等之用）	
开凿费	洋式千円也
起重机（一座）	洋式千五百円也
起重木架（一座）	洋五百円也
装煤笼车（四部）	洋式百円也
钢丝绳（大小五根）	洋六百円也
打风机（风扇引擎）	洋式千円也
打水机（大二座、小一座）	洋壹千五百円也
锅炉（二十尺、六尺半、二个）	洋八千円也
烟囱（六丈一尺半、一个）	洋五百円也
铁管（四寸五十丈、三寸五十丈、五寸二十丈、二寸一百丈、寸半一百丈）	洋一千五百円也
零星铁器	洋一千五百円也
搬运费	洋一千円也
装置费	洋一千円也
坑道预备费	洋三千円也
厂屋建造费	洋式千円也
预备金	洋伍千円也
	共计三万八千八百円也

每月开支预算表

支架木	洋四百五十円也
机器修理费	洋一百円也
机器纲目水费	洋一百円也
坑道延长费	洋叁百円也
测量绘图费	洋五十円也
坑夫救恤	洋四十円也

续表

卫生费	洋一百円也
医生及警察费	洋一百円也
施用及杂用	洋式百円也
各项税金	洋九百円也
官利八厘	洋二百六十円也
总行开支及办事员薪金（上海、芜湖）	洋六百円也
矿地工人费及办事员薪金	洋四千円也
由矿地至水东运费	洋四千零五十円也
由水东至芜湖运费	洋六千七百五十円也
以上每月开支	洋壹万八千円也

每月收入预算表

每月出煤约壹百五十吨（芜湖价，块、屑平均每吨十二円也）	洋壹千八円也
每月出煤四千五百吨	洋五万四千円也

除每月开支外，余利洋三万六千円也。但开工三个月后，方可每日出煤二百五十吨，又志。

信封地址：上海法租界吴兴里七五号 寄

98. 1920年11月14日 [在上海]

滔天先生尊鉴：

本日晤中山先生，据云前有两函奉询足下（即先生），唯至今未见覆音，特嘱弟顺便转询，有无收到。兹广东局面，已暂次归入吾党范围，中山先生拟二周内即偕唐①、伍②两君返粤。拟将旧日军府维持现状，然后逐渐改良以图发展。此实辛亥以来，

---

① 唐绍仪，时为广东护法军政府七总裁之一。
② 伍廷芳，时为广东护法军政府七总裁之一。

未有之机会。加之一般普通人之思想，亦颇有觉悟，以为北京已完全没有希望，则南部同人，当然独立以图存。事业虽颇艰辛，亦无可如何也。

兹中山先生之意，拟俟返粤后，组织稍有头绪，即遣弟东渡，与贵国朝野人士，共商东亚大局之前途。弟维国家之事，先有内政，然后有外交。吾党如果有坚固正大之团体，则世界之外交皆可转移，岂独日本。故弟拟即日返粤，观察各方面之情形，或补救，或开展，然后再定行止。中山先生亦甚以为然。故弟一周后，拟即返汕头，然后直下广州。东京一切情形，此后甚望先生随时下告，殊弥切盼之至。唯此事未见事实之前，请先生勿向第二人说及，否则诸多阻碍，公私无益，想先生亦早在意料中也。

来示请仍寄上海弟寓为嘱。

何天炯　十四号

信封地址：上海吴兴里七五 寄

99. 1920 年 12 月 21 日　[在广州]

滔天先生尊鉴：

接由上海转到惠函，欣悉一切矣。千円之件，孙公①已嘱由上海转汇，刻下想可入手，年关困难，请稍为敷衍过去，后事无不可商量也。日来军府极力整顿内政，国会重开，当必选孙公为正式总统，贯彻主张。外间所传孙、陈②暗斗等事，纯是谣言。陈炯明亦极有觉悟，已宣誓服从孙公。湖南赵总司令恒惕及林省长支宇均完全加入盟约，唐、伍均听指挥，滇、贵相联，为军府之马首是瞻，四川事亦大有希望（黄、石诸同志军队仍约有四万在内云）。广西陆荣廷则不成问题，粤军一到，彼内部

---

① 孙中山。
② 陈炯明，时为广东护法军政府所属广东省长兼粤军总司令。

必倒戈逐之矣。如此则西南联为一气，然后进窥长江，福建、浙江必首先响应，陈光远（江西）、吴佩孚又必联襼加入，则北方不足平也。万岁々々。

同时英、德、美各派代表一人。

弟东行之事，大约须俟明年正月中旬才可放洋。孙公视此问题极为重大，故弟亦不能不勉为其难，甚望先生等助吾一臂。头山、犬养两翁均请先生致意请安。如有函件请仍寄上海敝宅为祷。由沪起程时，必先以电奉知，届时请先生先到神户一谈。专此即候

鸿安。顺问

合第平安

弟：何天炯　　十二月廿一

信封地址：广州市大市街又一七四塔影庐　高山寄

100. 1921年1月5日 [在广州]

滔天翁伟鉴：

日前详细拜奉一函，想可计日收到，尊电弟亦早拜接矣。弟东来之期，现仍未有一定，中山公虽时时催弟速行，唯弟个人愚见，实未敢骤然赞同。盖历观今昔前后之外交，而不能出之冒昧者也。以弟愚见，至少程度须俟总统选举告成之后，然后有外交之可言（总统选举，一个月后可告成功），不知吾兄之意，以为何如？

东京情形尚望时时示知。切叩々々。广州天气，今年甚为寒冷，几不能执笔写字，亦希〔稀〕有之事也。即请

全家幸福　列同志先生请代致意

何天炯　　元月五日

来函请直交表面左记之处，电报则交军政府转可也。

信封地址：广州市大市街又一七四塔影庐　何寄　晓柳寄

101. 1921年1月25日 [在广州]

滔天先生鉴：

孙公接到和田①二十二日来电云，须速派代表等语。但同人金以此次民党再兴，对内对外，均须谨慎将事。刻下贵国政府，实有危害民党之存心，故主张不能乱派代表，以启人轻侮之心。孙公当嘱弟回复此电，弟即覆以"接和田电，甚感。但派遣代表，须与各国一并发表，请转达"。想先生早日接到此电矣。

弟二十一日曾奉上一函，业已"详明诚实"，此刻甚盼先生等之大教。年来贵我两国民之感情，恶劣极矣，弟与先生虽有中日联盟之主张，不知何日可能实现，念之不胜愤慨。然则刻下则时机已到，倘贵政府仍恃强为生，则人类幸福，必无可希望也。如何々々。

列同志先生均此未另

何天炯　　一月廿五日

信封地址：广州大市街又一七四塔影庐　何寄

102. 1921年2月8日 [在广州]

滔天先生鉴：

二月六号曾发一请先生来游之电，不知有收到否（此乃高野先生②之意）？刻陈中孚兄来，使弟稍悉东京之情形，亦快慰之事也。萱野兄现赋闲在家否？闻彼亦有来游广东之兴，请先生邀他一同来粤。故人欣聚，尤喜慰之至也。粤局平安，有发展之希望，请安心。顺候

---

① 似为和田三郎（1871—1926），日本记者。早年受板垣退助影响参加自由民权运动。1905年加入中国同盟会，与宫崎滔天等创办《革命评论》声援孙中山革命，辛亥革命时赴南京支援，后与孙中山革命党有联系。

② 高野为孙中山日本化名。

道安

　　　　　　　　　　　　　　　何天炯　　二月八号
　　信封地址：广州大市街又一七四塔影庐　寄

103. 1921年3月20日［在广州］
滔天、凤梨①两先生钧鉴：

　　自先生去后，即接和田等电两封，当即呈上。先生由沪致鄙之电亦早欣悉矣。先生此回来去之匆忙，中日人士诸多误解，甚有不胜惊讶者，真不堪一笑也。

　　东亚之风云真迫切矣，此回吾党能否活动，全靠两先生之力，敬候好音。顺问

　　列同志先生大好

　　　　　　　　　　　　　　　弟：何天炯　　三月廿日
　　信封地址：广州大市街又一七四塔影庐　何寄

104. 1921年4月9日［在广州］
滔天先生尊鉴：

　　刻阅《上海日报》，始悉先生等于前月廿六日始由沪东归，平安一路，可为预祝。

　　本月七号，孙文氏由国会选为正式总统，想早阅报欣悉一切矣。此间各界人心，完全一致，唐继尧氏当时虽甚赞成，然时为政学会人极力煽惑，故时持两可之说。今则为其部下诸将领力劝其附从孙氏，始有回复势力与名誉之望，故唐氏至今日对于孙氏，极其信仰，毫无问题发生也（唐之部下，已将离间孙唐之不肖议员等驱逐净尽，有回沪者，有在此避匿，不敢白昼出门者）。唐绍仪以要求内阁总理一席为条件，此事非独孙氏不承认，我辈亦决不之许，现已敬鬼神而远之

---

① 萱野长知，字凤梨。

矣（即少数议员之反对总统者，亦皆以金钱爵禄为交换之件，非真反对选孙氏为总统也，此辈约有三十人左右）。唯我党前途殊为寥远，一臂之助，深有望于诸公。而东亚问题，非一方之责任。此间情形如此，特为奉告，尚望尊处见闻所及，亦告知一二也。

居正①兄来，甚悉先生等在沪所谋一切，俟陈中孚氏来可进行矣。萱野兄处请转告。即请

列先生同志大安

何天炯　四月九号

信封地址：广州大市街一七四寄

105. 1921年4月18日 [在广州]

滔天先生尊鉴：

四月三日函早拜悉矣。粤中自选出大总统后，人心甚为踊跃，唯困于经济，未定何日就职（大约五月初头可就职）。因此反生出许多谣言，谓孙、陈②不和云云。其实皆为北京侦探利用此等难局而施其手段耳。

然则财政问题，诚粤中今日生死问题也。噫々。陈中孚氏之件，现廖氏③定一方针，谓目下须先有四五十万円汇到粤中为"见证"金④，然后取得临时之"许下"⑤。此事想陈氏⑥早已来电说明。而某氏⑦亦当然向此方面活动，故此事已趋于竞争态度。

---

① 居正（1876—1951），字觉生，湖北人。1905年赴日留学，加入同盟会。1908年赴南洋办报。武昌起义后，任湖北军政府顾问兼秘书。1912年元月南京临时政府成立，任内务部次长。二次革命失败后流亡日本，加入中华革命党，任党务部长。1917年后参与孙中山广州政府工作。1924年1月国民党"一大"任中央执行委员兼常务委员。

② 陈炯明。

③ 廖仲恺，时任国民党财政部主任，5月总统府成立后任代理财政总长。

④ 见证金，日文，意为定金。

⑤ 许下，日文，意为执照。

⑥ 陈中孚。

⑦ 指山田纯三郎。

弟与廖氏，颇忧结果甚不雅观，请先生等默察在京各方情形，如可合并办理则策之上也。切嘱々々。

　　大局问题，甚望先生等有所活动，然目下必甚困于经济，又可想而知，盖此间或甚于尊处也。奈何々々。

　　萱野兄示另

何天炯　　四月十八

　　信封地址：广州大市街一七四　寄

106. 1921年5月21日 [在广州]①

萱野、宫崎两兄：

　　陈君中孚之件，据弟愚见，颇难乐观。此事根本之坏，实误于廖氏之无能，而陈君等以为廖氏虽去职，尚可以廖氏之手与马氏②接洽，则尤误中之误也。至其内幕情形，颇为复杂，非片纸可尽。

高山　　五月廿一夜

107. 1921年5月22日 [在广州]③

滔天先生尊览：

　　屡辱手教，古道热肠，感佩而已。孔子云"欲速则不达。""见小利，则大事不成。"非独政治、学问之事而已，恐事无大小亦不能逃此例也。愿相与共勉焉。南中天气炎热，以弟蒲柳之姿，颇不耐此景况，故精神疲顿，百事虚疏，不罪不罪。

　　孙公自就职以来，诸事极力整顿，且孙、陈之间，毫无意见。如上海、香港之新闻，实半多诬蔑之词。今之急务，唯急求解决广西问题（半月内可实行矣），则弟之东行问题，亦即可实

---

① 久保田文次提供。
② 指广州政府广东省财政厅长马育杭，为时任广东省长陈炯明亲信。
③ 久保田文次提供。

现，请先生为我留意。闻和田瑞①、菊池良一诸君俱有来粤消息，届时东京情形当可明白一二。唯秋②、犬③二公之间，请先生加意游说，以竟厥功。弟与先生相见之期，其在七月秋初乎？

即候

合宅平安

弟高山拜　　五月廿二日

108. 1921年5月29日 [在广州]④

滔天、凤梨⑤两先生：

久疏音问，甚罪々々。粤局日见平稳，广西问题望解决之期甚近矣。

陈中孚之件，本来甚为困难，唯刻下骤得总商会长陈氏⑥出马，则威力大增，成功可预贺也。唯我劳劳碌碌，辛苦为谁？其结果不过为商人辈作嫁衣也。一笑。尊处有无异词，请随时指示。

顿首

何天炯　　五月廿九日

109. 1921年5月31日⑦

……日臻稳健，因之多数同人之意见极注意于外交，而弟受各

---

① 和田瑞（1879—1945），对华贸易商。成立对华贸易的大和组，后入日本劝业银行。1913年经萱野长知介绍结识孙中山，后与孙中山革命党人交往。

② 秋山定辅（1868—1950），日本政治活动家。1893年创刊《二六新报》，后曾连载宫崎滔天《三十三年落花梦》。1902年当选众议院议员后，活跃于政界。1899年前后与孙中山结识，对其革命事业提供一定援助，后长期有联系。

③ 犬养毅。

④ 此件藏于台湾台北中国国民党党史资料馆，"国共档案·一般档案"，档案号：241-1113-8。

⑤ 萱野长知，字凤梨。

⑥ 指广州富商陈廉伯，时任广东总商会会长。

⑦ 久保田文次提供，缺前页。

方面之催促，亦颇动东行之兴。广西之事虽未解决，然早晚实不成问题。唯政府甚为贫乏，此则颇足使弟有自崖而返之叹，刻正东牵西扯，期达到目的而后止，否则行程又不知何日也。

高山 顿首　　五月卅一日

110. 1921年6月29日　[在广州]①

大活、微笑②两长老慈鉴：

屡接函电，欣悉尊处情形，感谢之至。唯小生善状毫无，缺少报告为憾。唯迩来梧州既落我军，则广西问题大势已定，即西南局面，颇可安心之活状也。请为转告同人，拜托々々。

交易所之件，表面既告一段落，小生无所尽力，甚为惭愧。然其经过情形，不可不为两先生报告之。于此报告之先，有须先为说明之两义，否则小生之报告，恐先生有不明白之处也。

一，义利决不两立。

一，善恶决不易明。

小生于今回交易所之关系，深明一切众生，皆为利字所缚束，而不知义为何物，大有甘为恶人亦不悔之慨。可怜可叹！今将入于本问题之报告：

先是，陈氏③山氏④均在此为竞争之运动，而小生及廖氏⑤、居氏⑥当然属于陈氏方面之参谋。其作战计划则在先与本地有力商人接洽之，此则今日成功之原因也。而山氏自恃为大支那通，乃专从官厅方面及沙面之日本官商运动之。当时之势焰，咄咄逼人，大有成功之慨。然交易所到底为商人经营之事业，虽官厅人

---

① 原件藏于台湾台北中国国民党党史资料馆，"国共档案·一般档案"，档案号：241-1118-2。

② 此时宫崎滔天和萱野长知皆学佛，"大活"为滔天法名，"微笑"为萱野法名。

③ 陈中孚。

④ 山田纯三郎。

⑤ 廖仲恺。

⑥ 居正，时任中国国民党本部（上海）总务部主任。

员，亦有哑子吃黄连之苦也。此真陈氏成功之大原因也（此陈氏即陈廉伯，为广州总商会会长）。

陈中孚氏虽在此运动此件，而表面为激烈之行动者则为居正氏。若廖氏固不敢出面，而小生亦处于表面调和之行动。盖小生之地位，到底须向东京一行，且日与沙面官商酬酢，则断不能如居氏之取激烈行动者，时势使之也。然不言而实行，杀人不见血，小生亦可谓作恶之一人矣（因山氏对吾有某种不道德之事实，故吾决意取此手段，盖恶因彼自种之，想佛法亦许我也，呵々）。今为说明小生所取之手段如下：

先是陈中孚氏屡与陈廉伯氏接洽交涉，山氏闻之，则向小生曰：我亦须取此手段，运动陈廉伯加入吾之方面。小生一闻此言，甚为惊讶。盖陈氏（廉伯）乃一张白纸之人，红可也，白可也，倘一与山氏接洽，岂不败乃公事乎？小生以是拦阻之曰：闻陈中孚氏既先交伍万元于陈某为运动费，嘱其接洽一般上中以下之商人矣。倘君（山氏）如无此现款，则真无效之事也。山氏乃不得已而断此念头。呜呼，此真山氏失败之原因也。虽然，此乃秘密之事，陈、居诸氏如何知之？且小生亦无向他说明之必要。因居氏刻下自利之心大重，为各方面所反对，自取其辱，故聊陈胸积耳，非欲与彼争功也。

刻下交易所之暗潮，盖不在日本方面，而在广东方面，实一不平之大事也。今据居氏所布告而不平作伪之点即现于此：

交易所共二十万株[①]
假如日本六万株
假如广东六万株（此六万株之款即由日本借出）

此六万株之分配如下：

[①] 株，日文，意为股份。

信　函

　　发起商人三万株，革命遗族一万株，居氏与陈中孚氏共六千株，余一万四千株，则交孙文、陈炯明两氏处理之。

　　小生常微笑问居氏曰：此六万株之处理，甚当也，但余八万株，则何如？居曰：既有上海商人买去之矣。呜呼！当假①许可状尚未许下之日，而居氏乃为此欺人之事，竟且对于小生而为此言，此真作伪心劳日拙之事也。小生亦所谓"日本通"（一笑々々）之一人，盖明知此八万株乃日本买去，而居氏取其至八十万圆之多，岂不怕生胃病乎？一笑々々。果也，居氏乃因此八万株而受四面八方之攻击矣。

　　上海张人杰、戴天仇、蒋介石来电曰：我等共须买六万株……

　　居氏覆电曰：此六万株在广东买去了，请谅……

　　张等又来电曰：此六万株如果广东商人买去，则我等亦无言，否则当与贵下绝交。

　　居氏又覆电曰：虽绝交亦无此六万株也，请谅……

　　殷汝耕亦来电曰：须要买何万株，否则如何……（但居、殷有何关系，不明～）

　　此外广东商人亦恶声四起，今居氏将逃往上海矣。

　　居氏之行动如此，虽个人得了些金钱，而名誉扫地，殊不值得。彼非愚人，但为利所陷溺，则愚人不如也，可叹。

　　小生总观刻下之情形，盖居氏以为自身非广东之人，故只计得了目下之金钱，不惜得罪广东同志，且置将来之商卖而不顾，此真可为交易所前途寒心之事也。

　　今为声明如下：小生对于此件，实未得一些权利。闻廖氏得相当权利以外，有二三武人以铳剑相吓，各人亦有三四千株之分

---

① 假，日文，意为临时。

配，余外财政厅人员亦有多少之分配，大约居氏等至少有六万余株到手，此真近日之一大不平事也。

小生之人格，尚〔向〕来为两先生所知，若谓以金钱之件，至不惜与朋友反目，则非小生所为之事。然事之不平，至于此极，倘彼方以为某氏可欺，无妨取高压手段，则甚惜伊等为金钱所迷，而不识小生之为何如人也。刻下各界不平分子，环而诉诸小生者，有如云集。而山氏①又利用不平分子，使彼等拥小生为不平界之盟主（山氏此刻尚以小生为同志，可怜可笑）。小生虽不肖，实有举足轻重之势，彼等两目无珠，尚以小生为无能力之人，岂真逼人已甚，欲使小生出而一试其技乎？

先生接函之后，必然十分惊讶，以为广东之事，奇怪至此，必叹人类为可怖之物，真有被发入山之想也。语曰：志士不饮盗之泉。盗泉固不可饮，岂我辈一杯清水，亦不许饮欤！虽然，此等问题，乃出于鼎鼎有名之居氏，殊可为吾党前途哀也。以先生非外人，故详述之，惭愧々々。

高山英太郎　　六月廿九

俗劣之函件，看后请丙丁②之。切叩

高山

寄信地址：广州市东山龟岗二马路十九号　高山寄

111. 1921年6月30日 [在广州]③

大活上人④惠鉴：

捧读华翰，具见对于吾党满腔热诚，兼忠告鄙人之处，非十余年肝胆至〔挚〕友，决无此金石良言也，感谢々々。

---

① 山田纯三郎。
② 丙丁，意为火烧。
③ 原件藏于台湾台北中国国民党党史资料馆，"国共档案·一般档案"，档案号：241-1118-1。
④ 宫崎滔天法名。

信　函

启者：日英同盟想又见诸事实矣，如此同盟，实与吾党以莫大之障碍。故此间同人对于日本之外交，殊无特别之奢望，唯希冀先生等能运动贵政府，严守中立，不南不北，是即成功之处也。昨总统府连接上海之报告，有"小川丸"载运北京之军械（由南京起运）及现金，秘密往钦州，接济陆荣廷，此间人士颇为愤懑。而藤田①领事亦云：想是奸商贪利，既电东京报告云云。真可太息之事也。日昨美国领事既为正式谒见总统之礼节矣。特闻

再，鄙人东行之期，想在广西肃清后方有希望。

微笑②先生均此

高山顿首　六月三十

寄信地址：广州东山龟岗二马路十九号　高山寄

112. 1921年7月8日［在广州］

滔天先生尊鉴：

叠奉芜缄，想均登记室矣。先生所示各函，鄙俱转达孙公，深以先生热诚宏愿，比之岁寒松柏，其人格尤苍健无匹云云。此诚吾党所临风感激无已者也。唯此间自小川丸事件发生以来，对于贵国外交甚抱悲观，即如孙公对于东亚大局有伟大之计划者，亦云日本外交，不求其助，只希望不为我害，即大成功也云云，真彼我民党一绝大遗憾之事耳。请先生注意之。合掌々々。

鄙前奉诸函，所陈该事件各节，并无对于日本同人方面有要求不当权利之野心，特此间不平之事甚多（交易所以外之事件），故偶因该件而起鄙之牢骚耳，请先生等谅焉。唯荻野初到广东时，即在领事署云：余（即荻野自谓）所谋之交易所，即宫崎及萱野等老民党之所为也（鄙人亲闻诸领事馆人员所述）。又鄙曾于某宴会席上，荻野亲向鄙细言曰："此件今幸告成，宫崎样③

---

① 藤田荣助，时任日本驻广东总领事，1920年10月至1923年5月在任。
② 萱野长知法名。
③ 样，日文，对人之尊称，略如中文之"先生""阁下"。

当不致贫乏"云云。鄙当时甚感谢其言。然先生今日之景况何如？想先生冲澹为怀，不以该物为介意，然义所当得，则请勿远虑。盖今之世界，非此物不行，切嘱々々。

鄙刻下甚为闲暇，东行事亦非二三个月内可以实现，且鄙亦甚怕此一行，故欲利用此时机回乡省亲，兼可避暑，不知先生能跋涉来敝乡一游否？

盼极喜极

英太郎　　七月八号

信封地址：广州市大市街一七四之四　　高山寄

113. 1921年7月17日① ［在广州］

滔天先生足下：

许久未接琅函，甚念々々。日昨鄙见及大阪朝日所派印度自治调查之新闻记者，名谷辰次郎者，所谈该处事情颇详。鄙首问该国之革命党情形，彼云：近来激烈革命之运动，绝对难成事实矣。且以欧战之结果，英国政府有多大之觉悟，而对于印人，不取高压手段，而印人亦以激烈反对之难成功，故皆有平和要求自治之决心。且一般印人的教育程度，尚难普及，故改革事业，目下恐未易成功云云。鄙以其新从印度来，其言颇近情理，故转告先生，请留意为祷。贵处川崎造船所之风潮，比之寻常，颇进一步，其结果将如何耶，请时时告知也。请求々々。

广西问题，告解决之期近矣，"沈鸿英"（桂系之战将，然非陆之嫡派）已率其所部投降（该部约一万余人），且以擒拿陆荣廷、陈炳焜为进身之阶。大约李烈钧及贵、川援军未到时，而陆等已亡命安南②矣。山贼下场，本非难事，今后问题，在吾党之自勉而已。鄙刻下亟欲乘此时机，为回乡省亲避暑之计。先生

---

① 久保田文次提供。另［日］萱野长知《中华民国革命秘笈》书前有此信图片"何天炯致宫崎滔天函"。

② 安南，即越南。

在东如可脱身,何不来敝处为暑假旅行之兴乎?甚盼々々。

凤梨先生及列同志先生 均此问候

何天炯　　七月十七日

114. 1921年7月19日早 [在广州]

滔天先生尊鉴:

本早接到七月十日所发手示,欣悉一切,多谢々々。启者:目下小弟之境遇,有种种障碍(以经济为绝大之原因,惭愧々々),实未能即日东行,虽中山公亦无如此问题何耳。且如先生所谈之实业要件,亦断非弟一人东来,即有眉目之可言。大约此等要件,非实业家自身有绝大的希望及其决心,则虽有苏张之舌,亦无所用之也。明如先生,无俟多嘱。弟意先生处如有热心企业家,则非促其到广东一游,彼实不能得此间之真象。真象不明,则万事都无可言。若谓彼等不肯贸贸而来,彼之来也,非敦请不可,则弟敢武断言之曰:若如人者,是不有诚心在广东企业者也。实业家以营利为目的,利之所在,虽万里不辞,无利可图,则虽有大总统之欢迎,彼亦必皇皇焉去之。今为证明事实如下:

例如交易所事件:萱野派与山田派之竞争,俨有欧洲大战争之奇观,利之所在故也。然最初山田坐镇在此,而萱野派无一日人在此为代表(陈中孚是中国人,故不敌山田),故萱野派几有败北之感。然最后则萱野派之铃木大岛等连袂而来,而山田之真正金主不来,此山田所以又败也。

弟所以为此言者,足见利之所在必闻风而来,且必来此竞争也。反之,目下无大利之可图者,则日本在广东之实业家,亦有三四家焉(如台行①、三井②、华南行③等),则并不见彼等之热心,甚且与之相谈,反有如石投水之感焉。弟以为中外实业家之

---

① (日资)台湾银行。
② (日商)三井物产。
③ (日资)华南银行。

心理，大抵如此，虽不足怪，然彼若有心向南谋事，则总以促其先行游历调查为是。其来也，请先生同行之，则我辈必信之也。日来台湾总督府参事官池田其人者，时时秘密来此与各要人（现尚限于广东财政厅方面之要人，与总统府无关）接洽，据云愿出三千万円投为开发海南岛事业之用。据云此事与官权无涉，资本纯出自民间，已展示极热诚之态度。但此间要人以事件重大，尚未有若何之办法及其进行，然此又足见欲经营事业者，非亲来此间不可也。现下据弟所知，广东有望之实业如下：

○海南岛　利源丰富，无所不用
○大沙头之开发　广州市边之商场，资金约二千万以上
○士敏土（セメンド）①　厂之改良，三百万円以上
○翁源水电　一千万以上

以上各件为刻下一般人所注目之事业。
　　信封地址：广州市大市街　高山寄

115. 1921 年 7 月 19 日［在广州］

滔天先生尊览：

今早接七月十日华翰，当即奉覆芜函一封（用书留②）。刻下弟持先生之函入见孙公③，孙公披阅后，甚为欢喜，乃对弟曰："汝东行之事，余无日不希望早日实现之者，唯此番正式政府成立，汝须以代表政府之名义往，方为郑重。因此，汝之任务，固不在实业，尤不在借款，汝之任务，在宣传新政府光明正大之宗旨于日本朝野上下，告于今后贵政府不可对于东方有侵略及包办（请负）之野心。非独不可有此野心之进行，即如从前'二十一

---

① 士敏土（セメンド），日文，意为水泥。
② 书留，日文，意为挂号信。
③ 孙中山。

条'之不当要挟，亦须一律取消。如此，则彼我两国，方有经济提携及种种亲善之可言。若一部分之小小实业问题，固无须政府特派代表以为之。且日本若不改变侵略政策，则小小实业，亦不易成功。虽或能进行于初，其后亦必有困难之日。且以目下之情形而论，若政府贸然与日本生特别之关系（即经济及借款），则政府必受人民之攻击，或宣告死刑焉。盖以段祺瑞之强，其倒毙即在向敌人乞款以杀同胞，此皆可为殷鉴之事。"云云。

　　孙又曰：汝即东行以宣传此东亚共存之主义，亦可也。但今回之行动，不可过于简俭，且随员、书记亦须二三人同行，须与其朝野士大夫往来酬酢。如此，则运动费亦不小也。又曰：运动费，约以每月三千円为度，但初到东京时，至少每月要用陆千円左右，如此，则费用颇不小也。汝至少须有一万円，方可出发。刻下总统府之财政颇为困难，将奈之何？又曰：汝外间有友人或商人可以借贷者乎？若有之，则由政府出名或担保之亦可。鄙人乃对曰：无之无之。鄙人闻孙公之言，乃有三种感触：一、甚佩孙公之言；二、甚怜孙公之遇；三、甚惜今之人借公为私，公款不用于公事。想先生亦有此感慨耳。

　　今早寄书留一函，想可与此函同入青览矣。草此即候

　　鸿安　不一

　　　　　　　　　　　　　　　何天炯　　七月十九日

　　信封地址：广州市大市街一七四之四　高山

116. 1921年7月19日[①]　[在广州]

滔天先生伟鉴：

　　日来叠寄芜函，想可次第入览矣。敝处广西问题定能早日解决。"浔州"已下，日昨"桂林"陷落之报又到焉。本来兄弟，

---

① 久保田文次提供。另[日]萱野长知《中华民国革命秘笈》书前有此信图片"何天炯致宫崎滔天函"。

忽为胡越，从此而湖南，而武汉长江，茫茫前途，不知民众何日始能安枕。然盗贼军阀，倘能从兹少为敛迹，则目前痛苦，亦当少忍之耳。此间诸情，尚称顺手。唯李烈钧氏所部，因军饷缺乏，行动迟缓，不能即日前来援桂，友人多为之扼腕者。然李氏在今日之时局，实有重大之关系。盖将来湖南、武汉之先锋队，不能不赖于此君，且李氏历年饱尝忧患，故对于孙公颇能改其平日冷澹之态度，而极其诚服。而孙公亦倾诚相结，此真可为吾党前途欣幸者。惜默念将来，所困难者在经济一项，盖即湖南长江问题是也。然使忧国之士，始终能内部一致，无权利之竞争，则军饷政费，亦未必全恃外债为生活。此则鄙等所日夜焦思及之者，亦请先生时时见教焉。请々。

再者，广西解决后，而弟之东行问题，或尚有几多之踌躇。盖孙公虽有急迫之心，而要人多数之意见，则以为非今日之时机。非徒无益，且更招国人（敝国也）之误解。盖自小川丸事件①发生，而人心之悲愤达于极点。请先生等设法补救之。

何天炯　七月十九日

117. 1921 年 7 月 19 日　[为前信所附]②

再者，△△氏③现已由台湾回东京矣，其所谋之交易所虽失败，然彼为人甚有机变，且熟识一般中人之心理，故其回京时，亦携有海南岛等之问题，且有财政厅马君④嘱托之函件。此事本甚秘密，然马君亦有不能不告鄙人之势。该氏起程时，亦对鄙人曰："愿为广东政府尽力，请兄（即鄙人）早日东来。此回有大活动之希望。"鄙人应之曰：唯唯而已。且马君与彼非有深交，不过马君当财政困难时，而该氏适在此间，且自荐其能与资本家

---

① 参看 1921 年 6 月 30 日信。
② 久保田文次提供。
③ 应为山田纯三郎。
④ 指时任广东省财政厅长马育杭，为陈炯明亲信。

接洽之能力。且该氏自交易所失败后，亦有小忠小信，以买收一部分人之事实。今再为秘密之报告如下：

当该氏与荻野竞争失败后时，由沙面之官商出而调停。由荻野方面给于〔予〕四千株之报酬，而使其放弃交易所之竞争，此事遂告一段落焉。据一般交易所中人之推测，每株以二十五円计算，可得十万円。△△①氏以是对于其共谋之交易所之味方②（此人各官厅俱有，但无甚势力耳）为面面之报告曰："劳诸君之力，交易所虽失败，然尚得有四千株之报酬。仆除用去东京及广东一切运动费外，余存之数万円，必与诸君共分之。"云云。以是，此等人俱大欢喜，尚到处扬颂之，而排斥现在成功之交易所焉。今早《晨报》③忽登一段新闻，今剪下寄来一阅。《晨报》为总统府之机关报，乃尚有此不平之语，则其一般人可知耳。

此间虽为革命策源地，而人心腐败、诈伪，实足使人脑筋昏乱，入山入林，俱恐不深，固不独消极人之愤语也，奈何々々。

此信看后请火焚之。

此事弟闻之沙面贵国人所言，甚是实确，又及。

高山　七月十九

［此信附剪报］

编者按：何天炯在此信封筒内，还夹寄了一份当天广州《晨报》一篇报道的剪报，标题为《证券交易所之内幕如是》，摘录如下：

近日社会发现有所谓广州市证券物品股份有限公司，一般商民颇滋疑窦。记者采访某商界，得其对于该所之意见如下：查该所之发起者及其中坚人物为外省人陈中孚等，其内容组织，共集资本一千万元。所经营之事业，如有价证券、金银、丝茧、砂糖、豆类、纸张、油类、烟丝、棉纱、布匹等，共十种之多，将

---

① 指山田纯三郎。
② 味方，日文，意为我方、己方。
③ 广州《晨报》为当时广州民国政府总统府机关报。

来开盘货物价格高下，均由该所订定，如该行营业，均受该所价格支配。……又如铁路、自来水、电灯及一切有限公司股票，应值成数高低，均由该所定之。得该所允诺，则虽无资本，只由该所发行一种股票，便可视为有价证券作为资本，以其买空卖空手段，即操市场生死权。又该所员役认数在百人左右，广东籍者只得一人。如是此项托辣斯①公司，一经成立，广州市场受其影响，自非浅鲜。查此种证券物品交易场所，上海亦曾有人组织，然只包办一行，尚且纷纷起而反对，卒已不能成立，若以一公司而包办十行，吾不知各该行对之，亦肯俯首无辞否耳，云云。

118. 1921年7月21日 ［在广州］

滔天先生尊览：

　　昨日叠奉两函，想有收览矣。前函所谈海南岛事件，现据友人来谈云：现下有某日人向居正氏运动，愿出三千万円，先设立银行，预备为开发海南岛之用。此事与池田向马氏所谈，系各一门径，然则近日贵处资本家之热心于实业，实可见一般矣。弟意广西问题，总可早日解决，因此资本家之热度，必又增高一番。故弟意先生处如有确实可靠之资本家，则总可以促其早日南来为是。然非与先生同来，则弟等亦颇难相信。弟意先生无日不在贫乏之中，此等旅行费用，当然出在资本家，倘此旅行小费亦吝不肯出时，是亦无诚意之资本家而已。故此事亦随尊处之便，或仅先生一人代表资本团来粤，亦可也。甚望々々。

　　事体复杂，电不能详，故未以电覆，请谅。且弟此刻亦尚无打电之能力，一笑，一笑。△△氏②已回东京，有见及否？此人虽不甚纯正，然得先生等严为指导，或向可复其民党之原形，否则唯有自消灭之一法，殊可惜也。万事乞速覆々々。

---

①　今译托拉斯。
②　指山田纯三郎。

闻交易所在上海之株式，已涨价至三十円左右，殊有希望之事业也。

何天炯　七月廿一日

信封地址：广州大市街一七四之四 寄

119. 1921 年 7 月 23 日 ［在广州］

滔天先生尊鉴：

粤军自攻克贵县后，陆荣廷、谭浩明即假名辞职，遂由南宁（陆氏十余年来之巢穴）遁往安南矣。广西问题未及两月即告解决，殊出意料之外，想先生等闻之，定浮一大白也。先生曾谈之实业问题，弟一一再商之孙公①，无论深为感谢。但孙公之意，总以该实业家来粤为前提，盖来则方信粤局之安宁，且可与各要人为推诚之谈话。弟意先生可利用此机，再为南方之旅行，必有种种之兴趣，且可补前回三日留粤之遗憾也。甚盼々々。

弟前日所陈交易所之件，此乃弟一时愤慨之语，由今思之，颇为无趣，且使先生等亦加入于烦闷之中，则尤非弟始愿所及，万乞置之不理可也。盖投机事业，弟已不甚相宜，想先生亦不甚相合也。

桂林山水甲于天下，先生其有意乎？又及。

问诸君好

何天炯　七月廿三

信封地址：广州大市街一七四号 高山

120. 1921 年 7 月 30 日 ［在广州］②

滔天先生尊鉴：

今日阅报，再〔见〕"叶夏声"受南方政府之委托，来日本

---

① 孙中山。
② 久保田文次提供。

开始活动，云云，真掩鼻不堪之事也。查叶氏为国会议员，旧岁粤军返粤时，以种种欺诈之罪恶，为军政府捕拿，交陈省长①处分。除监禁三个月外，一年内不得离开广东。唯此人面皮甚厚，手段甚高，乃乘陈省长出征广西之机会，乃托友人哀求中山公，许其自由行动。中山曰：没有法子，可放逐于外国。最初指定澳洲一所，后又哀求云：不能英语，乃转逐于日本。此乃实在情形也。唯彼来时，有陈中孚绍介会见犬养及先生等之信函。此则陈中孚对于先生等失礼之问题，又掩鼻不堪之事也。请注意，大注意、注意、注意。

昨日（廿九日）广东《新民国报》（总统府机关报）攻击交易所主任人物，垄断金融机关，且暗借日债，非打消不可云云。盖此辈尚未知实在内幕，故以日债为鼓动之具。真掩鼻之事也。

何天炯　七月卅日

121. 1921年8月5日 ［在广州］

滔天先生尊鉴：

昨日接奉手示，当经转呈孙先生阅悉，深感先生热心毅力。此刻极盼先生携此有力者欣然来粤，唯弟前函说明先生等须即日首途，而今先生之意则以龙介君同行为适当，此亦随先生之便也。（但先生不出马之意以为恐有人注目，此则恐非重大之点。盖弟意若先生能亲来，则一切问题俱可解决耳，以为何如？）

鄙函想早入览，故未以电奉促（电文反不明白）。交易所之件，萱野君接弟函后并未覆示，想见问题之复杂也。兹再将本市（七十二行商报）之记事奉阅，弟甚恐该所之难题日增，为聊尽忠告之义务，亦即所以救吾党之信用耳。

（马财政厅长②之言曰："交易所之事，乃总统府派中人所

---

① 陈炯明，时任广州民国政府广东省长兼粤军总司令。
② 马育杭。

为，其以后一切问题，我不负责任"云云。弟闻之，殊觉前途不能放心耳。）

高山　八月五号

　　信封地址：广州市大市街一七四寄

122. 1921 年 8 月 21 日 ［在广州］

滔天先生：

　　尊电欣悉，甚感。然弟前函所云 10000 之件，决非敢向先生为此不情之请，而先生今来电云云，则先生之厚意虽甚可钦佩，然弟及中翁①之意，俱不敢使先生负此责任也。在弟私意，则俟萱野君所云一服清凉剂到手后，私化公用，亦不得已之办法，然此又非可随便出口者，只得俟时机而已。

　　广西问题完全解决矣，两湖之风云又急，孙公之焦心，盖可知也。

何天炯　八月廿一日

　　信封地址：广州大市街一七四 寄

123. 1921 年 9 月 15 日 ［在广州］

滔天先生尊鉴：

　　本日接令兄民藏先生手示，始悉彼此函电，均有误会，不禁苦笑而已（因前日令兄来电，仅署名宫崎，而弟先误认为先生所发，兼之电文错误甚多，致起弟种种之误解，今仅为取消弟前函所说种种，惭愧万分々々）。

　　小铳之件，因陈总司令②不在广东，故无从交涉，深恐有误民藏先生之事，今请先生转达，望将此件，可作罢论。盖如此重大事件，万难以函电为成功之要素，若迟延复迟延，其结

---

① 指孙中山。
② 陈炯明。

果又或不成功，则弟之负咎愈重，故不如乞民藏先生罢手为妙。切嘱々々。

粤政府虽日见发达强固，而对于日本外交，则甚为冷淡，受欺诈迫害之结果，无论若何之外交能者，恐亦不能疏通此鸿沟也。余容后告。并候

民藏先生　福安

何天炯　九月十五

信封地址：广州大市街一一七塔影庐 寄

124. 1921年9月21日 [在广州]

滔天先生尊鉴：

本日接先生八月十九日之函，欣悉一是（但此函迟延至一个月之久，甚可异也）。广西问题已近解决，而湖南问题又复紧张，此乃当然之路径。如民国目前之腐败，非从事根本改良，则决无生存之望。虽然，负此改良之责者谁乎？众生已不足语此，民党中果有此人物乎？亦一疑问也。奈何々々。

出兵长江之问题，本年内必见诸事实。今日虽盛倡中山出马之说，但事机成熟之时，则陈炯明氏必自告奋勇，而使中山坐守两粤。此虽弟今日推切〔测〕之辞，然十必中八九也（反面言之，若事机而未成熟，则不许中山出马，此又陈氏自信之计划也）。

先生所谈资本家来粤之行动，殊为老成思患预防之策。盖今日之大问题，在中日间之恶感未除，粤政府为维持人心计，决不敢公然向日本生若何之关系。反之日本资本家，亦必向安全有担保处，然后投资。此为不能沟通一气之大原因也。

弟东来问题，预料必在出兵长江之时，然后有重大烦碎之交涉，届时弟如无他事在身，必下一决心而来，与诸先生为开诚之谈话也。

日来人心鬼蜮，至为可怕。前日叶夏声之东来，俱有多少黑

幕在中，殊不值识者一笑也。先是交易所将成功之际，△△①诸氏等甚恐弟东来，将其黑幕抉穿。一面又恐弟到东时，向日友处借款以竞买株式②。如此则彼辈非独无私利可图，又且失了面目，以是齐向中山处推荐叶氏为驻日侦探。不敢言代表者，恐中山拒绝之也。盖叶氏已东来，则可暂缓弟使日之行程，则于此间暗成其交易所黑幕之计划。真可怜、可恶、可笑之事也。事后弟笑问陈氏③曰：君尝发电往日本友人处，证明叶氏为负中山之使命者乎？彼仓皇失色曰："无之无之，仅致一电于吴苍耳，且无带中山使命之意义。"又曰："叶氏在日，如有不妥当行为，必发电促彼回国。"翌日陈氏对弟曰："已电召叶氏回国矣。"故叶氏云孙洪伊召彼回沪者，伪也，作伪心劳，真彼等之谓也。

先生又云蒋作宾、李书城向萱野、荻野借款之事，盖其中又有黑幕在也。

蒋、李、居④三氏俱为湖北之人，而居氏与蒋、李俱不同道，且竞争甚烈（在湖北之民党，无半点团体，对于人民亦全无信用，盖为民国中腐败之尤者）。但蒋、李较居氏为有势力，而居氏又亟欲乘机在湖北活动，于是表面使萱野等为出资人，而以交易所暗中划出之一万株，向中山提出，为湖北军费之用。盖事虽败，而仍可使萱野等为将来索款人也（此一万株系公议为历年烈士后裔之恤金，今居氏不用自己所得之利益而乃提及公款，可谓无处不发展利己主义也，哀哉）。

李人杰氏曾托先生为疏通仲介人者，盖不知其中事实也，故弟意此事可谓"通而不通，又不通而通"，请先生勿劳神可也。

南海〔海南〕岛之问题，甚为重大。无论山田氏无此能力，

---

① 似指居正。
② 株式，日文，意为股份。
③ 应指陈中孚。
④ 居正。

马氏①等亦不过虚与周旋而已。先生前谈之资本主，请即时绍介前来。盖今日之时机，千变万化，而总以接近见面者，方生一切之感情。至于防彼此竞争之嫌云云，则弟以为无须虑及也。盖如此重大之问题，谁则随处随时能竞争之乎？总之有诚意者必成功，此乃交涉之前提也，他俱可不虑及也。 先生以为何如？余容后告。即候　　先生御清恙，已痊愈乎？甚念。

诸位平安　　　时局困难之秋，乞格外保养。　切叩々々

何天炯　九月廿一日

信封地址：广州大市街一一七号　何寄

125. 1921年9月28日［在广州］

滔天先生尊览：

接由荒尾村递到一函，祗悉。清游闲逾，甚为欣羡，以先生多年之劳苦，得此一滴甘霖，定可息肩于片刻，然后此茫茫天壤，则将如何措置乎？先生达人，只有一笑，真我佛之后身也（六祖偈曰：菩提本非树，明镜亦非台，本来无一物，何处惹尘埃）。

又悉萱野兄曾对先生言，弟亦有千株之惠赐，则真意外之优礼也。昨日萱兄已到粤，对弟云：保管之微物，因刻下价未甚高，卖之殊为可惜，再俟一月后，定可得如愿之善价。弟因此甚感其意，固不得已忍痛于一时。苦中有笑，笑中有苦，天下事大抵然也。

弟刻下心中最痛苦者，是山田、芳川之问题，如蒙天之赐，能将此款早日清完，则弟身之轻，亦如轻气球也。

湖南问题，到底必以兵力解决之。昨日周震鳞氏，已以劳军使名义先往长沙，为种种之预备矣。近来米国②方面，对于粤政府多有优礼之表示，倘兵力能及武汉，则先承认新政府者，必此

---

① 指时任广州民国政府广东省财政厅长马育杭。
② 美国。

君也。弟东行之期虽未定,然局面日开展,则出发之期亦不远矣(千株问题如早解决,则弟之行期愈速耳)。

天炯　九月廿八日

信封地址:广州大市街一一七号

126. 1922年5月8日 [在汕头兴宁家乡]①

滔天先生尊鉴:

不相见者几七阅月矣,迢迢碧海,思想伊人,谅同之也。弟于旧岁十一月顷回乡省视高堂,息影蓬庐,力图掩拙,非敢鸣高。不图时事之艰,有加无已,今者粤局又变迁矣。此事由于陈氏②目光短小,甚负孙公宽大之意。然以弟逆料,陈氏终必俯就范围,力随北伐。深恐外间不察,徒信谣言。先生关怀大局,于吾党尤切同情,弟故特陈梗概如此,望转告同人可也。弟刻接省电,催促即日来粤,兹准于明后日(十日)出汕,约十五日可抵省垣。先生天下达人也,非流俗辈可知,当望时赐教言,籍开茅塞。弟抵粤后亦必以时事源源奉告也。专候

道安

萱野兄处曾两寄芜函,并无覆答,未审何故耳。见面时请转达一切为嘱。

弟 何天炯 谨启　五月八号

127. 1922年5月29日 [在广州]

滔天先生钧鉴:

弟于田舍起程之前二日(五月八号),曾上芜函一封,想可早邀青览矣。弟因长途跋涉,感受暑气,到省后,竟卧床六七日之久,今则托福幸告痊可矣。

---

① 久保田文次提供。
② 陈炯明。

粤中政局甚为平安，决不致如外间新闻电报等之妄为猜度者。今江西军事，又日有进步，陈炯明氏亦觉悟自身前途，若长与孙公分离，则为取败之道。且广西匪乱颇亟，足使一般人心浮动，故陈氏已幡然允诺，担任剿匪事宜。孙公亦披诚相结，大约二三日内，陈氏当由惠州回省任事矣。如此，则前方讨贼军，更可安心直进，此为吾党一大事件之解决，请宽锦念可也。唯军兴之际，财库甚为支绌，弟所刻刻焦虑者，即在此途。当弟由家首途日，对于时局，即再抱一积极奋斗之愿，拟于两广盐务或本省财政之二职中，择其一而登台。唯深恐已登之后，对于财政前途，无一特色示人，则良心上亦颇觉难堪耳。先生自去岁以来，为吾党之故，常与资本家有所商榷接洽，故弟今祈请先生，勿徒事退隐，须再为革命的活动，使竟其全功，则受赐者，岂独弟一人已乎？

孙公约于日间回粤主持大局，倘万一因事难回，则弟必向韶关一行。兹有一问题，当为各方面解释者，则粤局不靖（如所传孙、陈问题等）及北伐军前途胜败如何等等是也。弟以为此疑问不决，则实足碍诸事之进行，请直答之曰：孙、陈二氏，刻下实无问题发生。吴佩孚虽能战胜段①、张②，而决不能向南中民党派逞其威风者，盖吴氏自身实有坚强之觉悟。吴氏年来久住南方，实深知南中民众之不可侮，彼对于无用之赵恒惕，尚不敢过事威逼，越岳州一步者，彼非惧赵也，惟湖南为民党产生地故也。且彼所以能战胜段、张者，平心论之，因吴氏所标榜、所号召之名义，稍觉段、张为优故耳。若南中民党之旌旗，其光明磊落，较之吴氏之假托民意，其高下又岂可以道里计乎？盖以今日之形势论之，只有民党北进，断无吴氏南来之事也。况奉张③尚未全败，足使吴多后顾之忧。段派实已归心，唯日盼南昌之陷

---

① 段祺瑞。
② 张勋。
③ 张作霖。

落。凡此真相，尚望先生不惮烦劳，向诸君解释。或资本之团，或功名之士，时不再来，当机则断，其结果，则两国前途，俱有无穷幸福，为先生实利赖之。谨此候覆，并问

  列同志先生鸿安　　凤梨①兄处未另，请转致一切

           何天炯　　五月廿九

再者　（此事请秘为是）

  日下之财政厅长程氏，系廖氏②所引拔之人，甚无经验手腕，为各方面所反对。其人才卒国〔业〕于米国某学校，故与日本方面甚无因缘。故刻下粤局财政，仍由廖氏向沙面台行③借款百万，正在交涉，能否成功，不可必也。若以私人感情论，则廖氏对于台行及吾粤各方面，则可谓恶劣之极矣。廖氏同时以"翁源"水电事业托山田借款活动。特此奉告，以为参考之资。

  信封地址：广州市大市街一一七号塔影庐寄　　何晓柳（印）

附　何天炯致宫崎龙介、震作

1. 1923年4月14日发［在兴宁］

龙介、震作④两兄惠鉴：

  日前接到巡耕⑤先生尊示，始悉尊公已于昨年冬遽归道山，悲悼之余，令人万念俱灰。在尊公尽瘁民党，求仁得仁，复何所憾，唯我辈碌碌尘寰，毫无建树，回念尊公青眼相看之雅谊，能不惭愤交加，继以挥涕问天乎！

---

① 萱野长知。
② 廖仲恺。
③ 日资台湾银行。
④ 宫崎滔天长子宫崎龙介、次子宫崎震作。
⑤ 宫崎滔天之兄宫崎民藏，别号巡耕。

弟自去年孙公回沪之后，旋亦息影山林，不问世事，忌陈[①]党之加害也。不料去冬陈氏败亡，其残党退驻兴宁、江西交界之间，弟乡即在此包围之中，其骚扰害民之事，纸不胜书。弟家叨天之福，尚未被其抢掠，此真不幸中之幸。唯因此之故，弟与外间隔绝消息几及百日余矣，此尊公之讣音所以茫未闻也，哀哉。今者逝者已登仙界，唯望兄等节哀顺变，用继尊公未竟之事业，则贤昆仲之光荣也。

敝国未知何日得臻太平，弟日间拟往汕一行，或顺道往省也。

令堂大人前，请代安慰之。

巡耕先生处未另函，请代问好。

何天炯

信封：日本东京市高田村三六二六番
宫崎龙介　先生
汕头兴宁县石马区　　何寄
背面邮戳：十二年四月十四，厦门

2. 1925年1月3日 ［在广州］

龙介、震作两世兄青鉴：

仆于去岁八月由家来省，公私两方都无善状可述，惭愧之至。前李烈钧氏来日时，仆本拟同行，复因事不果，天下事诚不意料及也。运入新年，如敝国大局稍有转机，仆仍拟东来，与诸兄聚首耳。寄上鄙著《山居一年半》两册，请转呈一册于巡耕先生。并候

令堂大人福安并

大家安好

天炯启　　一月三日

---

① 指陈炯明。

信　函

二　致其他日本人信函

1. 致萱野长知信函①

（1）明信片　　1910年1月30日［在东京］

　　收信人地址：芝区佐久间町信浓屋　　萱野凤梨样

　　寄信人地址：鹤卷町二百五一　　何寄

　　久未拜候，念甚々々。明日（卅一）定偕熊君来访，乞在家少候为盼。此请

　　　　　　　　　　　　　　　　　大安　　天炯

（2）明信片　　1910年4月1日［在东京］

　　收信人地址：芝区佐久间町信浓屋旅馆　　萱野凤梨先生

　　寄信人地址：鹤卷町　　何拜

　　前略。失礼之极，翻译事非四十日内万难成功，因编辑者仅一人，则欲一个月之内而竟其事，此必不能之事也。又各友人俱仍有功课，且自由党史欲速为着手，则各人非放弃多少功课及他项翻译不可，故先方如有回信，乞为说明，须先惠译价三分之一，如何之处，阁下一言为盼。此问刻佳。

（3）明信片　　1910年7月24日［在东京］

　　收信人地址：芝区佐久间町信浓屋旅馆　　萱野凤梨　启

　　寄信人地址：鹤卷町何拜　43年［1910］7月24日

　　许久不见，天暑如焚，以何为乐？日来亟欲拜访，间探公②作恶，尾随足下，是以不果也。匆匆问候。即请　暑安

---

① 萱野长知，字凤梨。以下（1）（2）（3）（4）（5）（6）（9）共七件明信片和信函，原件藏于台湾台北中国国民党党史资料馆，"国共档案·一般档案"，档案号：241-1113-1；241-1113-2；241-1113-3；241-1113-4；241-1113-5；241-1113-6；241-1113-7。

② 指日本警探。

· 133 ·

（4）明信片　1910年［在东京］

萱野先生：

本日来访不遇，怅闷而返。明日为清亲王入京之期，届时弟拟暂不出门，惟伏处家中则一文不得。阁下虽甚贫困而人面较阔，倘得多少，望即掷下，以维持现状如何。气毒①之极，望勿见笑为祷。即请

刻佳

何拜　廿二日夜

（5）明信片　［1910年］［在东京］

弟连日发热如火，不克动身。昨日已致函于梁，询其住地。今早回函云，住山下町一百八十六番合昌店内。兹拟二三日内病渐愈后始去也。倘届时仍有侦狗②随身，亦不能去耳。

何　廿一

（6）明信片　［1910年］［在东京］

凤梨我兄：

拜启，明日午前弟将往访唐君。先生如无事，请在寓少候，弟必亲来拜访也。

晓柳　十五

（7）孙中山、何天炯等致萱野长知感谢函（1913年4月4日）［在上海］③

萱野长知　殿

敬启者　文等此次观光贵国，备受各界热诚欢迎，足证明贵国人士确系以爱同种同文之国为心，以保全亚洲为务，凡我亚洲人士，无不馨香崇拜，并期极力实行，以副贵国人士之望。文等当

---

① 气毒，日文，意为可怜。
② 侦狗，指日本侦探。
③ 信笺为顶部印有红字"中国铁路总公司用笺"的公用信纸，内容以毛笔楷书书写。落款无日期，应为孙一行1913年3月27日由日本考察返国后统一书写发出。原件藏于台湾台北中国国民党党史资料馆，"国共档案·一般档案"，档案号：04-049-401。

尽全力以贵国人士好意布诸国民,俾两国日增亲密,匪特两国之幸,实世界平和之幸也。耑此肃函　敬谢招待之厚意　并祝

前途幸福

孙文、马君武、何天炯、戴天仇、袁华选、宋嘉树　同顿首

信封收信人地址：日本东京麹町区内幸町万国馆　民国通讯社　萱野长知　殿

寄信人地址：上海铁路总公司［此为红色印字］

附：①孙中山、何天炯等致山县有朋感谢函[1]

（信纸及内容同上，唯信末书收信人为"山县有朋殿"）

②孙中山、何天炯等致梅屋庄吉感谢函[2]

（信纸及内容同上，惟信末书收信人为"梅屋庄吉殿"）

（8）致萱野长知[3]（1918年7月15日）［在上海］

凤梨先生尊览：

在京时深蒙援助一切，殊可感谢。近况何似，甚欲一闻也。

启者　弟现译《八大强国论》一书，欲在东京出版，苦无确实可靠之印刷局，甚望先生绍介一切。唯该书弟托友人邱哲兄办理，伊之住址系在"小石川雑司ケ谷　六六五邱寓"，望先生写一绍介信给他，则对于该印局之一切交涉，或可容易进行耳。切叩々々。

弟日内将往广东一行矣，余俟后告。顺问令夫人及全家幸福。

何天炯　七月十五

（9）致萱野长知（1920年6月14日）［在上海］

凤梨先生鉴：

不通音问者又一年矣，唯时在宫崎兄处得悉起居清吉，至为

---

[1]　中国社会科学院近代史研究所档案馆藏：《孙中山致日本政界要人信札（复印件）》。

[2]　中国社会科学院近代史研究所档案馆藏：《梅屋庄吉文件》缩微胶卷，中国社会科学院近代史研究所中华民国史研究室等合编（下同）：《孙中山全集》（第三卷），中华书局1984年版，第53—54页。

[3]　此信据萱野长知《中华民国革命秘笈》书前附照片《何天炯真迹》。

何天炯集

欣慰……

启者：今回弟与芳川、山田等之事件，深蒙先生等从中斡旋，本拟早日修函道谢，唯该件至今尚未解决，弟关于此件，损害颇为不小，但既往之事，弟亦不忍再言。所可异者，山田、芳川之问题已解决，而芳川对于鄙人，未见有十分之诚意。弟犹忆前日先生仲裁山田、芳川之问题，以为弟与芳川若有冲突之场合，则保留山田之权利，意见一致之场合，则山田放弃其权利。如此提案，甚为公平。惜芳川无此诚意，故弟亦决不退让，以免再蹈前日之覆辙。想先生等俱能谅弟之苦衷也。

鄙国大局问题，不堪设想，而中山之神经，日高一日，前途之结果，可想而知。而我辈欲乘此时机，从事实业，为种种之豫［预］备，偏又生出许多障碍，以至可痛之事也。顺候

奥样①及合宅平安

何天炯　六月十四日

信封收信人地址：日本东京市日比谷陶陶亭内　萱野长知先生

寄信地址：上海法租界吴兴里七五　何寄

（10）致萱野长知（1921年12月23日）②　［在兴宁］

凤梨先生尊鉴：

别后为神往者，数日行旌，何日到东，及近日状况，俱亟欲一闻者也。弟于十一月二十二日抵家，诸凡清吉，请纾锦念。

襄者在粤谈心，诸蒙示以伟略，为国为家，深堪感谢。迩来流光似箭，忽忽又冬至一阳生矣。弟家居无状，读书以外，唯日以种树为乐。倘粤中无甚特别事情发生，则暂拟雌伏草茅，以观世变。阃外之风云虽亟，而山中之花鸟俱闲，亦士君子安身立命之原则也。东京如有异闻，请时时示悉，以开茅塞。舍弟晓晖现仍在粤，倘有要电等项，请迳致该处转交亦可。

---

① 奥样，日文，意为夫人。
② 久保田文次提供。

滔天先生处未另函，见面时请转致一切。拜托々々。即候
鸿安

　　　　　何天炯谨启　　十二月廿三日　冬至日

2. 致山田纯三郎信函（1914年5月15日［在上海］）①

3. 致头山满信函②（1915年11月8日）［在香港］
立云老翁先生尊览：

　　小生刻已抵香港，粤事大有可图。小生以先生之爱，不敢自逸，故对于国事有所奋勉焉。一切进行情形，均托滔天兄转述，恕未另赘。唯此番革命系官民均与袁战，然民党如不占优势，则将来军政两方面之势力，仍为官有，袁虽倒而东亚前途仍无甚光彩，是可忧也。先生关怀大局，辅翼吾党，无待词费，只有钦感。若小生私人，则托荫尤多，故事急之际，唯有恃爱请求。诸多苦衷，均由滔天兄一一上达，若能少为援手，真不啻生死人而肉白骨也。临楮神弛，不尽所言。恭候

　　阖泽迪吉

　　　　　　　　　　何天炯　拜上　　十一月八日之夜
　　信封：请代呈　　头山翁阁下　　何拜托

4. 致福田英子信函（1909年1月21日）③
福田女士：

　　前阅新闻④，惊知尊堂仙逝，不堪悲叹之至。伏乞节哀自惜，

---

①　见致宫崎滔天信函该日附。
②　头山满，号立云。此信据宫崎家藏原件，为何天炯托宫崎滔天转交头山满。
③　早稻田大学社会科学研究所编：《社会主义者的书翰——石川三四郎・福田英子宛书翰と解说》（日本东京：早稻田大学出版部1974年刊）第58页。福田英子（1865—1927），日本妇女参政运动先驱，曾往访孙中山，并经宫崎滔天妻槌子介绍拜访黄兴。1908年冬《民报》遭日本警局封禁时，曾受黄兴之托代为介绍律师为之辩护。
④　新闻，日文，意为报纸。

· 137 ·

以安在天之灵。

　　何天炯、汤增璧、方漠成、林肯 同拜

　　　　　　　　　　　　　　　　　　正月二十一日

三　致国内人士信函（以日期为序）

1. 致汉冶萍公司函（1912年1月21日　东京）①

汉冶萍公司大鉴：

　　刻接南京政府来电，须将该公司改为华日合办，因等巨款以接济军费，兹请贵公司即日照行，所有后事新政府能一力保护，断勿迟疑可也。即问

　　鸿安。

　　　　　　　　何天炯顿首　　中华民国第一年正月廿一日

　[附件]民国陆军总长黄兴给何天炯委任状[见本书"四、文书资料（一）民国陆军总长黄兴给何天炯委任状"]

附：黄兴致盛宣怀电　1912年1月22日，南京

　　前由何天炯转达尊意，承允助力民国，由汉冶萍公司担借日金五百万元，归民国政府借用。见义勇为，毋任钦佩。兹特请三井洋行与尊处接洽，商订条约，即日签押交银，公私两益，是所切盼，并复。

　　　　　　　　　　　　　　　　　　陆军部总长黄兴叩

2. 致宋教仁电（1912年2月9日）[见致宫崎滔天函同日附件]

---

①　陈旭麓、顾廷龙、汪熙主编：《辛亥革命前后——盛宣怀档案资料选辑之一》，上海人民出版社1981年版，第233—234页。

3. 致孙中山函（1915年1月1日　东京）①

中山先生钧鉴：

　　前蒙委任财政部一职，自揣才力绵薄，不敢遽行接受。迩来感伤时事，益觉无聊。广东支部长一职已使人左支右绌，无完全进行之方法，若再重兼财政，则举鼎而绝、筋挚自作也。兹谨将财政部副部长委任状奉还。言出至诚，诸祈见谅。

　　即问　　年禧

　　　　　　　　　　　　　　　　何天炯　　元日

4. 致谢持函（1915年3月22日　东京）②

惠生兄：

启者：

　　兹有敝省党员陈树人经济困难，欲入寄宿舍居住，命人查其景况，实属万难设法。故特绍介前来，希为认可。即问　刻好

　　　　　　　　　　　　　　　　何天炯　　廿二夜

5. 致谢持函（1915年3月30日　东京）③

惠生兄鉴：

　　兹付上柳君誓书一纸，请兄加入主盟之名。柳君前嘱伊入党事，暂勿发表，乞留意焉。弟准明日动身南行，国难伊迩，不知死所。此刻对于党内党外，非先消除意见，断无成功之望。

　　兄达人无俟多嘱也。即叩　　刻安

　　　　　　　　　　　　　　　　何天炯　　三十夜

---

　　①　台湾台北中国国民党党史资料馆，"国共档案·环龙路档案"，中国国民党人物书札——环龙路，档号：01667。

　　②　同上，档号：03007。谢持（1876—1939），字惠生，四川人。1902年任成都警察学堂体操教官，后办学任教。1907年加入中国同盟会。1913年2月当选参议院议员，后进行反袁活动，流亡日本，1914年加入中华革命党，任总务部副部长。1917年后参与孙中山三次广州建政，任参议、秘书长、参议院议员等。

　　③　同上，档号：01742。

[附] 誓约　第七〇七一号

　　立誓约人柳聘农，为救中国危亡，拯生民困苦，愿牺牲一己之身命、自由权利，附从孙先生，再举革命，务达民权、民生两主义，并创制五权宪法，使政治修明，生民乐利，措国基于巩固，维世界之和平。特诚谨矢誓如下：

1. 实行宗旨
2. 服从命令
3. 尽忠职务
4. 严守秘密
5. 誓共生死

从兹守此约，至死不渝，如有二心，甘受极刑。

中华民国湖南省长沙县人　　　　　　　　　　　柳聘农

民国四年三月廿六日立

介绍人　何晓柳

主盟人　谢持

第七〇七一号

民国四年三月廿六日给

封皮：

　　姓名　柳聘农　　别字　　以字行

　　年龄　三十四岁

　　籍贯　湖南长沙县

6. 何天炯等致孙中山函（1915年　上海）①

中山先生赐鉴：

　　敬启者：湘人周声浚，号达夫，前清留学东京时即为老同盟会会员，辛亥三月广州起义，周亦在省为内应。光复后，湘中同

---

① 台湾台北中国国民党党史资料馆，"国共档案·环龙路档案"，中国国民党人物书札——环龙路，档号：04274。

志举为国民党总务长，为党中最持力之人物。癸丑〔1913年〕，在东京任湖南留学生经理员，党人赖其接济者甚多。是秋，因党籍解职，以曾竭力于党务，党以外人多嫉之，因不敢归里，遂侨沪焉。去冬，误与同乡王海青交往，即于王处与党人李亚东相识，周与李均不疑王为侦探也。本年五月，李与其友牛某被王设计诱捕，法捕房以其越界违章，捕王不获。周去岁曾以款假〔借〕李，此次行时又借与川资百廿元，乃因嫌疑被逮，科以徒刑四年。在捕房视为侦探，严法以绳，情至可感。惟周既未认供，又无确证，仅因假款一事，罹冤狱而不能自白。炯等虽素知周之为人，然最近人心瞬息千变，初不敢信其决非同谋，继从各方面详细侦查，证以种种事实，觉形迹虽云类似，实际大相径庭。周于被捕后，狱中自撰一宣言，书属家人刊印多张，分送以自曝。因书中所述情节涉及刑事，家人因预防俱发，不果刊行。其与李、王交际始末，言之甚详。按其所言，复加探讨，其非侦探更确然无疑。此案欲求平反，既不能期功于辩诉，又非旅申党人之保证所可释疑，惟有属李氏家属于复讯时投案，证明书中所言并无粉饰一面之词。公恳　先生致函法领，认周为完全党人，请其复加研讯，真相自出，沉冤自昭。否则，纵有成笔舌，如法领预持成见不容辩论何？申江近状，党人中不乏变节之侦探，侦探亦多冒充党人。王海青冒充党人，周、李同误与之交，被害之事，势不同其受欺则一也。故不得　先生一言，周冤终无申雪之一日。迫切奉恳敬乞迅赐成全，赐函请径寄法领事公署并乞　另示知照，俾有遵循。秋风多厉，为国自珍。敬叩

公安

　　　　柳聘农　何天炯　黎咢　龙璋　凌毅

附呈周达夫宣言书一纸　公启稿一纸：
公启者：
侦探王海青在沪越界诱捕党人李亚东一案，法捕房缉王不

获，硬指周达夫与王同谋，拘送公堂，判押西牢四年，为达夫之奇冤大辱。两月以来，不独东京方面疑信相参，即此间同人亦复议论纷纷，莫衷台是。盖不知达夫之真像者，对于此案或仅就事实表面、当时情况与夫感情作用，下片面的评论；或者能信其不为侦探，又苦无确实之证明。是非深知达夫之为人，而又确有所引证、确有评论人之资格者，不能为达夫下断语，不能取信于人，此达夫之冤所以至今莫白也。乞等与达夫或同里或同学或为总角交，平时既深信其无他事，后又从各方面侦察，准之以情理，证之以事实，反覆研究，有不能坐视其冤沉海底，而缄默不发一语者。敢就良心上、情事上，可以证明达夫不同谋之理由，及一切应为辩正之疑点，条列如下，请与达夫之宣言书参观之：

（一）王海青者，长沙人，于青红帮中颇识途径，尤以赌博擅长。癸丑［1913年］秋，王随张尧卿东渡，始与达夫相识于东京小石川湖南留学生经理处。王喜自豪又善词令，故达夫亦以党人目之。其后达夫旅沪，居与王邻，过从乃稍稍密，然亦不过酒食游戏相争逐而已。时有诋王之人格卑下，不可与近者，达心识之而以不得凭证，未通显与之绝。去年秋，有李亚东者为河南党人，由王介绍与达相识（事详达夫宣言书中），达之视李固重于王，与李规划一切进行，辄避王而主秘密（亚东尚在，将来自能证明）。人谓王本无赖，达即不应与交，然交王者，民党中何止达夫一人？况达夫固薄有恒产而又赋性慷慨者，王之结纳于达，即重在是，达纵不肖，决不至受王指挥。谓达不慎交则有之，谓达当王之走狗可断言其无是事。此足证明者一也。

（二）李亚东启程东渡时，达夫托带函件甚多。其最足以破此案之疑团者，莫如致童尧山一信。尧山以信票案拘押长崎，人所共知。此案内容与达夫之关系最重，其致童之函即系专言此事，并不利于达夫自己。使其与王同谋，岂不知李被捕后，所有行箧函件必被官厅检查？人虽至愚，断无明知以此等不利于己之证物，倒持授人之理。此足证明者二也。

（三）李亚东启程之夕，王海青、牛振寰三人同行，次日报载李、牛被捕而王无下落，达夫得信，即呼号奔走以告同人。有谓王为侦探者，有谓王亦被捕者。达于此时，亦具此两种观念，密遣人调查究竟（有人可证），得覆始知果王所为。捶胸顿足骂王不已，既恨己为王卖，更悔以资助李，陷李于不测（达夫助李川资）。同人目击情形，非作伪者，比就令作伪，岂不知捕房对于侦探决不能放松过云，果何所恃而不图匿避远飚耶？达夫虽愚，愚不至此。此足证明者三也。

（四）亚东弟乞先数月回河南有所运动，行时助以川资，授以计划，王亦知之。迨此次事出，达甚为乞危，即出资嘱亚东妻子派亲信人前去，一面阻其进行，一面促其回沪，共商救亚东之策（有亚东妻子可证）。使其与王同谋，胡必为此？此足证明者四也。

（五）达夫与亚东交情即密，之后乃与合谋私造某省纸币（宣言书中详言之）（恐李受酷刑不住，供出钞币事）。亚东被捕后，达不自安，乃另赁一屋，嘱亚东之子将一切什物秘密迁移，为退步之计。使其与王同谋，诱捕其可，岂有不避远其子转引而近之之理，又况何必多此一举耶？此足证明者五也。

以上种种，系根据事准情酌理以证明之，无一毫私意之存，而一般人对于此狱，或持冷静态度，或则疑信相参。此虽由于相知之浅深而就事论事，在达夫诚不无可疑之点，再就所知为之辩正于下：

论者谓达夫去年在东曾为人介绍于公使，运动留学官费，令人不能无疑。此事诚有之，然当前年独立失败之后，达任湖南留学生经理，其年七月六日达乘柯厘烟社邮船东渡，骏德与偕，即寓伊居，目见其擅补失败党人官费十三名，骏德之名亦在其内，随后湘督电责，有案可稽，有补费之人可请，此往日事也。去岁之为此，在达夫不过以为有机可乘，与曩日之假公款以济党人者无异。其后又有人□政府□之去东京持官费以招致党人，谋于达夫之内弟朱某，时达夫亦去东，以朱之所介绍多系纯粹学生，遂举相识中之贫乏党人数人以易之。此因为达夫之经手段，若疑此为政府之关系，且据此而加以侦探之美名，岂得谓乎？论事评人，当见其大者远者，拘拘小节，诸公当不谓然。

　　论者又谓达夫之不同谋，在诸君不过为理想之证明，究无确凿不为侦探之凭据。而达夫之所以受嫌疑，在法公堂亦持之有故，言之成理，一则谓不应与王之亲密，二则谓不应接济亚东。其第一说已申明于前，阅者自能鉴谅。其第二说实为冤狱之祸根，法公堂所据以定案者，即在此点，岂达夫始意所及哉？达夫薄有资财，赋性慷慨，接济同志之事，数见不鲜，就人等所知者论，已不下十数人。此为达夫之特性，亦即达夫好处。其对于亚东，尤为特别，去年亚东东渡助之以若干，其后李眷迁移、李弟赴汴，均有所资助，前后不下五六百元。倘谓造意即在此时，而亚东去年来往安然，并不闻有何等事发生，使其不归，又将何说？因通财之故，致身家性命名誉而一并牺牲之。天地间不平事，固未有如达夫今日之苦者矣！

　　总之，达夫此案除贷款外，别无其他之关系，法公堂不凭供证，遽加以同谋之罪，与阎国钧同判西牢四年，岂非奇异？况阎在公堂曾供达夫概不知情，罪自昭彰，共闻共见，而领事置之不问，谓非武断，其谁信之？乞等深知其冤，不能不凭天良，叙其颠末，为同人告。惟达夫之罪案既定，挽回殊费手续，今拟要求有大力者，致函法领请求覆讯为入手办法。务恳破除一切疑团，从长计议为援救，以存公道，以别奸贤。达夫幸甚，同人幸甚！

四　中国友人致何天炯信函等

1. 孙中山致何天炯信函等

（1）1910年11月3日① ［在槟榔屿］②

晓楼［柳］我兄大鉴：

十月十日来函已得读悉，不禁太息，吾党以穷一字致生出许多恶感于同志之中，兄与宫崎之事即其一也。然弟现亦陷于穷境，有爱莫能助之叹。兄之所办此事本为尽心党务，见事做事，实无错处之可言。弟开诚布公之言则如下：兄未受命而自出钱买物以备党用，为报效则可，乃物未得其用而向党中讨还，则于理不合。但以情而论，又何认兄一人独受其愧。弟如力所能达，必代兄还之，惟刻下尚难言其期也。

党中固向无公款，兄所知也，况往岁滇桂之役，尚累河内同志之商店数家代党担负银行债二万许元，弟一人名下向西贡银行贷款万元为军用，至今亦无从归还。则东京亦有党中欠债，此不独无公款而且有公债。弟往外洋议筹大款，卒亦无成，从此吾党人必有更穷于今日之时也。为此之故，吾党不得不冒险再图速举大事也。革命党条条俱死路，只有发难与虏争死一条为吾人之生路，惜乎东京同志涣散，不能共同协助也。书不尽言，谨此奉覆，即候大安，不一。

　　　　　　　　　　　　　　弟孙文谨启　　十一月三号

---

① （1）（2）两件均见西泠印社拍卖公司2011年春季拍卖会"近现代名人手迹暨纪念辛亥革命专场"，第2037号拍品"孙中山致何天炯信札册"。http://yz.sssc.cn/index/item?id=1715649（2011年11月12日）。

② 槟榔屿亦称槟州、庇能，即今马来西亚槟城。信函原件仅属月日，未属年份，据信中内容判断应为1910年。

何天炯集

（2）1911年4月1日［在加拿大］①

晓柳同志仁兄大鉴：

足下覆弟桄榔之函收到多日，所嘱资济宫崎贫病一事，因前此尚无法，故未答书。兹在加拿大途次，稍能设法，即寄二百元去横滨永新祥林清泉②兄收入，托他代交百元与宫崎君，并交百元与足下，为补贴前时经手图买物之亏，请为收纳是荷。

弟近到加地，颇蒙华侨之欢迎，大约筹十数万之小款当有把握，惟须费多月之时间乃能集事。现在港中同志催款已急，弟所经过后之地，已着该地热心商人随筹随汇，直接寄港，弟绝不经手。闻云哥华③、域多利④两埠已有款汇往矣，而他处尚迟滞，未知能应急需否耳。此地华侨无大富者，筹款俱赖众力，三元五元合集而成耳，故非费多时、往多地不为功也。弟现由加西适加东，前晚到卡加利⑤埠，今晚半夜由此搭车往加中云尼壁⑥埠，停留一二日即往度郎都⑦、满地可⑧两埠，然后由满地可入美东纽约埠也。

近见华文报纸载，东京学界因俄国之侵迫，大动公愤，开会反对清政府之媚俄，并提倡组织国民军等事。此事究竟如何，有无影响，主动者为如何人，请足下详以示我。并所有日本一切紧要新闻，都望时时示知，俾得周知东方近况，幸甚。此致即候

大安，不一。

有信请常寄《大汉报》冯自由兄转来便妥。

各同志统祈问好。

弟孙文谨启　　西四月一号

---

① 信函原件仅属月日，未属年份，据信中内容判断应为1911年。
② 林清泉为横滨华侨商人，"永新祥"为其所开商店店名。
③ 今译温哥华。
④ 今译维多利亚。
⑤ 今译卡尔加里。
⑥ 今译温尼伯。
⑦ 今译多伦多。
⑧ 今译蒙特利尔。

· 146 ·

信封：日本东京牛込区早稻田鹤卷町二百五十一番，汤山方，关口吉三郎殿。Tokyo，Japan.

（3）南京孙文致何天炯电（1912年1月8日）①

设立银行之事已定，急需武器，望与阪谷、原口、大隈、涩泽相商。荻野已归。

（4）孙中山致南洋同志函（1915年3月9日）②

南洋同志公鉴：

……兹故特传许君崇智、叶君夏声、何君天炯、宋君振偕到南洋，与兄等接洽，并宣布弟近日之所怀。四君皆党中要人，其历史不待赘述，特各予公函，为证其行。……

孙文　　三月九日

（5）孙中山为何天炯父何慰堂六十一岁寿辰写寿字（1919年）③

慰堂仁伯大人

六旬晋一荣庆

寿

孙文祝

（6）孙中山等书赠何天炯父祝寿幛（1919年）④

……世愚侄周震鳞敬书

孙文、谭人凤、唐绍仪、林森、陈炯明、王宠惠、张人杰、汪兆铭、朱大符、邓铿、徐谦、张继、孙洪伊、熊克武、孙毓

---

① 日本防卫研究所：《海军关系〈关于清国事变文书〉M44-31》，29卷。引自李廷江：《日本财界与辛亥革命》，中国社会科学出版社1994年版，第208页。
② 《孙中山全集》（第三卷），第161—162页。
③ 何达英家藏。见书前图。
④ 何达英家藏。

筠、刘揆一、黄复生、胡毅生、许崇智、杨庶堪、居正、廖仲恺、马君武、褚辅成［后缺］……

……［前缺］事者属汉民为之序。汉民与晓柳交挚，不敢辞，顾自信不为溢美之词，则窃愿以助荣□之娱，并谂当世之知晓柳者，其言虽不文，倘亦有道，长者所不弃也。

世愚侄胡汉民敬撰

2. 黄兴致宫崎滔天、何天炯函，1913年10月30日

滔天、晓柳两先生鉴：

日前走谒未遇，今尔枉驾又复失候，怅惘何如。内子于十四日获产一女，闻两兄至，方拟哺乳毕携出拜见，两兄行急，未能一面，尤为歉。弟因少他出，今尔为造访古贺君出也，然稍暇拟请惠顾敝舍小酌并一见小女何如？两兄日内暇否？恳即示知为祷。此叩

伟安　　夫人坤安

弟强顿首　　卅日

信封地址：小石川白山前町一　宫崎寅藏　殿

霞丘五五

3. 陈其美致王敬祥①函［约1907年12月—1908年1月间］②

敬祥先生阁下：

……比来国内积极进行，日有起色，惟经济困难，动多掣

---

① 王敬祥（1860？—1923），福建人，神户旅日侨商。1897年孙中山逃亡日本，王敬祥与孙相识，筹捐款项支持孙中山革命活动。1905年加入中国同盟会，出任神户中华同文学校副董事长。1908年，神户、大阪华侨正式成立中华商务总会，王敬祥任董事长，1911年出任日本中华总商会会长。为孙中山革命活动筹募经费，其复兴号贸易公司为革命党人在日本活动据点。辛亥革命后，王敬祥回国继续参与孙中山事业。

② 台湾台北中国国民党党史资料馆，"国共档案·一般档案"，档案号：241/1249；照片：241/1300.14。

肘。现孙先生决定派广东支部长何天炯君到南洋各处筹款。以先生熟于该地情形，信用夙著，且图南之举发愿有日，拟请台驾同行，庶驾轻就熟，巨款易集。……想先生热心党事，必乐赞成。惟何时可以拨冗成行，务望锡〔赐〕以佳音，俾获部署一切耳。前借款亦以筹措无方，迟未报命，良用心疚，当蒙曲谅也。……

          弟　美上　　十八日

《无赫斋诗草》（增补）

编者按：

　　诗词和联语内容以何天炯次子何承天①于 1937 年所编何天炯遗著《无赫斋诗草》②为底本，补充少量其他散见诗词、联语、字幅并注明出处。《无赫斋诗草》所辑诗词多未标明写作时间，编排前后时间错乱且无一定顺序。因其诗作多为感时纪事诗，为便于读者对照史实阅读理解，今依其内容等考其写作时间并在诗题下标注，标注方式：原注为（），编者附注或据内容推定时间为［］。按时间先后重新排序，供读者参考。

　　推定时间原则为：内容显为在日本所作者，基本判定为 1903—1911 年居日期间所作。又据何天炯在日期间境遇心情，可大致分为三个时期。第一，1903—1905 年间，何天炯初到日本至 1905 年 8 月加入同盟会，多为对日本观感及留学初体验。推定为这一时期所作者标为"1903 年后"。第二，1905—1907 年间，参与革命活动，革命意识明确，激情昂扬，积极明朗。推定为这一时期所作者标为"1905—1907 年"或"1905—1910 年"。第三，1907 年春孙中山、黄兴等离日南下

---

　　① 何承天（1904—?），字皇龄，何天炯次子。曾赴日本明治大学留学，与宫崎滔天之子龙介有交谊。后回国，曾任居正秘书、广东国民政府文书等职，撰写此文时任海南省儋县县长。1948 年赴香港，后失联。其妻凌菊身，中学教员。1937 年承天与妻整理何天炯诗稿辑为《无赫斋诗草》，自行刊印若干部分送亲友。

　　② 《无赫斋诗草》为何天炯次子何承天辑、次媳凌菊身校，1937 年自印本。封面为张继以毛笔题签"无赫斋诗草"，盖有张继红印章。封二为居正题签"何晓柳先生遗著"，也钤有小印。编者承何天炯幼女何莲史及何天炯孙何达英赠 2010 年自影印本，已失封面。后在台北中国国民党党史资料馆查得一部 1937 年原本（档案号 240/462），始得窥其原貌。

进行革命活动，直至1911年春何天炯奉黄兴之召赴香港参加"三·二九"起义的四年间，何天炯一直与刘揆一留守东京同盟会本部。此期间由于革命中心转移、内部矛盾迭出、起义屡屡失败及同志相继牺牲等，革命形势低落，何天炯心情忧郁，遂以诗词遣怀，故此期间所作诗词最多，但具体时间多不可考，内容表现情绪低沉者当为此期所作，故标以"1907—1910年"。难于判断确切日期者加注"约"字。确无时间可考者放于最后。何天炯自1905年春探亲返日后直至1911年春一直居住日本，未曾回乡，故多有思乡思亲之作，而尤以1907年后革命低潮、心情低落时期为多。

何天炯诗词多用典，借古喻今，编者尽量注释线索，供读者参照。另，其诗作多为感时纪事之作，往往直抒胸臆，发而为声，不尽拘于格律，读来朗朗上口，或有以其家乡话广东梅州客家语音合韵而未必严守正韵之句。其前辈乡贤黄遵宪《人境庐诗草》也多有此类诗作。

目　录

（一）诗词

1. 李村望罗浮［1903年前在乡时作］

2. 仲夏写怀［1903年前在乡时作］

3. 送民印兄赴试［1903年前在乡时作］

4. 题画［1903年前在乡时作］

5. 日本行［1903年后］

6. 三十日歌（有序）［1903年后］

7. 春夜旅怀［1903年后］

8. 饮酒行［1903年］

9. 观兵有感［1903年后］

10. 江户川春感［1903年后］

11. 江户川偶成［1903年后］

12. 江户川中之桥上放吟［1903 年后］

13. 春日无题［1903 年后］

14. 登楼［1903 年后］

15. 日光行［1903 年后］

16. 再游江之岛感赋［1903 年后］

17. 松岛游［1903 年后］

18. 旅夜有怀［1903 年后］

19. 甲辰八月避暑相州片濑直登江之岛最高峰望海［1904 年 8 月］

20. 哀李锡青（有序）［1904 年冬］

21. "题兴宁留东同人摄影"［1905 年或稍后］

22. 东京杂事［1905 年］

23. 日京道中所见［约 1905—1907 年］

24. 早起有感［1905—1910 年］

25. 自悼［1905—1910 年］

26. 秋感［1905—1910 年］

27. 有感［1905—1910 年］

28. 项羽［1905—1910 年］

29. 十二月十五日夜望月有怀［1905—1910 年］

30. 熊岳城［1905—1910 年］

31. 思亲［1905—1910 年］

32. 自咏［1907 年］

33. 挽刘君道一［1907 年后］

34. 寄公博兄［1907 年后］

35. 书怀［1907—1910 年］

36. 再寄同乡某君［1907—1910 年］

37. 悼刘冬友［1907—1910 年］

38. 典剑［1907—1910 年］

39. 不敢词［1907—1910 年］

40. 伤时［约 1907—1910 年］

41. 夜坐［约 1907—1910 年］

42. 书感［约 1907—1910 年］

43. 偶感［约 1907—1910 年］

44. 书怀［约 1907—1910 年］

45. 题放翁集［约 1907—1910 年］

46. 怀陶令［约 1907—1910 年］

47. 和徽钦北狩词二首［1908 年］

48. 再次徽钦北狩词［1908 年 8 月］

49. 修禅寺（有序）［1908 年冬—1909 年］

50. 寄刘立群君［1908 年］

51. 忆羊城（有序）［1908 年］

52. 闻某君逃而为僧怆然赋此［1909 年］

53. 箱根福住楼酒中即事（有序）［1909 年］

54. 忆子渊族叔［1910 年 8 月］

55. 朝鲜杂咏［1910 年 8 月后］

56. 朝鲜叹［1910 年 8 月后］

57. 李花落（哀古国也）［1910 年 8 月后］

58. 怀人［1910 年］

59. 江村秋感（有序）［1910 年前后］

60. 自题（庚戌）［1910 年］

61. 东京秋思［1910 年秋］

62. 和林广尘（有序）［1910 年 12 月］

63. 寄林广尘［1910 年冬］

64. 送赵伯生南归香港［1910 年］

65. 思归行［辛亥（1911 年）阳历元旦作］

66. 后思归行（广前意也）［1911 年 1 月］

67. 温生才刺孚琦［1911 年三·二九起义前］

68. 书感（在香港作）［1911 年三·二九起义后］

69. 水调歌头［1911 年三·二九起义败后］

70. 寄汤山居停主人（在香港作）［1911 年秋］

71. 辛亥八月十五夜由河内潜归香港舟中望月有怀［1911 年 10 月 6 日］

72. 岁暮有感［约 1912 年后］

73. 甲寅正月偕玄瑛大森观梅感赋［1914 年 1 月］

74. 乙卯四月由日回申舟中感赋［1915 年 4 月］

75. 马关舟中寄滔天先生［1915 年 4 月 2 日］

76. 舟过马关海涛打枕夜不成寐拉杂感赋［1915 年 4 月 2 日］

77. 春申感事［1915 年后］

78. 慈悲篇（为粤乱作也）［1923 年春］

79. 春日山居感事（癸亥）［1923 年春］

80. 吊宫崎滔天先生［1923 年春］

81. 甲子夏间将之广州自题山居一年半［1924 年夏］

（二）联语

1. 挽陈其美（二则）（1916 年 6 月）

2. 新居大庭两侧嵌柱楹联（1919 年 2 月）

3. 新居中厅两立柱楹联（约 1919 年）

4. 家中二十四史书柜楹联

5. 挽宫崎滔天（二则）（1923 年）

6. 1922 年夏至 1924 年夏乡居时作联语九则

（三）字幅

1. 书赠宫崎滔天（一）

2. 书赠宫崎滔天（二）

3. 书赠萱野长知

4. 书赠山田纯三郎（一）

5. 书赠山田纯三郎（二）

6. 书赠花田觉之助

7. 书赠杉浦

8. 书赠关口

9. 书赠关口女史（一）
10. 书赠关口女史（二）
11. 书赠岛本
12. 书赠秋山
13. 字幅
14. 题梅放洲画二首（1915 年）
15. 何天炯等多人题签给宫崎滔天字幅二幅（附图）
16. 附：黄兴书赠何天炯陆游《塞上曲》诗（1908 年冬）

（四）附录
1. 《无赫斋诗草》赋（1937 年）　　　　　何承天（何天炯次子）
2. 《无赫斋诗草》跋（1937 年）　　　　　　　　　　何承天撰
3. 《无赫斋诗草》后记（2010 年）　　　　何莲史（何天炯幼女）

一　诗词

1. 李村望罗浮 ［1903 年前在乡时作］①

罗浮元丈摩晴空，朱门日日皆春风。何当跨鹤飞云顶，数尽高低大小峰。

2. 仲夏写怀 ［1903 年前在乡时作］

长傍青山与白云，一溪流水绕柴门。竹床睡起无余事，风送荷香入酒樽。

3. 送民印兄赴试 ［1903 年前在乡时作］

腹饱煌煌锦绣章，槐花催逼马蹄忙。跃然脚板青云上，一笑乾坤

---

① 以下四首诗作，刊于兴宁县政协文史委员会编《兴宁文史》第十辑《何天炯先生纪念专辑》（1988 年 6 月）第 71—72 页。原注："辛亥革命七十周年纪念活动期间，台湾方面为何天炯先生撰写传略及辑其遗稿。上列四首诗作，《无赫斋诗草》未曾收入。"编者按：据其内容多写家乡景物及"送民印兄赴试"应考，应为其 1903 年赴日留学前在乡时所作。

六合荒。

4. 题画 [1903年前在乡时作]

何处丹青妙入笔,笔端拗出桃源春。黄云碧璋间春夜,应有知机人避秦。

5. 日本行 [1903年后]

岭海之间有一士,其性宁静兼昂藏。壮岁家居苦落魄,慨然断发走扶桑。

扶桑之邦日日新,映入脑髓回中肠。惭愧宗邦文物祖,竞争不适如秕糠。

百孔千疮老帝国,中有魑魅为虎伥。虎伥不灭政府傲,志士颈血和脑浆。

一朝慷慨学生队,意气上触星寒芒。政府鬼脸急一转,牙牙学语谈宪章。

吾侪志在万民福,平等博爱时如伤。得寸进尺锲不舍,哪知世界有沧桑。

遐哉黄帝鬼不灵,子孙众多常惺惺。西邻盗入尚目瞀,东家火起徒涕零。

自我田畴芜不治,佣奴反主说苦辛。岂其我醒人皆醉,无如人假我求真。

世事求真可太息,自愧擎天无魄力。至今登梯望中原,犹见尘埃卷地黑。

丈夫自昔爱从戎,一拳一脚仇人胸。仇人汹汹反戈逐,田横悲愤入海中。

英雄失落感寥落,惟见波涛惊海若。汉月有情照远人,秦客何心采灵药。

世传东海奇侠多,可叹流风今消索。卧薪尝胆志方偿,落井下石心难度。

《无赫斋诗草》（增补）

我虽多泪不哭秦，地老天荒一浪人。有酒有花堪度岁，无山无水不容身。

夜半闻鸡心忧勃，起视东方犹未白。忽来风雨杂沓声，难乎海外田横客。

田横之客五百众，宴罢新亭一齐恸。回首故山猿鹤飞，惊心寰海龙蛇哄。

欷歔不已唤奈何，幸有霸才称管仲。管子正容劝止哭，四座惊风起肃肃。

蠢尔丑虏欲投鞭，维我同胞要酬镞。天涯何处望神州，剑气如虹贯斗牛。

嬴秦无道逆天纪，提椎一击试留侯。万众欢呼时哉雨，东方从此种自由。

同学少年多任侠，悠悠我心亦喜猎。可怜一水绕三山，遂令欲渡无舟楫。

遥闻辍耕太息声，茫茫逐鹿知谁捷。人生到此若忧煎，见惯司空亦涕涟。

亚雨欧风两磅礴，狼后虎前相勾连。况乃白山游牧种，欲效始皇万世传。

我劝忠言休逆耳，勿以皇位敌民权。民权若火不可灭，前消后发如涌泉。

呜呼！如涌泉兮在何年？道弥穷兮心弥坚，心弥坚兮石亦穿！

6. 三十日歌（有序）［1903年后］

日本下宿①及酒米商等俱于月之三十日为结账之期，故羁旅寒士常视此日为畏途，是用作歌。

三十日三十日，流光飞鸟疾。东方犹未明，算盘声角栗。

是声不忍闻，闻之使人慄。俄闻主人咳嗽请安声，启障轻入室。

---

① 下宿，日文，意为租住屋、公寓。

勘定纸寸长，日人呼结账为勘定。奉额道何卒。请也。先生强笑不敢言，主人欲怒不敢叱。

噫嘻乎，三十日，一介不与非人情，一介不取无此律。

文贱虽不售，裘敝犹堪质。

噫嘻乎，孔方兄，同屈膝，革命人豪天所嫉。

7. 春夜旅怀 [1903 年后]

翻翻裙屐自风流，渡海春光更入眸。出岫云霞花正好，隔江弦管客生愁。

无缘五岳徒寻梦，有约三山且浪游。耿耿孤怀成不寐，问天西北是高楼。

8. 饮酒行 [1903 年]

有客沦落海之东，风云睥睨心尤雄。渡江子弟八千众，中有奇杰如神龙。

握手谭笑天下事，座满唯恨酒常空。生年廿七始学饮，嗟余身世类转蓬。

万象晦暝时郁勃，非酒无以荡心胸。举盃劝客须尽醉，回头休看夕阳红。

古人最爱陶渊明，其次则为李长庚。二公之颜虽酩酊，二公之心乃光莹。

何图不见二公面，浊世与我为送迎。呜呼酒兮尔为友，一醉不醒物刍狗。

怪我者谓我何求，知我者谓我心忧。仰视苍苍独涕下，不知故国几时秋。

9. 观兵有感 [1903 年后]

莫论武士道长荣，宝马名刀备出征。我自研头君授爵，此中利害渐分明。

10. 江户川春感［1903 年后］

岁岁晴川打桨忙，撩人春色玉生香。观樱最爱无朝夜，折柳何须问短长。

海阔欲穷千里目，江弯难拟九回肠。莺花毕竟仙洲好，回首西风泪满裳。

试攀江柳动征思，暖日烟生玉女祠。无限波涛游子逝，几多肝胆故人知。

梦回岭外情如客，春到天涯酒满卮。莫讶东风归去也，神山花事不愆期。

薜荔门庐昼未开，翩然旧雨隔溪来。风旛欲展花心乱，箫韵频添客思哀。

徐福求仙成昨梦，贾生流涕为多才。家园一别无消息，惆怅罗浮万树梅。

11. 江户川偶成［1903 年后］

依依杨柳拂墙新，西望长安有暗尘。醉后放歌多刺世，病中作客更思亲。

题诗我已盈东海，脱剑今真念古人。沽酒江头且行乐，飞花点点欲辞春。

12. 江户川中之桥上放吟［1903 年后］

江上一轻舟，樱花音信浮。亭台添秀色，天地入清眸。

游子情无极，诗人意欲流。春风如待我，咫尺是瀛洲。

13. 春日无题［1903 年后］

记曾一面会龙华，恍惚神仙未有家。残雪映阶人似玉，莫将幽怨托琵琶。

迢迢故国一王孙，似水情怀不要论。画阁何人吹玉笛，柳塘风起近黄昏。

临风燕子报归期，忽奉珠玑喜上眉。欲看桃花情更怯，最难花谢你来迟。

天台往事属依稀，又住三神久不归。春半樱花冬后雪，教人今昔恨非非。

14. 登楼 ［1903 年后］

黄昏最好是登楼，似见乡关烟树浮。战罢文章无寸铁，乱余身世一孤舟。

十年早已知今日，壮岁翻成忆古丘。勿自牢骚如屈子，汨罗江上使人愁。

15. 日光行 ［1903 年后］

人言日光山水奇，我亦附骥神飞驰。上野驱车不半日，宇都宫渐入幽微。

古柏望苍然，停骖在此边。主人休问姓，游子且随缘。

映日楼台丽，入秋车马仙。迂回登石栈，枫叶醉如眠。

此间枫叶名天下，金碧丹霞一齐泻。青山绿水何如情，银汉红墙疑不夜。

有寺名中禅，风景别一天。游兴更勃发，一行一叹已达山之巅。

壮哉华严泷，素练空苍烟。

其余好景接不暇，古寺斜阳始税驾。寺前湖水风浪高，疑有潜龙中怒号。

我挂片帆独来往，凭虚但觉风飘飘。咏景奇呈山上海，翠屏四面垂云块。

回头宫殿影悠悠，天上人间共一坯。浪游至此心旷悦，日光雄伟兼清幽。

16. 再游江之岛感赋 ［1903 年后］

春风吹我到扶桑，梦里波涛欲断肠。回首神州烟数点，思归无楫又重阳。

醉眼蒙眬天地小，几多人杰似潮生。我来绝顶高峰望，堪笑中原尽哭声。

落叶初惊信到秋，谁知欲去又淹留。山花不是无情物，故惹平原十日游。

突欲高歌惊帝座，山灵不许小生狂。此行且作游仙梦，归去田园荒未荒。

17. 松岛游 [1903 年后]

东邦有松岛，三景之一奇。松岛、岩岛、天桥三景俱为日本名胜。
小艇发盐釜，佳景渐迷离。初望疑海市，万点翠烟垂。
冒险窥其奥，化作鸟穿枝。岛兮各有号，我不问为谁。
舟迂福聚山，登望罗星棋。骤然风雨薄，天际龙跃池。
龙鳞一卷石，松石生雄姿。遽尔抠衣下，舱中已列卮。
小饮复鼓棹，送迎我速迟。我是大陆客，君岂东海椎。
个个脱颖出，不惊人不知。俄然达彼岸，摩读古诗碑。瑞严寺。
灵哉此峤屿，造化匪夷思。遐瞻与俯视，观澜亭则宜。
晴波浴晚照，澹宕天风恰。我神颇完足，作游松岛诗。

18. 旅夜有怀 [1903 年后]

蒲团独坐夜阑时，万籁澄空月影移。一字吟成灯转绿，回文读罢泪如丝。时得山荆①促归之缄。

男儿苦为多情误，友道惊从赴难知。我祝众生同寂寞，数声乌鹊噪南枝。

19. 甲辰八月避暑相州片濑直登江之岛最高峰望海 [1904 年 8 月]

傍海孤悬万仞峰，抠衣直上兴重重。观涛忽讶风翻雪，跃水何时

---

① 山荆，对自己妻子的谦称。

剑化龙。初学游泳。

万里思亲犹滞日，雄藩开府已朝宗。山亭饮罢谁为侣，主客他乡一笑逢。时同游者有同邑刘、饶二君。①

20. 哀李锡青（有序）［1904年冬］②

李君嘉应人，随父宦游福州，旋东渡留学，为人慷慨，有志气，不易才也。

论交慷慨少年时，别泪新桥③泪血丝。君因咯血疾，归福州，余送之新桥，相对黯然。旧约难寻双鲤逝，百年应有故人思。余因事回汕④，首途时特函君来（汕）一晤，不果，乃旬日间噩耗至矣。

招魂似返神山驾，啼鸟空闻樱树枝。在东京时，常为观樱之乐。最忆梅城灵秀地，肺肝激烈几男儿。

21. "题兴宁留东同人摄影"［1905年或稍后］

田横入海怀孤愤，五百畸人耻散沙。如此风涛侬去也，帝秦今日为谁家！

冠带何曾作马牛，过江名士亦风流。神山倘有长生药，亿万疮黎尽待疗。

22. 东京杂事［1905年］⑤

凌云独上倚阑干，秦月依然照我寒。寄语徐郎诸子弟，回头须望

---

① 刘维焘、饶景华二人是何天炯同乡、同学，1903年与何天炯一起由家乡赴日留学。

② 何天炯于1903年春夏与刘维焘、饶景华同到日本东京后，经刘维焘介绍，结识同乡李锡青。李锡青于1903年在日本加入兴中会，曾参加拒俄义勇队，思想较为激进。同年8月，孙中山在日本东京创办青山革命军事学校，李锡青是第一批入校学习的十几名学生之一［冯自由：《革命逸史》（初集），中华书局1981年版，第132—133页］。半年后该校解散，李因病回国。1904年冬何天炯回乡时，得知在福州疗养的李锡青病故，写下此诗，表达对离世故友的追思。

③ 新桥为日本东京火车站所在地名。

④ 1904年冬，因发生潮汕绅民反对日人谋占潮汕铁路事件，何天炯被乡籍留日学生举为代表回乡调查，并顺便返乡探亲。这是辛亥革命前何天炯唯一一次返乡。

⑤ 1904年2月日俄为争夺中国东北和朝鲜爆发战争，至1905年9月以日本战胜而结束。身在日本的何天炯深受震动，写下多首诗作，斥责清政府腐朽无能，痛惜东北人民在战争中生灵涂炭，抨击日本的对外侵略行径。

《无赫斋诗草》（增补）

古长安。

　　无边佛法总慈悲，世界同胞度灭之。独悭东邦众僧道，津津有味讲皇基。日人崇尚佛教，然其心理则与政府之侵略政策相吻合，奇哉。

　　自称诚意口头禅，误解尤人说欠圆。直抉肺肝休怪我，可怜汝实为金钱。

　　民贫国小霸东方，个个倭儿面有光。为语媾和休妄想，强俄不似弱清惶。日俄之战，俄虽败而无赔偿，举国耻焉。

　　竟把公园作战场，小邨谈判费商量。偿金割地都无著，烧打于今恨未凉。是役日人称为烧打事件。①

　　国防步步扼重关，越国谋人人未还。莫怨陌头杨柳色，封侯带砺指河山。日人迷信军国民教育，欲矫正之，非十年二十年之事也。

　　辽河暴骨罪攸归，痛骂清奴惹是非。母叹妻啼观影戏，惊心犹见炮弹飞。日俄战事之结果，余于影戏场目睹此种情形。

　　忿火飞来宰相衙，池鱼殃及漫兴嗟。国民膏血今何在，尽向新桥切齿牙。新桥艺妓名鲤者，首相桂氏之侍儿也，国人愤媾和之失败，烧官衙后，复向新桥捉鲤而殴之，亦趣事也。

　　面黑何来取缔名，逢场演说万人惊。归帆直出蜻蜓海，文部今朝让学生。清廷与日廷商取缔留学生事。

　　非关公道纪新闻，献媚都因欲骗君。同是拖长丑编辫，如何贝子学生分。日本新闻称誉伦贝子之辫发光泽照人，而骂留学生为豚尾奴，真势利之新闻也。

　　箫鼓声中闹看花，旅怀清艳此忘家。十分春色侬为主，半醉狂吟兴小奢。

　　政尚威严唯强迫，国民局促亦欢欢。为问理由那边在，征清伐露又吞韩。

---

　　① 烧打事件：1905年9月5日，日俄《朴次茅斯和约》签署当天，日本民众对俄虽败但不付赔偿金不满，聚集在东京日比谷公园召开国民大会。会后，愤怒的民众烧毁、打砸了公园附近的内务大臣官邸等处，骚乱持续了三天，最终被政府军镇压。

23. 日京道中所见 ［约1905—1907年］

你本黄帝裔，居东四五年。无根难自立，多欲以为贤。
学语甫脱口，行路欲耸肩。伤哉大国民，乃逐小国膻。
小国亦有胜人处，发扬蹈历向前去。
何物效颦奴，皮毛以为务。

24. 早起有感 ［1905—1910年］

莫语中朝事，西风尘起时。悠悠清梦远，澹澹古梅迟。
岂不怀归也，徒将叹殆而。家书如赵璧，渡海总难期。

25. 自悼 ［1905—1910年］

本无仙骨上瀛洲，浪迹人呼任马牛。莫问湖山谁作主，且谭风月易消愁。
乡归有托思张翰，家祭无忘愧陆游。满地胡尘天亦醉，多情端的为公仇。

26. 秋感 ［1905—1910年］

万劫周遭剩此身，飘蓬湖海亦风尘。方知久客生秋恨，忽漫看花忆故人。
半塔夕阳专制国，几堆荒冢自由神。酹君地下无他物，一卷新诗赠白苹。
极目江云泪满襟，几番孤负故人心。初疑碧海通霄汉，何意青天自古今。
洛浦本无妃子在，延津还欲宝刀寻。秋来万物凄清甚，驾鹤骖鸾思不禁。
悲秋无处不登台，忽见黄华满径开。晚节几经霜露冷，奇芳竟惹蝶蜂猜。
由来造物工颠倒，定有斯人任化裁。王灿依刘非故里，陶然自酌两三盃。

27. 有感 ［1905—1910 年］

几回买醉向花阴，花下思君君未临。为雨为云空怨手，不言不笑便知心。

飘摇故国风吹絮，憔悴行人日望霖。我已无才叹鲍落，好传消息到瑶琴。

28. 项羽 ［1905—1910 年］

论才隆准与重瞳，我喜重瞳男子风。大勇早知秦可代，开诚岂料约难终。

头颅战败宁酬友，金粉情多不负公。亭长歌风情更苦，安邦唯有女和戎。

29. 十二月十五日夜望月有怀 ［1905—1910 年］

惊心此夜月重圆，望断家书一角天。堂上几番催返斾，客中何处可停鞭。

报恩主器无多日，思我双亲又一年。为问岭梅近消息，融融春信落尊前。

30. 熊岳城 ［1905—1910 年］

熊岳城边小劫多，年年战舰蹴荒波。龙旌高扯终何用，些小渔权也夺倭。

31. 思亲 ［1905—1910 年］

我亦犹人子，如何不报恩。风云多患难，湖海别椿萱。
日也宜戈逐，鸿兮勿缴援。函开终有泪，梦醒叹无根。
半世徒为客，他乡况听猿。发肤亲所授，受杖并无言。

32. 自咏 ［1907 年］

头角峥嵘忆旧时，荒鸡喔喔动征思。纵横大陆今如沸，三十华年只有诗。

剑气经秋成白练，鹏程何日傍天池。怃然身世斜阳里，欲上高冈一挽之。

33. 挽刘君道一 ［1907 年后］①

痛哭秋风又一年，萤光胡运竟依然。湘灵若解锄非恨，定向空山泣杜鹃。君因身佩锄非小印，为清吏锻炼成狱而死。

岳岳山头夕照微，伤哉游子恋春晖。如何爱国家先破，伍尚翻成不忍归。君兄揆一②以长沙大狱亡命东京，乃遣君归省遂及于难。

避秦何处是仙乡，到此盘桓意转伤。猛忆众生沉苦海，刀山剑树且亲尝。

人才刘氏尽珠玑余尝与君兄揆一在同盟会本部共掌机密，愤慨都因汉室微。剩有灵光愬天帝，生生世世愿锄非。

34. 寄公博③兄 ［1907 年后］

太息音尘各断邮，都缘把笔泪先流。可知故国常多事，从此哀鸿失一俦。燕弟之丧，余尤悲感。

万里思乡唯望月，卅年谪世等浮鸥。阿兄若问秋消息，脑病裁诗

---

① 刘道一（1884—1906），湖南人，刘揆一之弟。1903 年受革命潮流影响，加入华兴会。1904 年赴日本留学，1905 年加入中国同盟会。1906 年，受黄兴委任为萍浏醴起义领导人，回国到长沙组织发动起义，不幸被清军逮捕，12 月 31 日在长沙浏阳门外就义。

② 刘揆一（1878—1950），湖南人，刘道一兄。1903 年赴日留学，旋回国，与黄兴、宋教仁等共组华兴会，举为副会长，开展反清革命活动。1904 年谋长沙起义，事泄避往日本。1907 年 1 月加入同盟会。3 月孙中山、黄兴相继离日南下活动，刘揆一继黄兴任同盟会东京本部庶务部长，代行总理职权，何天炯任会计辅助之。二人职责之一即为保管同盟会员入会誓约书等秘密文件。何天炯下句即指此。辛亥武昌起义后，刘揆一先行回国奔赴武汉参战，将同盟会东京本部事务交付何天炯，天炯 11 月回国。

③ 何公博，名天瀚，为何天炯堂兄，见前注。

夜未休。

35. 书怀［1907—1910 年］

自昔清风志，于今浮海心。滥交友谊薄，克己道根深。
水冷华年梦，天低去国吟。白云你知否，游子泪沾襟。
若个恩仇在，中宵感慨多。干戈分骨肉，兰蕙渺山河。
应是生忧患，何劳咄坎坷。登楼试西望，热泪忽滂沱。
世事痛龌龊，人才失毁誉。蒹葭空系我，风雨孰怜渠。
斯道苦不展，于心良独虚。昂头天地阔，到处可樵渔。
岁岁羁江户①，孤身一叶轻。风云随过眼，草木笑皆兵。
苦忆南州彦，欣逢东海英。宗邦正多事，行伍胜书生。
桃李满江津，居然似避秦。浮家原厌俗，有酒不嫌贫。
会见金仙泣，空伤彩凤驯。秋风归路迥，垂钓独逡巡。
兴邦须得士，去国最思亲。不觉南归雁，偏惊东渡人。
岁华感秋菊，志节凛冬筠。太息求仙客，三山即比邻。
中原风景异，谁肯赋无衣。揽辔惭先觉，临流悟昨非。
月圆心不碍，云薄雁初飞。闻道蓬瀛好，催归竟未归。

36. 再寄同乡某君［1907—1910 年］

年时贫病两相怜，一水中央别有天。盼断飞鸿时顿足，愁多沽酒漫赊钱。

椿萱且喜依邻茂，兄弟何仿异姓联。三岛看花吾未已，几会男女学成仙。

37. 悼刘冬友［1907—1910 年］

江户秋风噩耗频，病中疑梦梦偏真。时余养疴东京神保病院。精禽到死心犹热，玉树长埋色尚新。

---

① 江户，东京旧称。

海上弹琴惊变徵，天涯哭友倍伤神。樱花南浦停车日，话别年年忆暮春。

38. 典剑 ［1907—1910 年］

学剑无成又不文，壮怀犹自拟终军。都缘昨夜樽空矣，致使今朝汝去云。

季札留情终赠友，朱云有愤便须君。呜呼燕赵悲歌士，何日随征纪战勋。

39. 不敢词 ［1907—1910 年］

不敢看花，谁驾锦车。扬鞭一去，望尘咨嗟。
暮春三月，行唶天涯。刘公著论，任氏无家。
吁嗟乎，友道非邪！

不敢饮酒，醉则登高。西望痛哭，天地尘嚣。
已取我子，无毁我巢。
吁嗟乎，谁可同袍？！

40. 伤时 ［约 1907—1910 年］

高楼闲倚白云过，孰喊钧天挽逝波。好水好山今若此，半醒半睡末如何。

几多法律师奏政，却少心肝谅下和。直欲乘槎浮海去，可怜恩怨不曾磨。

41. 夜坐 ［约 1907—1910 年］

满天星斗照寒梅，几点清香手自栽。放鹤西湖人似玉，求经南海我无媒。

锄金惭愧知龙价，献赋惊传倚马才。直欲乘风归去也，中原已否一阳回。

天星点滴似珠花，怅望楼台手拍叉。呼噙俨然通帝座，低徊何处起胡笳。

死生共达无忧喜，否泰相生漫减加。欲把焦琴弹一曲，夜阑唯见月横斜。

42. 书感［约1907—1910年］

朝来雪傍马头飞，行路艰难百事非。山水万里思故国，英雄一命吊春晖。

明知道不争魔胜，只羡鸿能代燕归。清浅蓬莱游倦不，樱花点点欲沾衣。

43. 偶感［约1907—1910年］

异乡何所感，处境若寒虫。云澹春光漏，梅香信早通。

放心宜雪亮，论世避雷同。为谢苍苍者，材成每困穷。

44. 书怀［约1907—1910年］

寄生尘海一微虫，何事劳劳心术工。天地腥膻同逐臭，风尘肮脏独甘穷。

关中扪虱无余子，江上垂纶定此翁。为劝杨朱休痛苦，安知南北不能通。

45. 题放翁集［约1907—1910年］

风骨高骞鹤唳霄，诗情宦兴两超超。思量报国今无术，欲把胡尘一笔销。

声声老子雄无敌，句句忠言泪欲流。南渡已无闲日月，怜渠诗酒尚悠悠。

剑南听罢子规声，我亦天涯过此生。慷慨吟君好诗句，不知何处请长缨。

46. 怀陶令 ［约1907—1910年］

寄傲南窗一世豪，弃官犹恋义熙朝。浔阳未必无诸葛，天地沉冥酒自浇。

怜君扶日旧家声，归去萧闲爱菊名。斗米自关千载事，完人谁不道渊明。

非关束带感归田，身世沧桑欲问天。大化浮沉公早达，应无遗恨永初年。

柴桑人去柳如烟，百代流风尚晋贤。旷世奇才终乞食，伤哉如上首阳颠。

47. 和徽钦北狩词二首 ［1908年］

余读宣和遗事，有徽钦父子北狩词二阕，凄凉呜咽，吟者欲绝。特依韵和之，以泄吾恫，读者勿以辞害意可也。

少年慷慨尽英华，爱国故离家。问天不语，金瓯有缺，恨拨琵琶。秋风萧瑟征人去，吹起战场沙。白云倚剑，家山咫尺，血泪凝花。

风流潇洒更清华，门第谢王家。堂前燕语，主人何处，别抱琵琶。青山绿水都如昨，无地限龙沙。蓬莱且住，临风尺八，吹看樱花。

［宋］徽宗词云：玉京曾忆旧繁华，万里帝王家。琼林玉殿，朝喧弦管，暮列笙琶。花城人去今萧索，春梦绕胡沙。家山何处？忍听羌笛，吹彻梅花！

［宋］钦宗和词云：宸传四百旧京华，仁孝自名家。一旦奸邪，倾天拆地，忍听琵琶。如今塞外多离索，迤逦远胡沙。家邦万里，伶仃父子，向晓霜花。[1]

48. 再次徽钦北狩词 ［1908年8月］

戊申八月旅次京都，山河信美，秋兴满天。回首神州，自伤多难，登仙成

---

[1] 宋宣和七年（1125），金兵大举进犯中原，宋徽宗赵佶传位其子赵桓为钦宗，改元靖康。靖康二年（1127）金兵再度南下，攻破汴京，徽宗父子一同被俘北遣，被金人押至五国城（黑龙江依兰），后死于是地。据记载，徽、钦二帝被俘北狩途中，饥寒交迫，满心凄凉，徽宗作此《眼儿媚·北地》一首，钦宗和之。何天炯抄录此词并作词为和，以抒去故国之同感。

佛，凡夫何择。续赓二阕，以写胸臆云尔。

衣冠文物旧中华，倾覆怨谁家？青山满目，且休回首，湖畔琵琶。此间信美非吾土，故国障风沙。爱随仙子，楼头吹笛，清彻梅花。琵琶湖，近京都若干里，风景绝佳，为日本有数之胜游地云。

飘摇风雨到京华，秋思在谁家？王孙倦矣，祇园金粉，听罢琵琶。细数生平劳碌事，到底化虫沙。光明世界，无人无我，一笑拈花。①

49. 修禅寺（有序）［1908年冬—1909年］②

林广尘患胃甚剧，医云：非温泉浴不可。故邀余同行云。

驻马修禅寺，迎人五柳风（下榻五柳馆云）。溪声幽槛外，山色净帘中。暮鼓惊栖鸟，长桥落卧虹。新凉如沁骨，宴罢觅诗筒。

浪游何所似，天地一孤鸿。浴竟心如水，闲来日挽弓。山河共愤慨。将军赖家被北条氏幽之寺，寻被毁。岁月老英雄。为问江头楫，仙源路可通。

50. 寄刘立群君③［1908年］

握别倏三载，茕茕海角凄。分金惭管鲍，多病各东西。长铗弹何急，幽琴调转凄。相思云水外，唯见绿杨低。

忆昔谭瀛海，相期抗古人。泪多花可染，才大鬼来瞋。毁誉从流俗，行藏证夙因。良材悲伏枥，何日出风尘。

家族不可废，思之良自伤。鸟声惊远驿，雁泪隔重洋。自令弟侠甫逝世，君即郁郁不乐。今年三月，余亦遭从弟海超之丧。乱极才偏弃，贫来

---

① 《山居一年半》中录此诗后注："祇园为京都裙履属流之所，故旅客趋之。"
② 何天炯与林广尘于1908年冬至1909年冬曾同住于东京同盟会本部机关勤学舍。林广尘，名林文，号时塽。1905年赴日留学，加入同盟会。1911年4月广州黄花岗起义中死难。
③ 刘立群即刘维焘，何天炯同乡好友，1903年同赴日本留学。1905年同盟会成立时曾被推为会计，但因入军事学校学习不能公开入盟而未就。诗中有"握别三载"之说，故此诗应作于1908年。

骨愈强。三神风景好，临去复旁皇。

神山同驻足，渐渐订忘年。奇论常惊俗，狂歌欲问天。酒醒愁不断，花落信多怨。何日平胡虏，临风快著鞭。

51. 忆羊城（有序）［1908年］

丁酉①冬，约（林）广尘同旅新洲（即新加坡），舟过香江（即香港），拟潜入广州，登越王台游览，后以事格不果行。然余为粤人，雪泥鸿爪尚未一印羊城，缘何悭也。遂慨然有赋。

珠为江海玉为楼，气象中原迥不侔。文字有灵能化鳄，衣冠何日共尊周。

四时花鸟罗浮胜，一代洪杨天地愁。同是东来旧仙侣，故乡无分独搔头。

52. 闻某君逃而为僧怆然赋此［1909年］②

锷锷词锋辟万人，泪痕流尽泣痕新。鹃声故国听多少，《鹃声》杂志之文以君作为最佳。欲向空山老此身。

西湖小住忙之粤，阿堵无情到野僧。避世逃名今不易，肺肝裂破此传灯。

53. 箱根福住楼酒中即事（有序）［1909年］

箱根之游，余应鹏飞之招，至则冬青、小梧俱由热海来会，谭宴之欢，到日以来此为第一。小梧酒兴尤豪，骂座之狂，随在俱发。鹏飞善拇战，当者皆北。冬青则令艺妓磨墨题诗，余和而歌之。尔时山光水色映入座间，使人肺腑清灵如登仙界，尘海中不易有此乐也。

---

① 丁酉为1897年，似为丁未［1907年］之误记，这年冬［1908年1月］何天炯与林时塽奉孙中山命南下南洋筹款，此诗应为途经香港时所作。

② "某君"指雷铁崖，四川人，1905年赴日留学，加入同盟会。1906年参与创办革命刊物《鹃声》，撰写文章，宣传革命，名声大震。1908年归国寓沪，从事革命活动。1909年秋遭清廷通缉，遂入杭州白云庵出家为僧。何天炯此诗当作于闻其出家消息后，但对其出家原因似有他解。

六载征骖未傍家，亲恩难报日横斜。何堪一点神州泪，流向尊前更著花。

黄金散尽交不成，勿笑乃公东海行。我自昏昏终日醉，狂呼天上李长庚。

一曲琵琶泪满腮，如何初见问归期。非关燕子楼无主，却恨桃花扇有诗。

海外遥闻多福地，山中高卧欲忘年。徐郎不应留情种，来劝王孙快学仙。

果然离别见人情，未唱阳关泪已倾。五里青山十里水，任他羌笛怨分明。

54. 忆子渊族叔［1910年8月］①

久虚无简上新窝，羡煞山居万象和。爱我几人同骨肉，哀时无术弥风波。

秋容渐向风前老，诗思偏从客里多。欲访故园赤松子，征尘十丈竟如何！

入夜惊心祝并韩，悄然黯泪依栏杆。满盘弱肉供强汉，大海微尘唾一官。

腰瘦不因贫病折，髯粗难买世人欢。那堪阿叔怜才处，青眼于今尚忍看。日本并韩后在东京举行合并之祝典。

55. 朝鲜杂咏［1910年］

国亡鱼烂有余熏，祸水流从大院君。阴险专横今在否，阿房花草自缤纷。大院君残杀无辜，竭民脂膏以营景福殿，其壮丽华美不减北京颐和园，宜其亡也。

---

① 何子渊为何天炯族叔，在家乡倡办新式教育，何天炯受其影响。1903年，何子渊倡导族人集资帮助何天炯赴日留学。1910年8月22日日本逼迫朝鲜签订《日韩合并条约》，正式吞并朝鲜为殖民地。消息传到东京，日人举行庆祝活动。当晚何天炯感时伤世，心忧家国，写下此诗忆念族叔及家人。

何天炯集

为谁憔悴泪成斑，自恨身居两大间。禾黍秋风怜汝痛，汉家今日亦无颜。

威风逼到韩天子，难庇美人剑下亡。往事马嵬魂不返，谁怜你似李三郎。韩王亦姓李氏。

暮雨朝云此国权，身非妓妾倩谁怜。鞭声肃肃京城道，私语东军破敌旋。日本与清俄战，俱胜之，而朝鲜之运命益危。

旗光如日照京城，痛哭犹闻断指声。雪耻报仇为社稷，怎能统监敌荆卿。安重根。

霎时歌哭到中倭，此是英雄恩怨多。唯有韩廷传噩耗，欲为歌哭两如何。伊藤被刺。

美名合并我初闻，孰与匏瓜片片分。分不均时必争斗，饥鹰饿虎死纷纷。日灭韩，其新闻皆云是合并，并非亡国，亦世界之奇谈也。

自古儒生号两班，忠君端不愧冥顽。白衣高帽长烟管，又谢新皇恤典颁。

56. 朝鲜叹 [1910年]

海水不可测，东方本一家。磨牙说兄弟，捷足斗龙蛇。
望帝春如晦，依疆尔自差。男儿国殇耳，热血喷流霞。

57. 李花落（哀古国也）① [1910年]

我行古渡头，飞花如落雹。借问是何花，清辉色不恶。
天公本无私，培根复护萼。何物尚竞争，逐遭东风虐。
一虐枝叶稀，再虐蒂根削。桃李虽无言，含情似知觉。
狡哉桃太郎，幡然进灵药。自道同根生，宜为连理乐。
甘言乃有毒，厥病遂不作。太郎擅越俎，慨然任寄托。
朝为风雨盟，夕背河山约。乔木有世臣，太郎縻以爵。
蔓草有顽民，太郎饮以粜。伤哉憔悴翁，一朝委沟壑。

---

① 朝鲜国王为李姓，故以李花喻之。

东邻笑嘻嘻，西邻怒霍霍。喜怒各有情，桃花人面薄。

吁嗟乎！桃李无言尚恋春，徒使行人泪满巾。

58. 怀人［1910年］

心如铁石命鸿毛，风雨艰难饮亦豪。贾传文章多涕泪，一朝悲愤赴洪涛。陈星台①

江水滔滔绕汉城，奋飞无力待牺牲。当年意气纵横甚，同学争看马首行。胡经武②

笔锋犀利口悬河，疾恶唯知蔓草劚。一卷黄庭消岁月，佛家三昧狱中多。宁仙霞③

热血如潮涌不平，千军万马欲来迎。白门杨柳今憔悴君就义南京，谁管英雄死后名。余在某机关处，挹君风采而未悉姓名，死后接海上来函始详也。杨卓林④

女权若火自君然，太息东方未见天。多少须眉拜巾帼，秋风秋雨

---

① 陈天华（1875—1905），字星台，湖南人。1903年留学日本，参与组织"拒俄义勇队"和"军国民教育会"，次年回国参与组织"华兴会"，筹备发动长沙起义。1905年初，在东京参与宋教仁等创办《二十世纪之支那》杂志，中国同盟会创立时入盟，参与起草《革命方略》；《民报》创刊后任编辑，参与对康、梁保皇派的论战。1905年11月日本政府颁布《清国留学生取缔规则》，引起留日学生抗议。12月7日写《绝命书》，立意以死警醒国人，次日在日本东京大森海湾投海殉国。

② 胡瑛（1884—1933），字经武，湖南人。1903年肄业长沙经正学堂，受在此执教的黄兴影响，参加革命活动，1904年加入黄兴、宋教仁组建的华兴会，1905年赴日本留学。1906年12月，奉孙中山之命回国，拟到长江中、下游流域酝酿起事，以声援萍浏醴起义。刚抵武昌，正值湖广总督张之洞悬赏缉捕起义者，即被逮捕，后被判终身监禁。1911年10月10日武昌起义后，胡瑛出狱受命为军政府外交部部长、山东都督。后参加孙中山领导的"二次革命"和护法运动。

③ 宁调元（1884—1913），字仙霞，湖南人。1903年肄业长沙明德学堂，受教习黄兴、张继影响，倡言革命，集同志组大成会，后并入华兴会。旋留学日本，1905年在东京加入同盟会。1906年初归国返湘，与禹之谟等组湘学会，创办《洞庭波》《汉帜》，著论宣传革命，被当局逮捕下狱。辛亥革命后，赴沪主办《民声报》。后参与讨袁，事泄被捕，于1913年9月就义于武汉。

④ 杨卓林（1876—1907），湖南人。1893年入清军江南营，后入南京将备学堂，1905年毕业，旋东渡日本留学，由黄兴介绍入同盟会。1906年夏归国，在南京、上海等地活动。12月萍浏醴起义爆发，杨在南京运动军队和会党响应。起义失败，至扬州联络会党，并谋刺两江总督端方。因密探告密而被捕，押解南京，端方亲自审讯时，且骂且起，慷慨陈词，于1907年3月20日英勇就义。

又经年。君就义时有秋风秋雨愁煞人之句。秋竞雄①

同学争传刘子奇同学于清华学校，杀头方见价无欺。湘江水逝嗟何及，是狱于今吾尚疑。刘道一

翩翩少年美如玉，君子由来亦丈夫。匹马入秦人不识，留侯何幸尔何辜。黄理君②

我爱东方马志尼，翩然掷笔愿提椎。冤禽有恨今如海，民约千篇续待谁。汪精卫

59. 江村秋感（有序）[1910 年前后]

缘江户川上流而西为下户塚村，垄景萧疏，夕阳散步，王仲宣故乡之思不是过也。

万点飞鸦欲下塘，诗情秋思两茫茫。蓬山哪有仙人迹，东海谁赓白雪章。

寥落故交同割席，栖迟客路欲回肠。桑麻满地如吾土，只叹归欤赋未遑。

照眼秋云薄更清，几回东望泪盈盈。相怜弟妹常离别，无奈英雄困死生。同盟会友或病死或被杀者日有所闻，伤哉。

南国芝兰香有价，西山薇蕨澹知名，风尘自笑为遗客，气数茫茫

---

① 秋瑾（1875—1907），号竞雄，自署鉴湖女侠，浙江人。1893 年随父入湖南，嫁富绅子弟王廷钧。1903 年因王捐纳为户部主事，随夫赴京。1904 年离家别子，赴日本留学。创办报刊，提倡女权，宣传革命。1905 年 9 月加入同盟会，被推为评议部评议员和浙江主盟人。1906 年初，因抗议日本政府颁布取缔留学生规则，愤而回国。联络同志，运动长江一带会党，准备起义。1907 年 1 月创刊《中国女报》，撰文兴女学、倡女权，提出创建"妇人协会"主张，宣传革命。后返回绍兴，主持大通学堂，训练革命力量，联络浙江各地会党，组成"光复军"，推举徐锡麟为首领，秋瑾任协领，积极筹备起义。与徐锡麟约定分别在安徽、浙江起义。但徐锡麟起义计划泄露，7 月 6 日徐锡麟在安庆仓促发动起义，很快失败，徐被捕牺牲。秋瑾主持的浙江地区起义计划也遭泄露，不顾同志劝避，留在大通学堂，决心做中国女界为革命牺牲第一人，遂遭清军逮捕，于 7 月 15 日英勇就义，临刑前挥笔写下"秋风秋雨愁煞人"之句。

② 黄复生（1883—1948），原名树中，字理君，四川人。1904 年赴日本留学，1905 年加入同盟会，任四川分会长，学习炸药制造技术。后回国筹备在四川举义，在泸州兴隆场研制炸弹时意外爆炸，头部重伤，死而复生，故更名为复生。参与策划刺杀清朝重臣端方等行动。1910 年春，与汪精卫、喻培伦等人在北京拟炸摄政王载沣，事败被捕入狱。武昌起义后获释，参加在天津组建京津同盟会。1913 年二次革命失败后，再赴日本，后赴法国考察研制炸弹技术。1916 年返国，1918 年代理四川省省长，1926 年任国民党中央执行委员。

《无赫斋诗草》（增补）

欲奋争。

60. 自题（庚戌）[1910年]

不是偷闲学咏词，飘零书剑欲可为。万言赋就天应泣，一气呵成笔有姿。

试读离骚魂渺渺，孰教才子泪垂垂。明知口舌难收效，聊当干戈警蠢痴。

七年冠盖滞东京，每一登楼百感生。湖海论交谁李郭，国家多难欲牺牲。

才分八斗余嫌俭，笔扫千军敌未平。暂写新诗寄歌哭，几人乐和更公评。

61. 东京秋思 [1910年秋]

碧海银槎入望遥，凌虚一苇乘飘飘。西方佛幸传东土，白帝魂空吊六朝。

剑气光腾思杀贼，酒情豪上欲回潮。如河清浅蓬莱路，日把诗篇慰寂寥。

斜倚栏杆一雁过，忽惊秋信著轻罗。满城风雨宜沽酒，七载江湖尚枕戈。

落落四周星不瞑，茫茫前路马其瘥。新丰旅客今犹昔，破帽簪花独浩歌。

江南赋就哀无极，冀北群空相莫虚。马骨岂招天下士，羊头真烂部曹居。留学生卒业后赴考北京可得某部主事。

才如诸葛功名淡，贫似苏卿骨肉疏。卷地西风归不得，为传人境即吾庐。①

海国秋深落照迟，回头时局不胜悲。飘摇羁客文章贱，苍莽中原虎豹饥。

---

① （宋）陶渊明《饮酒》词中有"结庐在人境，而无车马喧"之句。

住到神山思换骨，别从荆室话烹雏。补天有愿坚如石，休笑今生作事痴。

62. 和林广尘（有序）［1910年12月］

庚戌［1910年］十二月大雪，余连日拥衾不起。广尘亦病，未能见，忽以诗来索和，余强答之。若广尘所作则半遗忘矣。

天公爱飞雪，衣单不自由。倘能音弗断，绝胜酒消愁。
道谊无新旧，兴亡半喜忧。欲闻故乡事，望得陇梅不。
拥炉观白雪，飞白与通红。世事无红白，心源只净空。
山中有高士，朝内尽呆童。何日寻梅去，板桥西复东。
春意欲好友，今朝到小楼。卷帘知日上，开户觉云流。
我自蹈东海，君应怀古邱。又惊时节改，诗酒两悠悠。

63. 寄林广尘［1910年冬］

故园碧海外，春花游子情。情多泪如雨，永夜月无声。
之子在何许，吾生不好名。忽闻乌鹊噪，知是东方明。
七载不归去，盘桓何所思。世人自苦恼，吾道总平夷。
盈仄有日月，成败似弈棋。心中浩气在，穷困则安之。
或问今后事，吾唯守初心。万流归一壑，众鸟择深林。
所执已贞固，随往以浮沉。若论知我者，对月不停斟。
逝水不复返，吾徒宜卓然。防川婴泛滥，背道惹尤怨。
且喜闲风月，聊为养性天。茫茫尘海里，砥柱知谁贤。
日已上三竿，拥衾清梦寒。欲将门外雪，以供盘中餐。
境不同苏武，情或似袁安。故人各自去，我亦愧儒冠。

64. 送赵伯生南归香港［1910年］①

睥睨风云志未酬，劳劳孤客又登舟。南中俊杰如相问，海上神仙

---

① 赵声，字伯先（生），同盟会员。1910年2月赵声参加广州新军起义失败后，曾在日本暂住，旋回香港筹备广州"三·二九"起义，任总指挥。何天炯深知此次大举赵声所担负的重任及危险，在送其返香港时作此诗以送别。起义失败后，赵声激愤而殁。

不可求。

似此人材终复楚，本来吾道是同仇。汉旌猎猎黄如锦，望到鲰生独倚楼。

无限别离沧海外，几人挥泪到神州。将军自昔能调马，名士于今似沐猴。

大陆龙蛇多变幻，它山风雨怕淹留。明朝渺渺天南路，记否蓬山旅夜游。

65. 思归行［辛亥（1911）阳历元旦作］

万户竹交松，红光旭日冲。始惊是元旦，忙饮酒一钟。
故乡用夏历，今亦恰岁终。岁终与年始，思归泪溶溶。
岂无丈夫气，乃学孺子恫。人情不相远，亲老室常空。
谁能托妻子，孤剑滞海东。异乡逢佳节，倍觉心忡忡。
恨无鹏鸟翼，飞入九天宫。婉转诉上帝，余罪何重重。
国已不可保，家亦不能容。今我欲忏悔，乞帝宥其衷。
帝曰吁小子，今诺尔所从。众生沉苦海，阳九历数逢。
天公不为力，尔欲横戈冲。是谓不知命，降罚先尔躬。
唯帝怜厥志，特赦归为农。蕲兹一抔土，耕凿无疏慵。
赐尔一尊酒，以浇块垒胸。赐尔一张琴，弹罢浴薰风。
粒丝皆帝德，尔愿将毋同。小子稽首谢，刻日上征篷。
那知行路难，水船陆则骢。一鞭残照里，似见家山濛。
到此转惆怅，足乃如茧封。思所以见母，思所以见翁。
踌躇未得策，仰首盼飞鸿。鸿兮何得所，人反名利笼。
如我大解脱，不识机与锋。自有良知乐，其外无寸功。
持此告堂上，堂上色融融。季子不足傲，项羽不足雄。
告尔衣锦还，乡客何如耕。田凿井相忘，帝力之侬哉。

66. 后思归行（广前意也）［1911年1月］

去年一岁唯苦饥，今年一岁将何为。太息他邦居不易，悠悠南山吾所思。

黑龙已干上帝怒,老亲亦为游子悲。南山之下田可耕,先生不欲与人争。

朝暮承欢复劳动,养亲之计在谋生。世人那识田家乐,提壶布谷皆知名。

春雨黎花泥滑滑,秋风蕈菜水盈盈。狂歌不怕惊天上,牧竖樵夫皆可党。

暇时教子读父书,陈说忠孝如指掌。忠于国兮孝于亲,忠孝之界宜认真。

勿效古人忠一姓,食其禄者即涕零。言孝亦勿过拘执,天真烂然则完人。

田家乐在淡泊□,自恨平生不解琴。

抚无弦兮以寄托,西方之美人不作兮,尘寰落落。

吾安能郁郁居此兮,嗟陶公为先觉兮,何吾徒之不若。

旭日熊熊兮,海水磅礴。

慨然欲上凌云阁兮,高歌归去来辞,以写吾心绪之恶。凌云阁在日京浅草区,崇高特甚。

67. 温生才刺孚琦 [1911年三·二九起义前]①

巍巍五层楼,边风天外飔。将军寄心膂,雄镇蛮荒州。
蛮荒思革命,宵旰多烦忧。烦忧亦何益,循环理不休。
则有征南客,辛苦如马牛。马牛有本性,思乡泪交流。
萧疏榔枒树,海燕鸣啾啾。我巢既被毁,乐土安足留。
公等俱慷慨,贱子亦警道。鼠伏人不识,雷击天为愁。
爪牙鸟兽散,旗鼓风雨收。点点匈奴血,是为堪国仇。
国仇三百载,忠臣义士词人学子,尽皆为骷髅。

---

① 温生才(1870—1911),广东梅县人,南洋华工,服膺孙中山革命,1907年入同盟会。1911年4月8日以枪刺杀广州将军孚琦,被捕就义。

萁豆燕，顶珠求，大同说借羞不羞？
何如男儿好身手，壮烈归山丘。
轵深追聂政，博浪失留候。旌旗建三月，俊杰多良谋。
先登拔蟄者，温姓足千秋。

68. 书感（在香港作）[1911年三·二九起义后]

暮春多别离，死别更心伤。头颅轻一掷，血泪揾千行。
白日遇魑魅，春花牧犬羊。丹心指碧海，秋水色如霜。
浮生若大梦，慨然思立名。如何莹洁士①，尘委五羊城。
公论千秋在，英风四海惊。贾生正年少，从此无哭声。
良夜苦不寐，起坐对青灯。灯色成惨沮，梦见嗟不能。
昂首盼霄汉，浩气何奔腾。流光忽陨地，良士悲无恒。
无恒非所痛，所痛失股肱。忽忆生平事，涕下挥苍蝇。
好花妒风雨，故人隔幽明。世界虽龌龊，于此见人情。
行者未必死，居者未必生。独有明哲士，生死得其名。
名在人不归，珠江起恨声。空山闻流水，冷然助哀音。
东风自佳丽，悲喜复登临。莫怨玄黄马，难知黑白心。
有根同釜泣，无侣对花吟。太息芬芳节，崇朝飞满林。
驱车名园去，闲花若为媒。对此心旷悦，潸然念良俦。
黄鸟鸣树颠，意态何悠悠。人岂不如鸟，良弓将焉求。
鸿鹄游四海，骏马驰九州。一旦归来迟，天地入清秋。
遥望珠江上，行人尽白巾。在昔易水别，衣冠见精神。
哀哉黄帝裔，终古压强秦。滔滔民权论，谁能殉以身。
斯文未坠地，哲人已成仁。后死将何见，岂不怀酸辛！
行人向佳荫，过客临清流。君子居人国，渺渺予心忧。
碧眼非青睐，南冠为楚囚。我岂无征马，日暮止踟蹰。
揽辔登高山，明灭古神州。林间塔似笔，未足写羁愁。

---

① 《山居一年半》录此诗，此句为"璧莹士"。

三月天气佳，南方忽传警。烈士喜从军，往往用力猛。
有国失其魂，无林藏汝影。它山石何坚，深闺月犹冷。
公私两渺茫，沾襟发猛省。猛省将如何，麂麂靡所骋。
乐郊非吾土，适此情内伤。吾土安在哉，虎豹踞深堂。
义愤郁以发，结客东海疆。一朝风云会，勒马在戎行。
矫矫云中鹤，旦夕将翱翔。宁知造物酷，天网忽四张。
贤者喜解脱，奈何此国殇。白日忽西没，皓月向东驰。
悟此阴阳理，中心乃坦夷。人生几代谢，功名非所期。
故人隔三月，墓草已离离。逶迤东门路，不见党人碑。
逝者长已矣，生者将何为？我从东海来，金兰若盈把。
谭笑见心肝，久之辨真假。真假非所论，君子恶居下。
宝剑吐光辉，其功归大冶。长途试驰驱，其劳识良马。
世事固不尔，黑白混淆也。嗟我寡见闻，气郁不能泻。
大风卷黄尘，诸军壁戏下。灭虏而朝食，唯我能大厦。
萤火耀清秋，霜风下原野。怜汝不胜寒，飘零何处也。
皎皎东方月，望之殊清雅。光不及朝阳，清辉亦四泻。
感物伤我心，丈夫恶全瓦。青青道旁草，皎皎雪中梅。
草木虽异质，俦不羡美材。清风拂林下，明月澹山隈。
十月你先发，闻香我徘徊。尘心犹未泯，咫尺是家乡。
白发胡为情，青山谁主张。疾飞多倦鸟，好景在夕阳。
蓬莱何清浅，亲爱天一方。吁嗟盼江树，江树徒茫茫。
闻道黄花好，空余青史香。寄声诸父老，可以慰衷肠。
几日不出门，忧惟浊酒浇。问子何忧尔？友仇实显昭。
贤愚尽其责，家国将焉销。之子不归来，但闻风萧萧。
至今流涕客，不敢过闽桥。读书不甚解[1]，泛泛得其神。
王学满天下，知行贵传薪。聪明欺冰雪，潇洒绝风尘。
天马不可勒，竖子以为嗾。沉酣一骂座，刻薄非斯人。

---

[1] 《山居一年半》录此诗，此句为"读不求甚解"。

《无赫斋诗草》（增补）

孔言仁者静，我乃见斯人。大海汇百川，浩浩清浊沦。
感子人如玉，守道得天真。匹夫不夺志，鸣凤忽落尘。
同胞真负你①，不觉泪沾巾。佳宾忽入幕，春风识面初。
殷勤展姓氏②，示我数行书。清辉竞桃李，谭笑报璠琚。
不见仙人返，空教盼太虚。桓桓者谁氏，一别五六年。
念子多英姿，其死实可怜。今者子血碧，岂敢责备全。
知人本不易，自昔愧圣贤。迢迢北城路，渺渺大营旃。
嗟尔受其愚，战马不能前。丈夫为国死，何来二竖灾？
忆昔神山会，慷慨呼快哉。披肝照秋水，论世浮金罍。
逸兴寒香游，琳琅佳句裁。英雄多血性，成败等尘灰。
可惜魔王在，君应眼尚开。③遄车十二社。东京郊外之小避暑场也。
清风吹我襟。
中酒见人情，援弓识此心。一笑不中的，目乃无古今。
披胸各言志，功成返故林。何天不助汉，到处空望霖。
迢递玉京路，回看胡马侵。我家江水滨，青山复排列。
耕稼日月长，鸡犬声不绝。一朝大盗来，四野人踪灭。
仗义欲提戈，同胞反龃龉。巧言盗有道，应伤人无血。
侧眼看旗翻，赏心闻矢折。知尔别肺肠，教诲亦不屑。
泰山何巍巍，万类蕴蓄之。泥石不成器，而乃泰山訾。
毁誉失平准，良由见道迟。往者吾不咎，来者汝可追。
君子怀好音，有美玉于斯。热泪洒北极，名山忆故园。
登楼倍惆怅，况乃近黄昏。噩梦今犹昨，良朋没与存。
宝刀鸣肃肃，时复自开樽。

---

① 《山居一年半》录此诗，此字为"汝"。
② 《山居一年半》录此诗，此处为"姓字"。
③ 《山居一年半》录此诗，注有"寒香园名"。后面多首似为逐一忆述与诸牺牲烈士交往情形。

69. 水调歌头 [1911年三·二九起义败后]①

广州事败后，余等伏处香江。克强②悲观尤甚，日以诗词自遣。或日，余由河南归，示以此词。克强吟罢，抚然泪涔涔下。曰：我辈遂至此乎？虽然，子初学此，何其工也。

独上层楼也，向荡荡青天。
问予浮萍身世，去国是何年？
遥睇天边一雁，便泪沾衣欲泻，无字祝平安。
乌鸟恋私情，如我缺承欢。
春花发，秋月白，照无眠。
频惊风鹤，时登屺岵望将穿。
叵耐中原逐鹿，依旧天涯结客，奔走未停鞭。
神州如可复，何事不团圆。

70. 寄汤山居停主人（在香港作）[1911年秋]③

半载飘零未寄书，主人酒兴近何如？风尘休自垂青眼，一事无成欲老渔。

小住蓬莱爱看花，逃名避世漫咨嗟。有时闲倚神山望，落叶秋风思汉家。

别泪新桥似灞桥，东风杨柳客魂消。谁人识到南行意？月满征袍雪满刀。余南归时君夫人亲送之于新桥。

八叠高楼借读书，惊讶名字忆当初。年来到处劳侦者，履历从头说不虚。余居君家翌日，即有侦者来，且告君余为革命党人，而君益重视吾，

---

① 此诗后发表于《国民月刊》（上海，1913年5月）第1卷第1期，题名《水调歌头·思亲》，以纪念广州三·二九起义。

② 克强即黄兴，指挥广州三·二九起义，败后与何天炯等同避于香港。

③ 何天炯1911年3—4月间离日赴香港参加"三·二九"起义前，寄住东京牛込区鹤卷町汤山方关口吉三郎宅。何离日前因保密并未告知其赴港参加起义，将为生死之别，房东夫人送行至东京新桥车站。此诗为起义失败约半年后何天炯避居香港时，为感念此日本房东不惧日本侦探威胁而同情支持中国革命者而作。

盖君固有心人者。

赢得妻贤贫亦乐，如君清苦几人知。浮云富贵成何物，卧看青松子满枝。君性极质直，以大经师为业，而子女成行，终日劳碌，不得安闲。

71. 辛亥八月十五夜由河内潜归香港舟中望月有怀［1911年10月6日］

水明夜照白苹洲，洲上苹花动客愁。望到月圆刀既缺，迎将秋至泪先流。

几多故鬼皆兄弟，忍看群生作马牛。玉碎瓦全须自择，不堪前路是西州①。

72. 岁暮有感［约1912年后］

风雪皇都急暮笳，匆匆客序感年华。仲连蹈海因排帝，王灿登楼正忆家。

万古灵光才子笔，一枝潇洒腊梅花。九天冥渺今如醉，多少凡心泣路差。②

岁暮群芳唤不回，一阳从此见天开。当窗几点寒星斗，论世难浇浊酒盃。

情似春蚕劳作茧，性如野鹤乱栖梅。如何我辈登瀛客，不见虬髯驾海来。

73. 甲寅正月偕玄瑛③大森观梅感赋［1914年1月］

弹棋纳手觉春寒，二月梅迟岭客看。人住蓬莱花亦贵，月明顾影

---

① 《山居一年半》录此诗，"望到月圆刀既缺"为"刀已折"。西州，唐时新疆一地名，曾为吐蕃占领。

② 此诗曾书赠侄，见图，后原注："录《东京感事诗》之一书应幼博侄台清玩　晓柳"。见何莲史等编《民主革命先驱：何天炯》，自印本2011年，第109页。

③ 苏曼殊（1884—1918），学名玄瑛（亦作元瑛），号曼殊。近代作家、诗人、翻译家。生于日本横滨，父亲为广东茶商，母亲是日本人。通晓中、日、英、梵等多种文字，能诗擅画。1903年加入拒俄义勇队，同年回国，旋削发为僧，结交革命志士。后往来于中、日、南亚、南洋各地，教书、漫游。曾为《民报》作画，并任翻译。后在国内参与多种报刊活动，颇有文名。1913年公开反袁，与流亡日本的革命党人有交往。

自盘桓。

名花何必定称王,澹澹癯仙肯自香。最忆西湖明月夜,孤山独倚到天光。

罗浮梦里信知君,傲世丰姿迥出群。伉俪尚非林处士,孤芳情愿两家分。

料得前身雪作魂,转嫌脂粉太温存。何劳隔水寻芳客,横倚柴门欲闭门。

穿云铁笛是谁家,吹起飞瑂感冀华。似此风寒都向暖,空怜有鹤守梅花。

冰肌玉骨照瑶华,十月先开又此花。感子肝肠如铁石,临风几度忆林家。林广尘死难广州,今日忽忆及之。

74. 乙卯四月由日回申舟中感赋 [1915年4月]①

说到人间万事哀,上清鸡犬愿追陪。宝山空入谁辛苦,大厦将焚尚忌猜。

岂有黄巾能代汉,都缘俗论惯同雷。苍茫四望无南北,独倚危樯叹几回。

75. 马关舟中寄滔天先生 [1915年4月2日]②

追风逐电诉归期,肠断京华两不知。时先生旅次京都,虽电报往复,而行期相左,晤面无缘。佛说因缘如可信,劳劳何必怨分离。

76. 舟过马关海涛打枕夜不成寐拉杂感赋 [1915年4月2日]

东海归来感岁华,未曾换骨号仙家。灵芝本是延年物,叵耐人贪

---

① 1915年4月,何天炯因对孙中山坚持"效忠领袖"及按指模为加入中华革命党条件并引起内部分裂不满,与孙发生矛盾,离开日本回上海。此诗及后二首均为由日本回沪船上所作,以抒胸臆。

② 此诗为何天炯于1915年4月2日晚在日本回上海船中写给宫崎滔天信中所录,参看本书同日致宫崎滔天信函。最后两句稍有不同,信中录诗为:"追风逐电诉归期,肠断京华两不知(以兄仍住京都故发电询之也)。佛说因缘如可破,一生无复怨分离。"

富贵花。

共誓偕行志不磨，一朝得势便操戈。当时珠海横刀去，血染黄花孰比多。

斜日荒山骨未寒，伤哉公等竟贪欢。分明一样高无赖，装上斯文说好看。

77. 春申感事 [1915年后]①

风月词场老眼新，怜卿玉貌更逢辰。何来鹤背扬州客，十万居然动美人。

生小蓬门学大方，花钿云鬓乱梳妆。妆成巧样真时世，总被旁人说短长。

碧玉飘零未有家，贪看郎貌欲同车。诗人讽刺缘何事，愁煞狂风雨打花。

陌上花开逐后尘，迷茫五色辨难真。春风自信非凉薄，吹落铅华不似人。

白门城郭最风华，无赖称兵乱似麻。中有玉人行不得，北风吹泪过谁家。

貂裘裁罢剪冰纨，静对仙姬泪暗弹。我自殷勤甘作嫁，侯门莫阻路人看。玉人仙姬俱暗指共和也。

公子王孙最羡卿，相逢未嫁似云英。秾华一样如桃李，莫笑无言子结成。

价重终嫌璧有瑕，低徊妆罢辇辞家。心肝最是玲珑物，捧到癫狂让柳花。

疗妒无方任尔嗔，误联秦晋恨绵绵。由来妒妇工谗术，死尽蛾眉不惜钱。

风流怜尔动君王，一电干戈泪万行。撒手龙髯如梦也，不应人尚续黄粱。

---

① 春申，上海别称。

78. 慈悲篇（为粤乱作也）［1923 年春］①

杂花三两枝，迎我水之涯。风景感非昔，徘徊空所思。
万事落人后，一生唯酒知。功罪世无定，因果人互为。
何物似魑魅，鼠伏天阴时。登高望八极，叹息众生危。
人为万物贵，所贵在慈悲。慈悲者谁氏，念此情内伤。
自我居空谷，物我时相忘。草木欣向荣，众鸟亦鸣翔。
感兹造化力，逆之恐不祥。寄言竞争者②，不可大披猖。
披猖何时休，兄弟如寇仇。爵禄为至宝，理性若赘疣。
太息茕茕者，多福不自求。始焉隔岸观，终遭焚身忧。
曷不念古训，一德一心谋。倘有叛国贼，往哉施虔刘。
虔刘此非种，民意足以豪。暮春二三月，黄花节节高。
壮哉革命史，珍贵识尔曹。忆昔风云会，髀肉犹自搔。
咄兹小丑跳，何必用牛刀。牛刀聊一试，酌彼春松醪。
春醪解吾忧，胡为不自由。残棋争一著，当局多良谋。
彼哉暴易暴，闻之心胆妯。所愿同舟侣，切勿济乱流。
百里半九十，务必葳壮猷。谦光君子德，和风被九州。
九州无东西，九州无南北。言念祖德长，泱泱大风域。
朴厚近顽固，聪明似溪刻。私念不能捐，是用两惶惑。
大地喜回春，陈旧无颜色。东风桃李华，灿烂颇奇特。
谁不美阳和，何为抱抑塞。抑塞犹可言，奸凶须早殛。
所以慈悲人，反复披胸臆。

79. 春日山居感事（癸亥）［1923 年春］③

睡起寻芳信步之，黄鹂声好温催诗。时时醉倒棠梨下，为问春风

---

① 此诗为居乡避乱时所作，除收入《无赫斋诗草》外，还收入萱野长知《中华民国革命秘笈》附录：《唱和集》何天炯诗，第 409—410 页。

② 原《无赫斋诗草》为"人"，萱野长知书中所录为"者"，采后说。

③ 此诗除收入《无赫斋诗草》外，还收入萱野长知《中华民国革命秘笈》附录：《唱和集》何天炯诗，第 408 页，诗题下有何天炯自注："山居近草"。

《无赫斋诗草》(增补)

知未知。

夹岸桃花照水红,渔郎会此寄芳踪。纷纷世事何须说,归路迷茫一笑中。

春雨如丝似泪弹,南中消息最艰难。白云苍狗寻常事,民到流离不忍看。

其人如玉信多材,回首东风百事哀。欲向陇头频寄讯,那知梅已昨年开。

风雨梨花欲断魂,青溪如带绕柴门。有时跣足科头坐,问讯清流到那村。

鼓角声中卧草庐,非关诸葛待徵书。果然名士风流甚,掩映余桑八百株。

风送钟声隔岸微,婆娑春梦欲何归。蜉蝣不解沧桑恨,犹向阶前扑扑飞。山斋距临江寺只隔一溪。

何事吴儿喜弄潮,拈花高阁我逍遥。闲来屈指人间①事,潮去潮来道不消。

闻道兵锋比贼狂,黄巾会拜郑公乡。天公自不怜刍狗,故惹同胞性反常。

隔邻香送古梅花,疑是神仙此住家。叵耐驿分南北路,林间吹入战场沙。

明珠掌上价无边,运阨红羊你最怜。一样黄衫心独黑,古今人隔几重天。

青天白日撑高牙,春入韩江望眼赊。辛苦重来城郭旧,伤哉魂断碧桃花。

桃李园中夜未央,金尊无复故人觞。寄声群季须努力,多少故人成国殇。

---

① 原《无赫斋诗草》为"閒",萱野长知书中所录为"间",采后说。

80. 吊宫崎滔天先生［1923年春］①

去冬风雪满蓬莱，不见虬髯驾海来。三岛西州同一恸，人间天上总成灰。

热泪难禁古押衙，癸园遗事纪非夸。君斋名癸园，为黄公克强所书赠。吾华若重奇男子，不数君家数哪家。君昆季三人皆赞襄吾党，而君之功业尤高。

东风遥睇海山苍，况复干戈困此乡。何日吊君弹一曲，凄其流水不成腔。君于去冬患肾炎疾，遽归道山，而余至今春始接确耗，干戈满地，望断飞鸿，哀可知焉。

神州莽莽乱如丝，惭愧经纶负我师。有约不来天地晦，一声杜宇隔花枝。民国十年夏，君飘然来粤，余乃告君于明年樱花时节，当奉使东来。后因总统北征，广州乱作，遂不果行。

81. 甲子夏间将之广州自题《山居一年半》［1924年夏］②

荷秀坡前处士家，战云低压静无哗。鹧鸪不管华胥好，唤起闲庭看落花。

抚松抱石得忘机，槛外风云愿又违。无补时艰深愧我，不知何处鳜鱼肥？

乌石桥边夕照斜，携儿三两问桑麻。吾田芜尽犹行役，九死归来叹破家。

沉沉云海隔人天，风引仙舟忆去年。白马素车何日事？高山流水再生缘。

---

① 宫崎滔天于1922年12月6日病逝于日本东京，此时何天炯正避居家乡，适逢战乱，信息不通，数月后阅报方知消息，遂作诗悼念。此诗除收入《无赫斋诗草》外，还收入萱野长知《中华民国革命秘笈》附录：《唱和集》何天炯诗，第408—409页。后刊于《政治月刊》（上海）1941年第2卷第1期，第135页，附有宫崎滔天半身头像。

② 《山居一年半》为何天炯在1922年粤乱后避居家乡期间，记述粤乱、回忆历次返乡及感事怀人之作。收入本集，可参照。此诗在《山居一年半》刊行时置于文章之首。此诗除收入《无赫斋诗草》外，还收入萱野长知《中华民国革命秘笈》附录：《唱和集》何天炯诗，第407—408页。

· 190 ·

交情深感死生知，惆怅神山鹤化谁？彩笔传公吾亦逝，最难征马独迟迟。

柳边松下别慈颜，珍重儿行几日还？雨覆云翻人事酷，毋须风肯动江关！

揽辔悠然下广州，鸡前牛后不回头。仲连已渺留侯在，北望秦庭一击休。

少时濯足到扶桑，自许襟怀不可量。回首廿年前后事，空怜幽愤有文章。

二 联语

1. 挽陈其美（二则）（1916年6月）[①]

（一）

意见苦难融，道义无伤原不愧；人天真永隔，恩仇未报欲何如。

（二）

兴邦端赖奇才，数丙辰妖孽，半辛亥英雄，痛矣神州变幻无常同活剧；

革命谁为健者，重道义若山，视金钱如土，瞻言吾党低徊不尽到先生。

2. 新居大庭两侧嵌柱楹联（1919年2月11日）

此是野人家，鱼鸟忘机，无劳反覆惊云雨；

谁为名下士，山川满目，不胜归去话沧桑。

民国八年一月，自粤省回乡，痛时事之日非，山光水色，俱增感喟，适山斋

[①] 陈其美，字英士，辛亥革命元勋之一。1916年5月18日在上海遇刺身亡，为袁世凯派人所为。何天炯挽陈其美联二则，第一则刊于事发不久《民国日报》（上海）1916年6月16日第12版艺文部《陈英士先生哀诔录诗》。后与第二则同刊于何仲萧编《陈英士先生纪念全集》上册卷四，民国十九年（1930）排印本。

亦爱庐成，偶题此联，真不知身世之何若也！二月十一日晓柳志

3. 新居中厅两立柱楹联（1919年）

似倦鸟知还，许国肺肝犹激烈；

倘白云有意，谭禅风味亦清空。

昔人诗云：落红未是无情物，化作春泥更护花。蒿目时艰，殊难为流俗人道也。桑根①题并书

4. 家中二十四史书柜楹联②

长啸愧孙登，佯狂伤阮籍，持身宜蕴兰膏气；

尼山尊弱鲁，博浪击强秦，读史能增慷慨心。

5. 挽宫崎滔天（二则）（1923年）

（一）

香海送君归，邀余再作乘槎使；辛酉［1921年］夏间君归国时，余送别于香海。

弢园随客住，举世谁怜望鲁心。弢园为君斋名③。

（二）

几度避秦人，把酒吟梅，掀髯笑我同何逊；

开端革命史，落花写恨，被发缨冠救汉家。

6. 1922年夏至1924年夏乡居时作联语八则

（一）

弹冠数白水，金兰遥盼星辰，云汉苍茫来钓客；

登楼览故乡，烽火缅怀身世，湖山笑傲作词人。

---

① 桑根，何天炯别名。

② 何天炯购置的二十四史及书柜，一直在其后人家中保存，后其孙何达英捐献于兴宁市图书馆。

③ 弢园，为黄兴为宫崎滔天家宅所取之宅名。此句写1921年3月何天炯在送宫崎滔天访粤回国离别时，宫崎邀其赴日时可住在其家中。

《无赫斋诗草》（增补）

壬戌［1922年］夏间，广州兵变，围大总统府，自是扰乱不已。至翌年三月，吾乡遂陷为战场，流离载道，无力回天。感怀遭遇，时见篇章，兹联之作，亦其一也。

（二）
才大果何为，须知春梦黄粱隐约教人回首；
乡归真有托，最爱夕阳红树徘徊劝我登楼。

（三）
一笑吐胸襟，最难忘濯足扶桑横戈珠海；
相思隔云树，且自赏春池青草秋圃黄花。

（四）
半世栖遑，且赋归欤，稍理汗漫图书飘零琴剑；
百年梦幻，安知来者，但愿同胞自觉二老长春。

（五）
何必哭效贾生，恸如屈子，本来天地间事事物物大都若此；
虽无千岩竞秀，万壑争流，所幸心目中空空色色随处遇之。

（六）
饮酒最宜明月在，
弹琴真觉好风来。

（七）
高处不胜寒，幸有青山容我住；
浮生虽若寄，愧无广厦庇人欢。

（八）
在圣凡仙佛间掉臂以游，万类无私，荡荡襟怀聊适性；
从湖海风尘中脱颖而出，一杯足贵，悠悠天地独凭栏。

三　字幅

1. 书赠宫崎滔天（一）①

滔天仁兄大人雅正

人似梅花风流瘦骨，才如天马日下腾骧。

何天炯敬书于申江［上海］

2. 书赠宫崎滔天（二）②

回乐峰前沙似雪，受降城外月如霜。

不知何处吹芦管，一夜征人尽望乡。

滔天先生正　　何天炯

3. 书赠萱野长知③

而浮生若梦，为欢几何？古人秉烛夜游，良有以也。

萱野吾兄正　　何天炯

4. 书赠山田纯三郎（一）④

山不在高，有仙则名。水不在深，有龙则灵。虽是陋室，唯吾德馨。

山田兄嘱　　何天炯

---

① 此联书写于两张红纸条幅之上，原件存于宫崎滔天后人家。申江即上海，应为辛亥革命后二人同在上海期间所写。见书前图。

② 出自唐李益《夜上受降城闻笛》。据何连史等编《民主革命先驱：何天炯》第110页图片。

③ 出自唐李白《春夜宴从弟桃花园序》。久保田文次提供照片，另见萱野长知《中华民国革命秘笈》，书前《何天炯真迹》。见书前图。

④ 原件照片藏于台湾台北中国国民党党史资料馆，"国共档案·一般档案"，档案号：2500－17－1。

《无赫斋诗草》（增补）

5. 书赠山田纯三郎（二）①
万古灵光才子笔，一样潇洒腊梅花。

　　　　　　　　　山田兄嘱　　晓柳何天炯［印］

6. 书赠花田觉之助②
槛外水淙淙，欲来春风，才人不见思无穷。
凤泊鸾飘山河了，泪洒英雄，恩怨不言中。
剑气如虹，吹箫击筑泻心胸。
石烂海枯情莫改，人事天功。

　　　　　　　　　花田觉之助君正之　　何天炯

7. 书赠杉浦③
五更鼓角声悲壮，三峡星河影动摇。

　　　　　　　　　杉浦兄正　　何天炯

8. 书赠关口④
青山横北郭，白水绕东城。此地一为别，孤蓬万里征。
浮云游子意，落日故人情。挥手自兹去，萧萧斑马鸣。

9. 书赠关口女史［一］⑤
落花无言，人淡如菊。

　　　　　　　　　关口女史嘱　　何天炯

---

　　① 原件藏于日本爱知大学东亚同文书院大学纪念中心，承蒙时任中心主任马场毅教授慨允得见。此句为其诗作《岁暮有感》［约1912年后］中之一句。
　　② 西泠印社拍卖有限公司2011秋季艺术品拍卖会"近现代名人手迹暨纪念辛亥革命专场"，第336拍品，"何天炯草书浪淘沙词"。（博宝拍卖网：auction.artxun.com）
　　③ 出自唐杜甫诗。见书前图，下同。
　　④ 录唐李白《送友人》。书赠对象关口，名关口吉三郎，为何天炯1911年在东京租住房东。下面二幅书赠"关口女史"，应为其夫人。另有一幅同此诗题赠另一友人。
　　⑤ 出自唐司空图《诗品二十四则·典雅》。

· 195 ·

10. 书赠关口女史 [二]①

沧海月明珠有泪，蓝田日暖玉生烟。

关口女史清正　　何天炯

11. 书赠岛本

岛本先生正

海不扬波

何天炯 [印]

12. 书赠秋山②

秋山先生

鸢飞鱼跃

乙丑（1925年）春　　何天炯

13. 字幅

誓扫匈奴不顾身，五千貂锦丧胡尘。可怜无定河边骨，犹是春闺梦里人！

何天炯

14. 题梅放洲画二首（1915年）③

（1）纵有松筠耐霜雪，文身宜自惜冬藏。

放洲 [画]
乙卯 [1915年] 十一月　　桑根④

---

① 出自李商隐《锦瑟》。
② 出自《诗经·大雅·旱麓》："鸢飞戾天，鱼跃于渊。"后以"鸢飞鱼跃"谓万物各得其所。
③ 此二幅画作原藏于何天炯之孙何达英家，后捐藏于广东省兴宁市档案馆。见书前图。
④ 何天炯别名。

（2）春风得意人何似，好鸟犹知恋落花。

放洲 [印画]

乙卯 [1915 年] 十一月　　桑根

15. 何天炯等多人题签给宫崎滔天字幅二幅

编者按：

　　宫崎家藏有两幅何天炯、黄兴等多人题签的大字幅，皆为五尺全开宣纸（153 厘米×84 厘米），横幅竖书，毛笔墨写，已装裱。一幅上有 66 人题字和签名，文字较密；另一幅有 30 人题字和签名，文字较疏。两张字幅上签名和题字的字体大小不一，排列不规则，有疏有密。字幅题签者皆为革命党人，两幅人名有重复也有不同，应非同时所写。

　　66 人题字幅上有何天炯题诗一首，大字居中，铺满全纸，仅属名而未标注日期，应为最先起笔作底，其他人题签皆为在边白处以小字书写。其中有抄录 1912—1914 年间河南白朗（又名白琅）起义反袁的军歌，有两人题词中提及"十年之剑"，应是指距 1905 年同盟会成立十年，即 1915 年前后。另有李烈钧题注"甲子秋"，1924 年为甲子年，当年秋李曾赴日，但宫崎滔天已于 1922 年冬病逝。30 人题字幅上，有一处题注"1914 年夏"。

　　两张字幅虽然均未写明题赠对象，但字幅由宫崎滔天收藏，且众人题词内容有许多显为对宫崎滔天的赞誉之词，或抒发与滔天的情谊，故可推定二幅皆为革命党人题赠宫崎滔天的墨迹。二次革命失败后，为躲避袁世凯追杀，1913 年 8 月上旬孙中山、黄兴等再次流亡日本，何天炯和宫崎滔天也于 9 月中旬由上海赴日，陆续避往日本的革命党人有二三百人。革命党人在孙中山领导下，以东京为基地，创组中华革命党，进行反袁活动。宫崎滔天也积极参与其间，与他们来往甚密，何天炯就曾住在宫崎家中。后黄兴于 1914 年 6 月底离日赴美，而此两幅上均有黄兴的题签，由此可推定，这两幅字幅的起笔时间应在 1914 年 6 月之前，即黄兴在日本期间。由前述几处题签日期不同推断，这两张字幅上诸人题签非一次同时写就，而是先有人起笔，后诸人陆续填写题签，时间有先后，其中也可能有部分是多人聚会时同时题写。大部分人的题签时间应在1913年9月宫崎滔天与何天炯回到日本至1916年4月孙中山与宫崎滔天等一起离日赴上海期间，亦即流亡革命党人在日本进行反袁活动及组建中华革命党期间所写，很可能是诸人与滔天聚会时及先后来访时应滔天邀请为其题签以为纪念而写。

在这两张字幅上题签的革命党人，除何天炯外，还有黄兴、胡汉民、廖仲恺、陈其美、蒋介石、汪精卫等诸多中华革命党及后来国民党的核心人物，他们的题诗、题词反映了他们当时的情怀及与宫崎滔天的交谊，被宫崎滔天珍藏，并被其后人一直保存至今，弥足珍贵。兹将两字幅题签依次从右至左抄录，因有的笔迹辨认困难，可能有误识，读者可与书前附图对照辨正。（ ）内为编者试补全姓名，俾供参考。

（1）66人题签字幅

（何）天炯：文章有神交有道，新丰美酒斗十千。
　　　　　人言愁我始欷愁，今宵酒醒何处？[1]

海云：夏雨雨人

贤寅（？）：义胆忠肝

唐蟒[2]：仁风侠骨

黄兴：世人皆醉我独醒

王统一：力拔山兮

（胡）汉民：穷则独善其身，达则兼善天下

许崇智

方汉城：至仁至义

白逾桓：还我本来

昌济：长风万里

陈家鼎：爱人以德

---

[1] 大字居中，铺满全纸。
[2] 唐才常之子。

《无赫斋诗草》（增补）

抵文：世局如棋

许冀公：四海兄弟

（黄）复生：均，天下之至理也。均发均悬轻重而发绝不均也，均也其绝也莫绝人，以为不然，自有知其然者。

（张）翼鹏：沧海一粟

（杨）庶堪：蓬莱清浅

（廖）仲恺：侠肠

（陶）际唐：道德

（但）懋辛：回首前尘如梦

窦家法

（李）贞白：诚实

赵伸：铁

熊：是何意

（邓）恢宇：雄且杰

（张）永福：廿载神交

（张）继：贤者不服从亦不命令

曾继梧：久要不忘

蒋中正

谢持：肝胆照人

庆林[①]：又见桃源

彭程万：高山流水

（林）振雄：色空

石陶钧：坚忍

（胡）毅生

（熊）克武：兴亡胜败叹英雄，黄土侠骨荒丘，数千年后几多为龙为狗。君不见，六朝烟草余芳乐，几片降旗上石头。青天外，白露洲，暮鸦斜照水悠悠。

---

① 后名陈去病，江苏人。

（汪）精卫：十年一剑

殷汝骊：高瞻远瞩

（戴）天仇①：齐王不忘一饭恩

（杨）希闵：气愤风云

（陈）其美：慎终

陈强：公正无私

（邓）文㡢②：生死托情交

（陈）继虞：磊落光明

（田）桐：十年长剑哭英雄

江映枢：正气

章士钊：文字因缘

刘亚休：心佛众生三平等

华经：慎德修行

朱超：仁智

朱镜清：时势造英雄

张孝准：热诚

杜仲恳：东海虬髯

彦章：老白狼，白狼老，平民说我白狼好。二年来，三边贫富均匀了。——录白琅军歌

（李）烈钧：谓之天均　甲子秋

邓铿：提携

燧（刘燧昌？）：义侠

殷汝耕：白鹰一举旧图恢

昚③如：砺志

愿（杨愿公？）：雅人深致

韩恢：吾道不孤

---

① 戴季陶，笔名天仇。
② 又名文翚。
③ 慎的古体字。

凤岐：义侠

曾省三：大公无私

张群：磊落

钱通：东方两人

柏文蔚：所谓伊人，在水一方

（2）30人题签字幅[①]

凌钺：树德务滋，除恶务尽。

（熊）克武：誓以匹夫纾国难，艰于乱世取人才。每曾虑到难谋处，裂破肺肝天地哀。

彦章：先搜坂，后搜山，看你这些妖精往哪攒。甲寅（1914）夏月录白琅军歌。

朱超：一声长啸

黄兴：念天地之悠悠

李贞白：浩然之气

（黄）复生：游侠千金尽，仇雠一剑知。

（戴）天仇：蜀道之难难于上青天

（柏）文蔚：古道热肠

殷汝耕：弘猷

海云：春风风人

（陈）其美：千古河山一局棋

（杨）希闵：诸君莫坠风云志，一发中原望正赊。

（邓）铿：大梦谁先觉

白逾桓：秋月皎洁

张继：一年又是一年春

陈家鼎：世界贤豪

殷汝骊：大风起兮云飞扬

[①] 其中一人不清。

（邓）恢宇：斯人不出，如苍生何？

（胡）汉民：古道照颜色

谢持：雄毅

（田）桐：肝胆照人

宪民：不流芳千古，当遗臭万年。

窦家法

何天炯：独怆然而泣下

（邓）文辉：万家忧乐总关情

华经：赤诚

（胡）毅生：枫落吴江冷

（李）烈钧：古道照颜色，从容为圣贤。

16. 附：黄兴书赠何天炯陆游《塞上曲》诗（1908年冬）[①]

　　秋风猎猎汉旗黄，晓陌霜清见太行。车载毡庐驼载酒，渔阳城里作重阳。

　　将军许国不怀归，又见桑乾木叶飞。要识君王念征戍，新秋已报赐冬衣。

　　金鼓轰轰百里声，绣旗宝马照川明。王师仗义从天下，莫道南兵夜斫营。

　　老矣犹思万里行，翩然上马始身轻。玉关去路心如铁，把酒何妨听渭城。

录放翁《塞上曲》四首，以其作汉声也。

晓柳吾兄正字　戊申［1908年］孟冬　弟　兴　书于勤学舍

[①] 出自南宋陆游《塞上曲》四首。原件原藏何天炯之孙何达英家，后捐藏于广东省兴宁市图书馆。见书前图。

《无赫斋诗草》（增补）

四 附录[①]

1.《无赫斋诗草》赋（1937年）　　**何承天**

不肖青衫未展眉，雕龙文字水山姿。麻鞋江上搔髀肉，宝剑灯前写泪丝。

花落花开人事谢，情长情短寸心知。毛生捧檄成何用，更忍萧条异代时。

先君忌日感怀旧作　　男承天拜赋

2.《无赫斋诗草》跋（1937年）　　**何承天撰**

不肖奔走衣食，自公殁后十有二稔，始克刊公遗稿，罪通于天矣。谨按：公于癸卯（民元前八年［1903年］）东渡，初自颜其诗为《浮海集》。民国成立后，诸作别署为《无赫诗》。无赫斋者，公乡间读书楼也。民十四［1925］春，公梓《山居一年半》，曾自释其名斋之义，今并称为《无赫斋诗草》。诗多隐语及涂抹处，盖自公东渡，赞襄同盟会，以迄殁日，二十余年，时移世变，跋疐出于一人，操芬异乎末节，公悔其襄作，故一笔勾销之也。其可辨者，今依旧录出，以存其真，读者幸考其时日焉。公毕生致力革命，廉洁自守，于党国中不欲露头角。今除少数父执外，知公者已寥若晨星。子无誉父之词，徒怀风木之痛。恭鉴是编，不知涕泗之何从也。

中华民国二十六年［1937］四月
不肖男承天谨跋于［海南］儋县县政府
二十六年（1937）四月次男承天敬辑
次媳菊身恭校

[①] 何承天赋在《无赫斋诗草》原印本之扉页，后面"跋"和"后记"（2010年）皆在印本书后。

3.《无赫斋诗草》后记（2010年）　　何莲史[①]撰

先父何天炯（字晓柳，1877—1925年），广东省梅州兴宁市石马镇新群乡人，民主革命先驱，中国国民党元老。

先父自幼聪颖文雅，武艺超人。早年受维新思想影响，1903年毅然剪掉发辫，东渡日本留学，探求救国救民真理。在日本先后结识了孙中山、黄兴、廖仲恺等人。1905年先父何天炯加入孙中山创立的同盟会，并被选为第一任会计（实为财政部长）。后任同盟会广东支部长。积极协助孙中山，往来南洋各地，为革命宣传筹款。1911年与黄兴共同策划广州起义，负责运输联络工作。辛亥革命后，任驻日全权代表。1921年任总统府最高顾问等要职。

先父何天炯毕生追随孙中山先生，坚持革命，始终一节，他为人刚正，不求名利，高风亮节，为民主革命竭尽全力。1925年7月病逝于广州，年仅四十九岁。

先父何天炯不仅是卓越的民主革命先驱，又是一位才情极高的爱国诗人。遗著有《无赫斋诗草》《山居一年半》和《革命史衡》（后两部因世事纷乱，已遗失无存）。在先父辞世八十五周年之际，幼女莲史代表已先后去世的长姐莲昭（字少柳）、长兄昌龄、次兄皇龄（字承天）、三兄奇龄，将先父仅存遗著《无赫斋诗草》再次付梓，以志纪念，并激励后裔，世世代代学习先祖的爱国精神和高尚人格，永做有益于祖国和人民的人！

公元2010年7月先父八十五周年忌日　　幼女莲史于北京

注：《无赫斋诗草》封面，原由国民党元老张继先生题签，因年久保存不当，签条脱落遗失，甚感遗憾！

[①] 何莲史（1920—2012），何天炯幼女，上海沪江大学毕业，后任中国矿业学院会计师。2010年主持影印《无赫斋诗草》（1937年自印本）分赠亲友。

文书资料

一 民国陆军总长黄兴给何天炯委任状

（1911年12月）①

委 任 状

兹因军事需财孔亟，特委任何君天炯赴东借募巨款，所有订立条件悉有全权，但不得损失国权及私利等弊。须至委托者 何君天炯执据。

黄兴（灭此朝食印）

黄帝纪年四千六百另九年十月

二 何天炯加入中华革命党誓约书

（1913年11月1日）②

誓约　　　　　　　　　　　　　　二十八号

立誓人何天炯，为救中国危亡，拯生民困苦，愿牺牲一己之身命、自由权利，附从孙先生，再举革命，务达民权、民生两主

---

① 陈旭麓、顾廷龙、汪熙主编：《辛亥革命前后——盛宣怀档案资料选辑之一》，第233页。1911年10月10日武昌起义爆发后，黄兴闻讯即由香港前往武汉前线指挥作战。何天炯与宫崎滔天于11月15日由日本东京出发回国参加起义。18日到达上海后，与陈其美相商援助武汉事，27日由上海乘船赴武汉，而同日汉阳失陷，途中与黄兴、萱野长知一行会合，同船于12月1日（旧历十月十一日）抵达上海，何天炯受黄兴派遣于12月5日离沪赴日本筹款。此委任令应为到上海后黄兴委派何天炯为全权代表赴日紧急筹款时所写给。所属"十月"为华历。

② ［日］萱野长知：《中华民国革命秘笈》后附《党员誓约书》第二十八号。

义，并创制五权宪法，使政治修明，民生乐利，措国基于巩固，维世界之和平。特诚谨矢誓如下：

一 实行宗旨
二 服从命令
三 尽忠职务
四 严守秘密
五 誓共死生

从兹永守此约，至死不渝。如有贰心，甘受极刑。

中华民国广东兴宁 何天炯［手印］
民国二年十一月一日 立

三 孙中山委任何天炯为中华革命党广东支部长令
（1914年12月16日）

1. 中华革命党委任人员姓名录[①]

（1）委任令第三号

江西支部长	徐苏中（1914年4月）
河南支部长	凌 钺
云南支部长	杨益谦
陕西支部长	宋元恺
福建支部长	许崇智
安徽支部长	张江滔（1914年10月）
湖北支部长	田 桐（1914年9月）

[①] 黄季陆主编：《革命文献》第45辑，《中华革命党史料》，（台）中国国民党中央委员会党史史料编纂委员会1969年版，第101、105页。

广东支部长　　何天炯

江苏支部长　　吴藻华

署理浙江支部长 戴天仇

东三省支部长 刘大同（1915年1月14发）

（2）委任令第十五号（1914年12月18日）

广东支部长　　何天炯（10月）

湖南支部长　　陈家鼐（1914年5月）

甘肃支部长　　张宗海

2. 中华革命党总理令（1914年12月16日）①

委任张宗海为甘肃支部长。此令。

委任陈家鼐为湖南支部长。此令。

委任何天炯为广东支部长。此令。

孙文［红印章"孙文之印"］
中华民国三年十二月十六日
总务部稿

四　中华革命党《广东支部留东党员姓名录》

（1913年9月—1915年3月）②

《广东支部留东党员姓名录》

何天炯	兴宁	黄顺时	新宁
夏重民	花县	连　城	顺德
陈冬青	大埔	胡翼宪	开平

---

① 墨书原件，藏于台湾台北中国国民党党史资料馆，"国共档案·一般档案"，档案号：051-433。另见陈旭麓、郝盛潮主编《孙中山集外集》，上海人民出版社1990年版，第686页。

② 台湾台北中国国民党党史资料馆，"国共档案·一般档案"，档案号：395-112。01，395/33。此件为毛笔墨书小楷抄在一册小32K纸笔记本上，应为1913年9月后孙中山开始筹组中华革命党、吸收第一批中华革命党党员后，直至1915年3月何天炯离开日本期间所记。此笔记本上虽未写明执笔者，但由笔迹及开头写何天炯，以及何天炯被孙任为中华革命党广东支部长等推定，此件应为何天炯所记。

廖　行	新宁		王颂铭	化县
梅　劲	新宁		甄大威	新宁
胡汉民	番禺		陈不渝	新宁
廖仲恺	惠阳		马伯骧	新宁
陈荷荪	南海		梅德泰	新宁
余汤征	新会		梅直泰	新宁
孙　文	香山		朱　道	新宁
苏　民	归善		朱兰生	新宁
许崇智	番禺		廖贯之	新宁
梁祖诰	德庆		杨炜光	鹤山
伍云披	新宁		叶　超	新宁
杜　石	顺德		吴梦江	开平
吴桂嫦	顺德		朱彦彰	新宁
刘兆铭	东莞		唐熙年	恩平
黄时初	香山		林植中	文昌
马德东	新宁		谭常一	新宁
黎星如	新宁		谭乃仁	新宁
朱坚民	新宁		吴文达	恩平
温　浩	梅县		朱崇德	新宁
黎伯通	梅县		刘传绅	阳春
梅刚白	新宁		廖卓生	新宁
谢永年	三水		李寅忠	新宁
陈醒民	文昌		邝钦贤	新宁
龙　侠	琼山		梅羽腾	新宁
陈青逋	文昌		朱相州	新宁
符　汉	琼山		黄　惠	新宁
张　侠	文昌		司徒竟致	开平
陈必强	琼州		谭梗夫	新宁
黄海清	文昌		谭礼之	新宁
张人权	文昌		江柳浦	新宁
朱仿文	文昌		李寿康	香山
赖　英	化县		黎　光	新会

何小舟	新宁		崔育群	南海
张海天	惠阳		崔志驹	南海
雷震寰	惠阳		吴达星	化县
崔大凤	南海		汪郦生	番禺
谢夷希	梅县		王万里	临高
谭子平	香山		张民达	梅县
张　衡	龙川		高　翕	番禺
刘　佉	新宁		高剑父	番禺
区汉奇	顺德		郭汉友	番禺
朱执信	番禺		蔡任真	揭阳
胡毅生	番禺		王　演	惠阳
谢心准	南海		谢国杰	梅县
伍洪培	高要		邓　铿	惠阳
伍平一	开平		李君沛	番禺
陈兆民	普宁		黄　达	新宁

五　中华革命党（东京）事务所财务资料

（1913年9月—1915年3月）[①]

1. 收据（1914年6—8月）[②]

（1）收到壹百元整

钟子巨、何贯中、何乃英、李梦阳

何晓柳　代收

廖先生[③]　（1914年）六月十号

[①] 现存台湾台北中国国民党党史资料馆的这些收据、账目等，应为何天炯在1913年9月16日（此日由上海到达东京）至1915年3月（离日本赴南洋筹款，后回到上海），在日本东京孙中山事务所（中华革命党成立后即为该党本部事务所）任秘书兼会计期间留下的财务资料。

[②] 台湾台北中国国民党党史资料馆，"国共档案·一般档案"，档案号：0-1, 241/900。

[③] 廖仲恺，时任中华革命党财政部副部长。

· 209 ·

何天炯集

(2) 收到贰佰元整
廖先生查照
　　　　　　何晓柳　收据　　　　（1914年）六月二十一日
(3) （为方夔事）收到壹百元
廖先生查照
　　　　　　何晓柳代　收据　　　（1914年）八月十一日
(4) 收到伍拾元
　　　　　　何晓柳　收据　　　　（1914年）八月十八日

2. 账本（1914年12月—1915年3月）
(1) 何天炯经手《事务所杂用记》（1914年12月—1915年3月）①
　　　　　　　　《事务所杂用记》

一	家具及女中②用被盖	柒拾肆円正③（详细另单）
一	津贴下女工钱	八円正（自三年十二月至四年三月止）
一	津贴下女饭钱	拾円正（同上）
一	房金	陆拾円正　（同上）
一	津贴夏重民君	捌拾円捌角正
一	津贴电灯费	肆円正［自三年（1914）十二月至四年（1915）三月正］
一	邮费	壹元贰角正
一	灯草费	壹元叁角正
一	邮费	陆角正
一	棋盘	贰元正
一	津贴	廖惺魂君 拾円正
一	炭费	贰円贰角正
一	民国杂志邮费	贰元壹角正（寄美洲南洋上海等处）

---

① 墨笔写于一册小32K纸笔记本上。台湾台北中国国民党党史资料馆，"国共档案·一般档案"，档案号：0-2，395-109。
② "女中"及后面"下女"皆为日文，即"女佣"。
③ 每处数字上都盖有"何天炯"红色小印章。

· 210 ·

一　津贴廖惺魂回国费　　拾元正

"共用出壹百玖拾肆円正"

实收入贰百叁拾贰円，除用去壹百玖拾肆円外，仍存叁拾捌円正，即存何晓柳处。

何晓柳　　四年三月廿八

3. 何天炯经手《临时特别捐款册》（1915年3月12日）[①]

《临时特别捐款册》

孙中山	壹百元	收
廖仲恺	拾元	收
胡汉民	贰拾元	收
伍云披	五元	收
谭铭光	叁元	收
黎伯通	壹元	收
朱坚民	壹元	收
廖　行	壹元	收
梅刚白	拾元	收
夏重民	贰元	收
温　浩	壹元	
李英达	壹元	收
陈冬青	壹元	
黄顺时	壹元	
余汤征	壹元	收
刘兆铭	壹元	收
杨日龙	壹元	收
黄玉泉	壹元	收

---

① 墨笔写于一册小32K纸笔记本上，型制与上件同，但本皮颜色略异。写有"收"字的人名皆划红圈。台湾台北中国国民党党史资料馆，"国共档案·一般档案"，档案号：02，395-112。

郑品聪	壹元	收
陈泽景	壹元	收
黎星如	壹元	收
马穗东	壹元	收
林　来	壹元	收
曾子乙	壹元	收
杨少佳	壹元	收
梁芍坡	壹元	收
田　桐	壹元	收
梅　劲	拾元	收　三年十月
梅德泰	伍元	收　四年二月
梅直泰	伍元	收　同上
廖道五	伍元	收　同上
黄　达	伍元	收　同上
梅　劲	叁拾元	收　三月
何晓柳	伍元	收

以上共捐贰百叁拾伍円实收贰百叁拾贰円正也　民国四年三月十二夜清算何晓柳记之

六　孙中山任命大本营参议令

（1924年7月10日）[①]

大元帅令：任命蒋作宾、李根澐、何天炯为大本营参议。此令。

（中华民国陆海军大元帅之印）

中华民国十三年七月十日

据《大本营公报》第十九号《命令》

[①]《孙中山全集》（第十卷），中华书局1986年版，第393页。

七 何天炯与塚原嘉一郎关系资料

(1918—1925年)[①]

1. 中日合办广东省兴宁铁煤公司资料（1918年）

《支那广东省旧嘉应州管内矿山调查报告》[②]   马场惟明

绪　言

大正六年［1917］九月，应孙文之电召，塚原嘉一郎前往广东，途经上海与何天炯会面，何氏随后也赴广东，遂定约调查何氏家乡兴宁铁山。塚原十二月回国后，立即开始进行这一计划。笔者[③]于同年十二月三十一日由东京出发，翌年大正七年［1918］一月十八日，与何天炯一起从汕头出发，由他带领到兴宁及平远两县调查铁山，于二月二十一日回到汕头。在此期间完成勘查的矿山有两个铁山和一个炭田。[④]

这次调查过程中，有幸得到何天炯一家、兴宁县诸名士及汕头日本领事馆田中书记生等给予很大帮助，特表感谢！

调查报告尚不完备，他日有机会再作补充。

马场惟明　　大正七年［1918］三月

[①] 此项资料为日本佐贺县立图书馆藏「塚原嘉一郎関係資料」中有关何天炯档案资料，为塚原嘉一郎后人送交该馆收藏。

[②] 日本佐贺县立图书馆藏：「塚原嘉一郎関係資料」第0334号。原件为铅字打印于16开纸上，竖版，日文，全本共三册，62页。现将其第一册首页、担任此次勘查鉴定兴宁矿藏的日本矿业技师马场惟明所写《绪言》译为中文录于此，正文内容为勘查技术性报告，略去不录。兴宁县属梅州，清代称嘉应州。

[③] 即马场惟明。

[④] 指兴宁县铁山嶂铁山、平远县东石铁山嶂铁山、兴宁县黄陂附近炭田。

2. 何天炯致塚原嘉一郎等信函（1919年）[①]

（1）1919年7月4日

塚原先生：

　　拜启。旧岁粤省一别后，音问无之，殊失礼之极也。昨天忽接由山田宅送来您惠赠给愚男[②]的用品，全家甚为欢喜，唯有多谢领受而已。愚男于一月十八日出生，承您保佑，身体殊健壮之至，敬请安心。

　　一周前接家父稍染病之来信，至今忧虑不堪，欲归乡，故延迟几天。关于与山田商谈之事，不知其结果如何，请稍示之。万事后谈。代问夫人好。并代问诸君好。

何天炯　　七月四号

　　信封封面：日本东京市赤坂区青山町三——六八

　　塚原嘉一郎殿

　　封底：上海法租界吴兴里七五　何宅　七月四号

（2）1919年7月27日

塚原先生尊鉴：

　　前日蒙惠寄小供[③]之卧床，此物深为适用，每一念及，唯有感谢而已。

　　启者　自山田兄回京后，可谋之件想目下尚无结果，是亦不得已之事也。唯鄙人与兄等已志同道合，无国界之分，则此后种种提携之事，决不应以今日之小小风潮而有所阻碍。自欧战告终，铁矿、钨矿俱受影响而落价，唯"煤"之商卖尚有十分之希望。刻下鄙友人在安徽宣城有一至良之炭矿，日前特来商量可以合办。此矿曾经日本及中国技师多人调查，俱认为有甚大之价值。旧岁年末，

[①] 原件藏于日本佐贺县立图书馆："塚原嘉一郎関係资料"第0240、0329、0284号，中文书写。

[②] 指何天炯刚出生的幼子。

[③] 小供，日文，意为小孩。

日本商家对于此矿曾有激烈之竞争，结果唯有失败。唯鄙友人甚信任鄙人，且愿全权由鄙人办理。兹将该矿情形大略说明如下：

一、矿区约三千亩；

一、有采矿之执照（许下[①]）；

一、炭量约五百万吨以上；

一、炭之厚层平均约五尺；

一、有烟炭其质系中等以上；

一、目前用土法开采，每日约有五十吨以上；

一、由矿山至水路约十五清[②]里，一夜可到芜湖；

一、在芜湖之卖价约十四元（纯利，约三円五十钱）。

某技师云，如得十万円以上之机械，则每日可出炭二百吨以上，以每吨纯利约三円五十钱计算，每日实可得七百円，其获利不可谓不厚也。兹鄙意欲兄等即日商议，嘱马场君[③]即日前来调查。虽刻下排日风潮未息，然有鄙人在沪照料，则亦无困难之事。但此件对于鄙等团体以外之人，请为严守秘密。若兄等认此件为不能进行或无进行之必要时，则请即日明确答复，以免鄙人对于友人有迟延之咎也。专此并问

芳川、山田、菊池诸先生大好　　　　　　七月廿七

弟　何天炯

闻犬塚[④]先生贵体未安，已别函慰问矣。

（3）致塚原、山田、菊池（1919年9月25日，请宫崎滔天转交）

请面交：塚原、山田、菊池　　三先生玉披

塚原、山田、菊池：

三先生如握。矿山之件，曾经诸君承诺极力赞助，因之弟有

---

① 许下，日文，意为执照。
② 即华里。
③ 日本矿业技师马场惟明。
④ 犬塚信太郎（1874—1919年12月），1890年入三井物产商社，1906年后藤新平创建满铁，任其为理事兼矿业部长，从满铁去职后从事水力电气实业。与孙中山阵营多有交往，参与筹资借款活动。

种种之计划，今久不接函，未知近况何似。曾发电催促，而塚原兄以来电不明相复，弟用益深焦灼。兹因宫崎先生回国之便，特恳其代达鄙情，盖徒函电往来，恐有辞不达意之嫌也。请鉴察之。特此拱候回音。顺问

芳川、犬塚两先生福安

何天炯　九月廿五夜

附：犬塚信太郎等致芳川宽治函①

芳川宽治殿

呈　□

今□□今有于大正七年［1918］四月廿日与何天炯就兴宁组合及开办兴宁铁煤公司所签定之契约，兹将我等之权利转让于贵殿，□□□□文件一札如件。

大正九年［1920］五月卅一日

犬塚信太郎代

山田纯三郎

菊池良一

塚原嘉一郎②

3.《何天炯在日经费及塚原支付单据》（1925年3—4月，扶桑馆旅馆）③

（1）塚原先生：（何先生结算书在内）　4月12日　¥628

大正十四年［1925］三月四日何天炯来日经费，其他塚原花费已

---

① 日本佐贺县立图书馆藏：「塚原嘉一郎関系资料」第0355号。标题为编者所加，此信为墨毛笔写于16开纸上，竖写，日文。

② 各人属名似出自一人之手，非本人签名，似为起草稿。关于此件内容可参看同时期何天炯致宫崎滔天信函。

③ 日本佐贺县立图书馆藏：「塚原嘉一郎関系资料」第0477号，〔何天炯氏来朝经费其他塚原支払控〕。1925年3月至4月，何天炯作为广州民国政府代表来日本，此件为其3月4日至4月12日住宿于东京"扶桑馆"旅馆期间，在该旅馆消费明细账单及收据等资料。原件为约长六寸、宽三寸纸竖排铅印"扶桑馆"格式小本，以钢笔填写，日文，编者译为中文。

扣除。①

（2）东京市京桥区木挽町三丁目十五番地

（茶水费免除）旅馆　扶桑馆

电话：青山四八七六番

大正十四年〔1925〕三月二十七日②

（3）账单明细（1925年3月4日至3月27日）③

何先生3月4日到达

| \multicolumn{4}{c|}{第1页} | \multicolumn{4}{c}{第2页} |

月	日	品名		金额	月	日	品名		金额
3	4	汽车		160	3	7	前页结算余额		1597
		肉、牛肉火锅	4	320			牛奶	1	12
		鱼片	2	120			来客住宿	1	500
		餐	2	60			敷岛④		15
		卷纸	1	20		8	牛奶	1	12
		花茶	1	10			纸绳、纸〔？〕		16
		邮票		15			鳗鱼	2	240
	5	洗衣		190			肉　上	4	320
		烤鱼	1	40			鱼片　上	2	160
	6	水果		100			客饭	2	60
		肉	2	160			□□□	2	80
		鱼片	1	60			酒	2	120
		客饭	1	30			汽车		1450
		电话	4	12			鸡蛋	4	40
	7	□□□		300			水果		75
		计		1597			计		4697

---

① 此页为封面。

② 此页为第二页，铅印。

③ 标题为编者所加，此为何天炯自3月4日至3月27日第一次结算期间逐日消费明细账单，共15页，印刷式表格，消费内容以钢笔填写，在此仅选录第1、2页为示例，此后各页内容相似，略不录。字迹不清难辨者以□代替。

④ "敷岛"为日本国的别称，在此似为商店名。

217

（4）收据

何先生　金 53 圆 7 钱也。

上记之金额已领收。

大正 14［1925］年 3 月 27 日

备注：金六百円也。

上记之金额已领收。

旅馆　扶桑馆

（5）账单明细（1925 年 3 月 27 日至 4 月 12 日）①

月	日	品名		金额	月	日	品名		金额
4	8	前页结算余额		46456	4	10	前页结算余额		54455
		□□□		80			豆腐、葱		10
	9	水果		80			菠菜		20
		□□□		100			汽车		
		烟	2	30			看医生就诊		
		□□	4	160			□□□		10
		医生					水果		60
		红茶		15			尘纸	2	20
		香水		150			来客住宿	2	1000
		线香		120			客饭	1	80
		尘纸	1	10			面包		10
		尘纸	2	20			鸡蛋	4	40
		洗衣		11			住宿费	一人十天	6000
		药		130			报纸		50
		点心		75			电话	54	192
		计		47426			计		61947

---

①　标题为编者所加，此为何天炯自 3 月 27 日至 4 月 12 日第二次结算期间逐日消费明细账单，共 23 页。在此选录何天炯 4 月 9—10 日就医及住宿最后一日 4 月 12 日部分消费明细共四页，余略。4 月 12 日何天炯抱病参加中日韩三国人士在东京青山会馆举行的孙中山追悼会，到会者两千余人，何天炯担任主祭并发表演说。此后不久即回国，病情加重，终至不治，于 7 月 1 日病逝于广州博爱医院。

续表

第22页					第23页				
月	日	品名		金额	月	日	品名		金额
4	11	前页结算余额		62017	4	11	前页结算余额		65517
		药		120		10	汽车		300
		西餐	7	445			□□		50
		荞麦面条	3	105		12	衬衫	1	550
		荞麦面条	2	60			□□□	3	150
		啤酒	1	55			罐头		50
		烟	3	45			汽车		350
		鱼片	2	160			住宿费	一人一夜	600
		蔬菜	2	70			报纸		15
		牛肉火锅	7	560			电话	4	12
		客饭	2	120			洗衣		225
		鸡蛋	2	20					
		酒	2	120					
		来客住宿	一夜	750					
		汽车		870					
		计		65517			计		67819

（6）收据

何先生　金678圆09钱也。

上记之金额已领收。

大正14年4月12日

备注：金六百円也。

上记之金额已领收。

旅馆　扶桑馆

八　何天炯与山田纯三郎关系资料（1921年）[①]

山田纯三郎等请客单

1. 山田纯三郎、山田四郎请柬 ［1921年5月1日（在广州）］

知柬　　五月一日下午七时

孙中山先生、胡汉民先生、廖仲恺先生、张继先生、居正先生、何天炯先生、戴季陶先生、邵翼如先生、丁景栾先生

林出先生[②]、林及寺尾先生[③]、白木先生、佐藤先生

2. 菊池良一、山田纯三郎"请客单" ［1921年6月29日）（在广州）]

请客单

六月二十九日午后七时洁樽候教

　　　　　　　　　　菊池良一、山田纯三郎　敬约

席设南园，恕不催请。

胡汉民先生（敬陪末座[④]）、汪精卫先生（代知）、邓仲元先生（敬知）、洪湘臣先生（代知）、廖仲恺先生（代知）、张继先生（代知）、马育杭先生（谢）、邹鲁先生（代知）、伍朝枢先生（代知）、马君武先生（代知）、谢慧僧先生（代知）、孙科先生（敬知）、何晓柳先生、胡毅生先生（代知）

藤田[⑤]先生、森冈[⑥]先生、猪濑先生、矶谷先生、越藤先生、堀田先生寫

[①] 日本爱知大学丰桥图书馆藏"孙文与山田良政·纯三郎关系资料"，M210－SO 41－1，"中国友人书简"，第47号，文书：21－4；112。人名皆为竖排墨笔楷书。

[②] 日本领事馆人员。

[③] 三井洋行职员。

[④] （　）内皆为墨笔草书，系本人签字或他人代签。

[⑤] 藤田荣助，时任日本驻广州总领事。

[⑥] 森冈正平，时任日本驻广州副领事。

身后哀荣

一 《讣告》

[《（广州）民国日报》1925年7月3日第二版]

家主

何天炯府君，于本月一日午后八时疾终广州博爱医院。现定三日午前十一时出殡，权厝永胜寺。诚恐亲友未及周知，特此奉闻。

何宅家人谨布

二 《中华民国国民政府令》

(1925年7月22日)[①]

中华民国国民政府令

前临时大总统府秘书、大本营参议何天炯，自中国同盟会成立以来，即追随先总理努力革命，意志纯笃，操行廉洁，二十余年，始终一节。兹闻因病溘逝，至深悼惜。着财政部即给予抚恤费三千元，交何天炯家属具领，并由革命纪念会搜集何天炯生平事迹，以

[①] 《中华民国国民政府公报》第三号，1925年7月，广州出版；《中华民国国民政府公报》（第一册），（台）成文出版社1972年重印版，第28—29页。

备史乘。此令

　　　　　　　　　　　　　（中华民国国民政府印）
　　　　　　　　　　　　中华民国十四年七月廿二日
　　　　　　　　　　委员会议主席　　　　汪兆铭
　　　　　　　　　　　常务委员　　　　　汪兆铭
　　　　　　　　　　　常务委员　　　　　胡汉民
　　　　　　　　　　　常务委员　　　　　谭延闿
　　　　　　　　　　　常务委员　　　　　许崇智
　　　　　　　　　　　常务委员　　　　　林　森

三　《中华民国国民政府批》

（1925 年 9 月 26 日）[1]

《中华民国国民政府批》第一一九号

邹鲁等　呈请酌给故参议何天炯葬费由

呈悉。故参议何天炯经已优给恤金，所请另给葬费应毋庸议。此批。

　　　　　　　　　　　　　中华民国国民政府（印）
　　　　　　　　　　中华民国十四年（1925）九月二十六日
　　　　　　　　　　委员会议主席　　　　汪兆铭
　　　　　　　　　　　常务委员　　　　　汪兆铭
　　　　　　　　　　　常务委员　　　　　谭延闿
　　　　　　　　　　　常务委员　　　　　林　森
　　　　　　　　　　　常务委员　　　　　伍朝枢
　　　　　　　　　　　常务委员　　　　　古应芬

---

[1]《中华民国国民政府公报》第十号，1925 年 9 月，广州出版；《中华民国国民政府公报》（第二册），（台）成文出版社 1972 年重印版，第 53 页。

四 《何公天炯追悼大会启事》

（1925年7月30日）①

径启者

何公天炯，为吾党优秀纯洁分子，生平行谊，素为同志所钦仰，不料前月忽遘疾终广州。噩耗传来，惋痛曷极。顷奉中华民国国民政府令开：

前临时大总统府秘书、大本营参议何天炯，自中国同盟会成立以来，即随

先总理努力革命，意志纯笃，操行廉洁，二十余年始终一节。兹闻因病溘逝，至深悼惜。着财政部即给予抚恤费三千元，交何天炯家属具领，并由革命纪念会搜集何天炯生平事迹，以备史乘。此令等因。仰见

政府笃念勋故、褒崇节操盛典。同人等兹拟阳历八月十六日何公家属领帖之期，在九曜坊教育会举行追悼　何公大会，凡属年寅友党、世乡戚谊，如有哀挽联轴诔章，请于是日前径交北京西河沿百零六号觉民社、上海老靶子路福山路同济里三号、广州大市街一百十七号、汕头打锡街致和生、兴宁县兴民中学校可也。

孙科、李思汉、陈嘉佑、刘耕尘、谭延闿、李国柱、汪兆铭、何成濬、胡汉民、邹鲁、许崇智、古应芬、廖仲恺、姚雨平、刘况、林森、詹大悲、邹永成、程潜、何克夫同启。

---

① 《（广州）民国日报》1925年7月30日、8月1日、3日、5日、6日第二版连日重复刊登。另见《何晓柳先生追悼会启事》，（上海）《民国日报》，1925年8月22日第一张第一版。

五　胡汉民：《追悼民党巨子何天炯纪》

（1925年8月17日）①

民党巨子何天炯，兴宁县人，逝后，经国民政府表扬抚恤，迭纪各报。昨十六日，为追悼何公大会之期，礼场设于省教育会内，政府代表胡汉民及来宾何成濬、何克夫、詹大悲，日人山田纯三郎并潮梅同乡姚雨平等多人，齐往会场举行公祭典礼，极形整肃。礼毕，拍影纪念，各方致送哀轭尤多。兹将是日政府及潮梅同乡公祭诔章，分录于下。

政府诔章。

惟中华民国十四年〔1925〕八月十六日，国民政府委员会胡汉民、汪精卫、许崇智、谭延闿、林森、廖仲恺、古应芬等，致祭于何晓柳先生之灵席前曰：

呜呼！异族入寇，神州腥膻，亡国之痛，二百余年。惟我孙公，起任政革，领袖同盟，克复祖国。君在海外，慷慨从游，义旗屡举，帷幄运筹。血浅黄花，铸成赤县，君与之俱，同犯危难。武昌起义，群雄一呼，人心思汉，天意亡虏。君往汉阳，赞襄戎幕，誓奴匈扫，远希卫□。共和初创，建都南京，君又载华，出入承明。癸丑讨袁，南风□竞，我不帝秦，扶桑亡命。弘惟吾党，改弦更张，卧薪尝胆，相与救亡。君再牺牲，自由权利，痛心国仇，服膺党义。号召豪俊，跋履山川，逆袁已覆，始返乡间。孙公南来，誓师护法，君使东邻，里轺载驾。辛壬之际，讨贼重兴，万几余暇，君备咨询。泊至今年，皇华军赋，海上神仙，风物如故。元首殂落，八表同哀，况君闻变，宁不心摧。沟此闵凶，百忧千虑，一□为灾，奄然长去。呜呼惜哉！

---

①《新民国报》1925年8月17日。台湾台北中国国民党党史资料馆，"国共档案·一般档案"，档案号：260/55。

吾党之士，君实勤劳，以身许国，奔走呼号。赋性廉贞，含忠履洁，敝屣虚荣，清操冰雪。天胡此醉，夺我友朋，言念旧雨，悲来填膺。清酒一樽，生刍一束，敬荐君灵，同声恸哭。尚飨。

潮梅同乡诔章。

惟中华民国十四年八月十六日，姚雨平、萧公望、谢适群、叶菊生、刘候武、谢直君等，谨致祭于晓柳乡先生之灵前曰：

炎精已沦，神寓氓浊，黄胄义烈，扼腕痛哭。觥觥何君，诞奇岭表，卓尔不群，终童年少。游艺武备，涵育书史，夭夭嘉誉，敷霈侪齿。乘风破浪，东海褰裳，鼓吹革命，炳炳皇皇。中山孙公，凡民之哲，君实赞辅，聿扬其烈。鹏鷽振响，狮睡乃起，赤县万里，义旗飚举。民国肇造，人则无仕，孙公有命，折冲樽俎。叛乱相续，栖迟邱园，养志不违，君将终焉。昊天不吊，二竖撅凶，箕尾骋驾，上跨修虹。庭闱远癸，重泉恨闷，克家有子，贻谋之谷。迹君生平，淡泊明志，德服今贤，风追古谊。

呜呼哀哉！关山兮万里，扬丹旗兮结素骑，啼鹃兮哀无极，淹忽百年兮，譬朝露之未晞。呜呼哀哉！

六 胡汉民：《何天炯墓志铭》

（1925 年）①

君讳天炯，字晓柳，姓何氏，兴宁县人。少奇气，习拳术，好读书，满清时感怆国事，抛举业东渡，览山川风俗，与其贤士大夫游，其志益宏远，慨然以救国自任。虽家无担石，弗顾也。会先总理孙公

---

① 中国国民党中央委员会党史史料编纂委员会：《革命人物志》（第一集），（台北）中央文物供应社 1969 年版，第 491 页。

在日之东京，倡国民革命，组织中国革命同盟会，君奋起从之，任本部会计，旋被选为广东同盟会会长。自是君历涉南洋联合侨家，宣传筹款甚力。

民国纪元前一年［1911］春，广州三月二十九日之役，君致力其间，不以艰苦懈，勇迈其质，若天授者然。及秋，武昌起义，君赴汉阳赞黄元帅克强戎幕。寻革命政府成立於南京，先总理委以驻日代表，能称其职。迨袁逆叛国称帝，及复辟诸役，君与朱执信诸烈士，在粤起兵靖难，后凡经数载，其毅然不移之操有足多者。

十一年［1922］夏，陈逆作乱，粤局鼎沸，君太息痛恨，遁跡邱园，为终焉之计，其淡泊宁静如是。粤难肃清后，衔命赴日，积劳成疾。十四年［1925］，孙公薨逝，感叹痛哭，悲不自胜，病益加剧，遂以不起。呜呼！卒时春秋四十有九，葬於兴宁某山之原。子三，克振家声云。

革命纪念会嘱汉民写志其墓，并缀以铭曰：奕奕义烈，允为国光。攘除奸凶，朝夕是皇。交邻有道，声闻扶桑。国难孔殷，言念贞良。遽尔长逝，终焉以伤。

七　胡汉民：《何晓柳先生墓志》
（1927 年）①

君讳天炯，字晓柳，广东兴宁石马乡人也。少负奇志，好读书，习拳术。满清末叶，负笈东渡，览其山川风俗，与其士大夫游，其志益宏远，慨然以救国自任。会孙中山先生于东京，倡办中国国民革命同盟会，君奋勇加入，在本会任职会计，旋又被选为同盟会广东支部长。自是努力革命，往来南洋诸岛等处，负责宣传筹款。

辛亥（1911）三月二十九日广州之役，君致力其间。武汉起义，

---

① 《兴宁文史》（第十辑），广东兴宁县政协文史委员会 1988 年版，第 93 页。

君又赴汉阳赞襄黄克强先生戎幕。民国成立，孙中山先生在南京就任临时大总统，派君为驻日全权代表，极称其职。癸丑年（1913）袁氏称帝，君与党人朱执信等图谋恢复。事败，避居海外，对革命益坚其志，始终一节。民国十年（1921）孙总理在广州任总统之时，君又被聘为最高顾问，赞助政务。陈炯明叛乱，围攻总统府，君返归故乡。一年余，又奉孙公命，出粤参政，后又派赴日本联络外交。两月余，孙公病殁北京，遂悲愤返国，积劳成疾，于民国十四年五月十一日（1925年7月1日）病殁广州博爱医院，时年四十九岁。

有子三人，长曰昌龄，次曰煌龄、奇龄，皆能继承父志，勤奋好学，乡里之人，咸谓哲人有后云云。

胡汉民撰

民国十六年（1927）秋

八　挽联、悼诗

（1925年）[①]

（一）谭延闿赠挽联：
又弱党中一健者，我为天下哭斯人！

谭延闿哀挽

（二）苏联顾问代国民政府航空局长李縻赠挽联：
为国尽瘁，为党任劳，何期伯玉知非，遽辞人间恶世；
读史能通，读书得闲，正值中华改造，竟失万里长城！

（三）萱野长知：《过珠江悼何晓柳君》[②]
三十年来积苦行，旧盟功就有虚名；终生耻与时流并，浊世滔滔君独清。

[①] 何宝松、何孟淳：《何天炯先生事略》，《兴宁文史》（第十辑），广东兴宁县政协文史委员会1988年版，第13页。

[②] ［日］萱野长知：《中华民国革命秘笈》附录：《唱和集》，第410页。

九 戴季陶：《高洁的人格——怀何晓柳先生》

（1925年8月29日）①

前两星期有两个日本朋友，一个是萱野凤梨（长知）君，一个是和田三郎君，来寓中访我。和田君为日本板垣退助②先生的秘书，随着一个政治革命之失败的成功者，在极清贫的境遇里，相处许多年，是一个极高洁而坎坷不遇的无名名士，和我也有十年不见了。凤梨是革命同盟会以来的日本同志，两个都是板垣先生故乡土佐的人。凤梨新从广东归来，谈了许多广州的近事。他很沉痛地叙述他在广州所亲见英国人的暴行，和香港政府所取经济的封锁政策。他说："看到这样情形，无论是何国的人，只要稍有人心，谁个不愤慨！民族的自由，国家的独立，在世界未达到大同的今天，非有很大的牺牲，不能争得的！"又说："可怜在广州的时候，我们完全失了通信的自由，想要把广州所亲见的沙基事件真情，报告给日本的民众，一个香港亘在当中，竟自达不到目的。"说了这些关于时局的谈话，忽然他很悲伤地说："你晓得吗？晓柳死了！咳！旧日的同志、朋友，一个一个都作故人了。今年在北京一同送中山先生的终，守着他在和平的悲哀中沉寂了去。隔不到半年，在广州又逢着晓柳的死，竟连送终的缘法也没有。我们这些死剩下的人，这一种寂寞的悲哀，真难忍受呵！你想，当日在东京一同谈天下大事，喝酒、作诗的人，现在还有几个？在日本呢，这几十年总算是比较平稳的时代、安定的国家，人死得没有中国这么快，但是旧友也就凋零不少了。滔天圆了他的落花梦了。犬塚被癌推倒了。头山、犬养两翁，年过古稀，渐呈暮景。寺尾老博

---

① 上海《民国日报》1925年8月29日副刊《觉悟》，第三版。另萱野长知《中华民国革命秘笈》附录"唱和集"中收录此文，注明此文刊于《大公报》。

② 板垣退助（1837—1919），日本民权运动家。参加倒幕运动和明治维新，倡导自由民权运动，以"日本的卢梭"而闻名。

士因酒精中毒，已瘫痪经年。你再过几年不到东京，恐怕去的时候，处处都只留着感伤的故迹罢哩！"我听到凤梨的话，好像一瓢冷水浇着一样，心儿震荡着，眼儿红着，背上一股一股的寒气，从上透到下，再从下流到上，说不出来的伤感。

这十几年来年年送故人，但总没有今年所遇这样的难受，没有今年的情怀这样凄切。去年底从天津回到上海，今年一月便送了芻椒。不几天便连接北京的急电，说孙先生病重了，连忙赴京，到天津的时候，精卫先生派人来说："先生的病，其危险初以时计，后来渐有转机，乃以日计，这两天医生说，可以星期计了，总望再进一步，由星期计而以月计、以年计，就是中国的洪福了。"那知反复重反复，肝脏癌的恶性液，一天蔓延一天，瘦弱到全身只余皮骨，接着脚肿、腹水，种种危征，次第出现，三月十二日那一天，遂在神经很健全、知觉很清楚、意识很明了的当中，离开了"恶魔的世界"。这一个公谊私感交互悲伤，使我几年来已经感觉衰弱的身体和精神，不知更堕下了几多度。再要逢着许多党内痛心疾首的事件，更不能自已，把哭先生的眼泪，移来哭活着的人，真是伤心极了！办毕丧事回南，晓得林士又死了，赵氏芻椒、林士两兄弟，都是当年革命同盟会以来的前辈同志，在上海纯粹的商人中，实是难得的爱国者。只是没有学问，缺乏现代的革命思想。从前革命党对于党员，本不曾做教育和训练的工夫，社会上也没有现代政治思想、社会思想的熏习，和实际问题的刺激，他们对于主义，不能深切了解，却也是难怪的。可是他们两兄弟都始终没有脱离过革命关系，没有回避过革命党的嫌疑，由革命同盟会、国民党、中华革命党，不断地继续着革命党员的历史，信仰着中山先生的人格和主张，在旧日同志当中，能够如此的，就不容易了。他们两人和我的友谊，就算是十六年如一日。十年以前，完全因同志关系而帮助我的地方很不少，这两个好朋友一死，又少了朝夕往还的伴侣，那得不令人伤感。人类到底是感情的动物，这种境地，真难受呵！

五月到广州，听说晓柳新由日本回来，我和晓柳有五年不见了。

从在革命运动上，在友谊上，在文艺趣味上，尤其是在对日本的种种交涉事件上，继续着很亲切而互能谅解的交谊，交换彼此研究方面相同的知识。他那高洁的品格，温雅的风范，和平慈祥的性情，使我常常纪念着。关于日本问题，在我们同志中，——在中国人中，我觉得真是能切实了解，有正确的观察，而且深知日本现代政治关系内容的，晓柳外竟不容易找出几个人来。民国九年（1920）他住［上海］麦赛尔蒂罗路的七十五号，常得和他往还。后来他出了门，我也东奔西走，从此便不得一见。听见他回了广东，却又到了他梅县的家乡去，不得相见的机会，心里很觉歉然得很。并且不晓为什么，因不见晓柳，自然地引起了许多的感伤。这种感伤，本是无缘无故的，向谁去说？更何必向人说？现在隔不上两个月，忽然听见凤梨来告他死了。咳！晓柳晓柳，竟作了枯柳了吗？记得从前在上海见他时，他的身体衰弱得异常，头顶的发，已经脱去十分之五六，意气消沉，生趣索然，谈到世事，总是长吁短叹，我已经觉到"此树婆娑，生意尽矣"，而今竟生意尽矣！

过了几天，看见国民政府公报上，载着政府哀悼晓柳先生的命令，表彰他生平为革命而努力的功绩。因为他的一生高洁，两袖清风，更给三千元的治丧费，派重要的同志给他治丧。这是今天有这一个国民政府，而且国民政府中的人，知晓柳深，敬晓柳重，才能有这一点表彰。三十年的革命历史，何处有一部书？何处有一个宣传的机关？从前许多热烈悲壮的事迹，高洁清廉的逸话，何处有人还去留意他？要像晓柳这样始终不做自己宣传，不与人较得失的人，他所做的许多事业，早已散归以太，何处再有些子痕迹？他肚皮里怀着的半部革命史论，何处再有半篇遗稿？而今晓柳死了，在上海地方竟不曾听见有人说起何晓柳三个字。何况晓柳的生平，更难有人想念及之。新时代的人，简直更无从晓得起。呵！原来世界的实用主义的，他的时代过了，他的时代过了！高洁的人格呵！不求人知，不用人知，竟无人知。他日晓柳墓前，一片荒烟、几丛乱草，一任凄风苦雨、斜阳落月消磨着，再过些时，墓土坍了，墓碑倒了，犁田的犁，劈树的斧，自由地往来着，那更是高洁的极致呵！

前十天我想写一篇怀晓柳先生的文，因为苦病，没有写的力气，迁延了几天，突然间接着仲恺先生的悲音。哭晓柳未已又哭仲恺，因伤仲恺而更伤晓柳！泪竭了，声嘶了，夜尽了，东方窗外，隐隐约约，又现出朝霞来了！嘻！必然的世界呵！

十四年（1925）八月念六日晨五时半毕稿

十 刘子芬：《革命志士何晓柳传》

（1925年10月20日）①

何君晓柳，讳天炯，别号无赫斋主人，粤东兴宁人也。貌轩雅，丰神萧散，举止安闲。性敦厚，庭帏之内笃孝友，于平居无疾言遽色。少有大志，时值满清末季，知天下将乱，乃习技击，以备世用。当时土匪倡乱，君亲率乡团进击。匪散之后，乃迎护家人返里。时值夜间，防守（者）疑为贼，群起攻击。君以一身掩护家人，并力呼其误。迨天明，检视上衣，已为刀枪洞穿十余处，而身无一伤，其英勇如此。

二十以后，东渡日本留学，既与海内外贤豪交游，乃倡言革命。同盟会成立，君任会计，旋被举为广东同盟会支部长。民国纪年前一年［1911］春间，广州三月二十九日之役，君曾亲往羊城，参与其事。武昌起义，君任南京临时政府驻日代表。自后十余年间，每次革命，君无不致力其间。尝为党事奔走香港及南洋群岛，虽遭遇艰难，贫困交迫，而立志愈坚，操行弥笃，不为苟且之行，不求虚夸之誉。民十［1921］以后，革命党人，意气用事，自相残杀，君乃太息痛恨，欲遁迹丘园为终焉之计。卒不得如愿，复为国事奔走扶桑，抱病

---

① 上海《民国日报》1925年10月20日副刊《觉悟》，第三版。

而返。于民国十四年（1925）夏间，逝于广州，时年四十有九。平日喜读书，能为诗文，著有《山居一年半》诗文集行世。兹举其生平行谊编次为传，至其家世，则别有记载焉。

竹园居士曰：余与何君相识在辛亥春间，当时因广州三月二十九日之役，彼此均由海外归来，参与其事也。自后则过从甚密，情同手足，故其生平行谊，知之甚悉。光复以后，宵小竞进，君则退居闲散，淡泊自甘。革命党人，大都凌厉无前，目空一切，甚者或背主义而降敌党，或决性命而争权利。君则心平气和，廓然有容，二十余年始终一节。君家居山间，前有荷秀坡，后有蕉叶径，颇得山水之胜，岂山川灵气钟毓如斯欤？

十一 兴宁县人民政府：《何天炯先生墓志》
（1985年9月）①

何天炯，字晓柳，系我县石马区新群乡人氏。少时好学习武，抱负宏远。清末，东渡日本留学，为除清王朝弊政，慨然以救国为己任。会孙中山先生于东京，倡办中国国民革命同盟会，被拥戴为会计，后调任广东支部长。自此往来南洋各地宣传筹款，致力革命，卓著勋猷。

辛亥广州起义和武昌起义，先生奋力参加。民国成立，被派驻日全权代表。袁氏称帝，先生与朱执信等共谋讨伐。孙中山先生任总统时，被聘为总统府最高顾问。平息陈炯明叛乱后，再次奉命赴日联络外交。一生坚持革命，始终一节。一九二五年三月，孙中山病故后，悲恸万分，积劳成疾，于同年七月一日病逝于广州，时年四十九岁。

---

① 兴宁县政协文史委员会编：《兴宁文史》第十辑《何天炯先生纪念专辑》，第106页。

何天炯先生是辛亥革命领导人之一，为表扬民主革命先驱者的爱国精神，特立此碑，永志纪念。

兴宁县人民政府
一九八五年九月

十二　何莲史等：碑记

（1985年11月）①

先父晓柳公草葬于此，历五十余年，尚未营墓立碑，不孝子女不敢以客观原因辞其罪疚。先母李汉贤在日，常以此事不释于怀，以至抱恨终生。今承中国共产党和人民政府追念革命先驱之功绩，为之修建纪念墓碑，昭崇勋烈，而式后人。且先母李汉贤遗骨，亦获得政府同意，合葬于此，深使吾辈子孙，顿首铭感。在修墓过程中，堂兄宝松、孟淳竭力襄助，同深感激。长姊少柳、长兄昌龄、次兄承天、三兄奇龄均逝世，予谨与诸侄共记其事，永志不忘。

安息吧！双亲！

女：何莲史　谨记

孙：何　雷、何　霆、何　震、何达英、何国庆、何　雨、何　静

孙女：何群英、何　礝、何元春、何　霖、何　云、何　娴

同立

一九八五年十一月

---

①　兴宁县政协文史委员会编《兴宁文史》第十辑《何天炯先生纪念专辑》，第107页。

附　录

一　何天炯译著存目

1. 《棉花业》①
2. 《八大强国论》②

二　日本政府档案有关何天炯重要活动资料选录

1. 日本外务省记录《民报》编辑人员（1905年）③

《民报》编辑兼发行人：张　继

记者：　明治大学生　（直隶）张　继

　　　　明治大学生　（广东）何天炯

　　　　法政大学生　（湖北）田　桐

　　　　法政大学生　（湖南）宋教仁

翻译：　　　　　　　（安徽）程家柽

---

　　① 据何天炯1914年6月28日致宫崎滔天信中说："《蚕丝调查书》谨先奉上，其《棉花业》一册，弟现正翻译，一俟告成即为邮寄不误。"此书今未查到。

　　② 据萱野长知《中华民国革命秘笈》书前附照片《何天炯真迹》，何天炯1918年7月15日由上海致萱野长知信中说："弟现译《八大强国论》一书，欲在东京出版，苦无确实可靠之印刷局，甚望先生绍介一切。"此书今未查到。

　　③ 日本アジア歴史資料センター：外務省外交史料館，B03040825000（1906年1月2日—1908年12月14日）第2页。原件为日文，下同。文中所列"其理想"六条，为《民报》刊《本社简章·本杂志之主义》内容。

· 234 ·

以上几人为孙逸仙崇拜者,《民报》为本年[1905年]八月禁止发卖之汉文杂志《二十世纪之支那》之变体。其理想如下:

一、颠覆现今之恶劣政府;
二、建设共和政体;
三、维持世界真正之和平;
四、土地国有;
五、主张中国日本两国之国民的连合;
六、要求世界列国赞成中国之革新事业。

2. 日本东京警探报告中国留日学生反对取缔规则活动摘录[1905年12月]

《清国留学生联合罢课之件》①

[1905]十一月二日文部省[《清国留学生取缔规则》]令颁布,翌月五日留学生联合罢课。先是,文部省令发布后,留学生干事长杨度、张继、范涂廉、蹇念益及四位留学生会馆干事等,向清国公使提出取缔规则中第一、第四、第九、第十等四条修改方案。……随后学生直接向杨[枢]公使请愿,至酝酿联合罢课。……

十一月九日上午十时左右,[胡瑛、秋瑾等十九位]留学生代表陆续到达清国驻日公使馆,与杨公使会面,质询关于文部省令问题。公使告之:文部省令不可能撤回,关于此事项交涉结果将一同发布。……留学生代表知晓所要求之目的已不可能达到,遂决意全部退学回国。……

示后,留学生等在其会馆及富士见楼、清风亭、玉川亭等处举行集会,议定只要文部省令不予撤回,即退学回国。同时,留学生会馆向留学生中广为散发各种檄文传单,进行教唆煽动。其中最为活跃者为"敢死会",即檄文传单署名者,发起人为会长胡瑛、副会长韩汝

---

① 日本アジア歴史資料センター:防衛省防衛研究所,C06041182800(1905年9月至12月"暴徒に関する内報綴",大本営陸軍副官部)。原文为日文,编者译为中文。

庚,参与者数十人。……

另有一派称为"革命派",领头者为安徽省休宁县人程家柽,配合其活动者有田桐、张继、宋教仁、何天炯、张昉、鲁鱼、黄华盛等。这几人在本年八月《二十世纪之支那》第二号发刊被查禁之时,曾叫嚷"日本非文明国"以煽动学生,此次也参与了留学生联合罢课。他们的理想如下:

一、颠覆现今之恶劣政府;
二、建设共和政体;
三、维持世界真正之和平;
四、土地国有;
五、主张中国日本两国之国民的连合;
六、要求世界列国赞成中国之革新事业。

以上诸人皆为孙逸仙之崇拜者,意图乘此之际将留学生诱至上海,以见机举事,据闻有煽动胁迫之行为。……

现将重要煽动者再录如下:

革命派:程家柽、田桐、张继、宋教仁、何天炯、张昉、鲁鱼、黄华盛。

敢死会:会长胡瑛、副会长韩汝庚及干事冯树猷、龚国辉、曾运橄、龚国煌。

河南省同乡会:干事王传琳。

3. 日本东京警探报告中国留日学生举行章炳麟欢迎会(1906年7月15日)

《清国人章炳麟欢迎会》（七月十五日）①

清国留学生何天炯、田桐等二十人作为发起人，于本日上午九时开始，在神田锦辉馆举行欢迎章炳麟（章为清国改革派康有为、梁启超的同志）大会。出席的留学生约一千六百人，征收会费十铢。日本人清藤幸七郎、清藤高、宫崎虎藏、萱野长知（清藤、宫崎为熊本县人，他们与孙逸仙、康有为素有交往）四人列席。首先由发起人之一何天炯致开幕辞，随后由宾客章炳麟及宫崎虎藏、覃鲤门、田桐、吴弱男（女生）等人演说，至下午一时欢迎会结束。

4. 日本东京警探报告何天炯谈话（1908年11月9日）

《清国革命党员之谈片》（十一月九日）②

何天炯说：唐绍仪来日本，为考察日本上下欢迎美舰之状况，以确认日美两国是否结成邦交。对清国人而言，与其由日本经营满洲，毋宁更愿意让俄国经营满洲。因为日本守备兵全部购用日本制品，而与之相反，俄国兵则全部供给仰给于清国。

5. 日本东京警探报告黄兴、何天炯等人谈话（1908年11月9日）

《清国革命党员之言动》（十一月九日）③

黄兴说：香港排斥日货是由仁总督在背后煽动的，风传他为此索要运动费约十万两。

何天炯说：各省同乡会发行之杂志，皆倡论革命之必要，为何只禁止《民报》发行？香港抵制日货运动为清朝官员所煽动，日本外交当局者应考察一下。

宋教仁说：民报被禁止发行，起因于唐绍仪来日。

---

① 日本アジア歴史資料センター：外務省外交史料館，B03050065500。乙秘第516号，1906年7月15日。

② 日本アジア歴史資料センター：外務省外交史料館，B03040825000。乙秘第1207号，1908年11月9日。

③ 日本アジア歴史資料センター：外務省外交史料館，B03040825000。乙秘第1208号，1908年11月9日。

6. 日本东京警探报告《民报》关系者对查禁该报裁判的对应（1908 年 12 月 12、13 日）

（1）《关于〈民报〉杂志之件》（十二月十二日）①

《民报》违反《新闻纸条例》事件，本日于东京地方裁判所判决，章炳麟作为发行人和编辑人，各罚金五拾圆，发行所等其他未呈报事项罚金五拾圆。该《民报》关系者等拟于明十三日在小石川黄兴住所，协商善后之策。

（2）《关于章炳麟之裁判》（十二月十三日）②

关于章炳麟之裁判结果已如前报，本日午后二时，在小石川区黄兴住所，章炳麟及宋教仁、何天炯、鲁复等共九人开会商议，最终议决不服《民报》事件之裁判，提起上诉，如胜诉无罪则仍在日本发行《民报》。午后五时散会。

7. 日本东京警探报告何天炯等谈黄兴行踪（1910 年 2 月 8 日）

《关于黄兴行踪其同志的谈话》（二月八日）③

左仲远："黄兴上月十二日到访我们西路同乡会，当时我了解到他及诸同志处于贫困之中，当时只是商量筹款问题，并未谈及革命运动之事。我并不确知他现在何处，可能他为筹款而去了香港。"

何天炯："黄兴为筹款去了香港，二三周后即会返回，其回国的主要目的是为救济在东京党员的贫困而去活动筹款。如果能筹到二三万元，也可用来着手进行革命运动，这是他早就有的计划。他回国的实情只有我知道，宋教仁也不知道。"

---

① 日本アジア歴史資料センター：外務省外交史料館，B03040825000。乙秘第 1519 号，1980 年 12 月 12 日。
② 日本アジア歴史資料センター：外務省外交史料館，B03040825000。乙秘第 1527 号，1908 年 12 月 13 日。
③ 日本アジア歴史資料センター：外務省外交史料館，B03050067300。乙秘第 438 号，1910 年 2 月 8 日。

附 录

8. 日本东京警探报告孙中山、何天炯等人活动（1910年6月17日）

《关于孙文》（六月十七日）①

孙逸仙到东京后，尚未外出寸步，连日笼居一室，行动极为谨慎。今日来与其会面交谈者有萱野长知、池亨吉，清国革命党员何天炯、谭立人、殷部桠、杨某等七人。孙称拟在此停留三个月以上，委托宫崎虎藏代为寻找带有大庭院及六间以上房间的租房，并委托宫崎代找一个厨师和一个女佣。据说厨师大概由宫崎妻姐前田某氏充任。

9. 日本驻上海武官报告宋教仁、何天炯商谈苏杭铁路借款（1911年11月25日）

《在上海本庄少佐电报报告》

（十一月二十五日午后二时五十五分上海发）②

海军大臣、参谋总长：

以苏杭铁路为担保向大仓〔洋行〕借二百万日元的商谈，因宋教仁提出异议而受挫，他及何天启〔炯〕（原孙文秘书，重要革命党员）谓，革命军之财政愈益紧迫，除借款之外别无他途，而以重要利权为担保之事，地方军政府实难独断，需回武昌与黄兴及黎元洪切实熟议后方可决定。另，据说有日本人某为中介，革命军与我三菱〔商社〕有借贷二千万日元之约，以支付购买大量兵器之款，此说难以轻信。要之，革命军最大之打击为财政和今后续出之内讧问题。

10. 日本东京警探报告何天炯秘密抵达日本（1911年12月13日）

《清国革命党员渡来之件》（十二月十三日）③

---

① 日本アジア歴史資料センター：外務省外交史料館，B03050067400。乙秘第1154号，1910年6月17日。

② 日本アジア歴史資料センター：防衛省防衛研究所，C08041081300。秘·参谋197号，1911年11月26日。

③ 日本アジア歴史資料センター：外務省外交史料館，B08090225200。秘第1917号，1911年12月13日。

清国革命党员何天炯作为该党干部之密使,数日前由上海来[横]滨,目下住在南京町其同志住所,于前天秘密入[东]京,历访有邻会、犬养毅及其他二三人,要件如下:

一、筹措军费。
一、筹措防寒用品。
一、筹措枪械。
一、与在日清国人联络。

11. 日本驻上海总领事报告宫崎滔天、何天炯等创刊《沪上评论》(1912年7月19日)

《在上海发行日文杂志之计划及相关问询之件》(七月十九日)①
外务大臣、子爵内田康哉启:

最近传闻有当地居留我国人或我国人与支那人共同发行新闻杂志。向来援助孙黄一派同盟会的宫崎寅藏一派,为了融合日中两国感情,与同盟会员何天炯、吕志伊、陶铸(吕为最近发行之《国民新闻》主任,陶为同社主笔)共同于近日内发行《沪上评论》(据宫崎与该馆员之内部谈话,本杂志准备用日文、汉文两种文字,每月发行三期,一期印行三千部,向日本及支那各地免费赠送六个月)。……

驻上海总领事有吉明

12. 日本东京警探记录何天炯、宫崎滔天访黄兴(1913年9月26日)

《黄兴动静》(九月二十六日)②

一、廿五日午后七时四十分,前田九二四郎来访,八时四十分

---

① 日本アジア歴史資料センター:外務省外交史料館,B03040699300。机秘·第59号,1912年7月19日。
② 日本アジア歴史資料センター:外務省外交史料館,B03050072000。乙秘第1351号,1913年9月26日。

辞去。

一、午后七时五十分，何成滨来访，九时三十分辞去。

一、廿六日上午十时十分，宫崎虎藏、何天炯相伴来访密谈，十一时十分辞去。

一、上午十时五分，杨丙、刘承烈相伴来访密谈，十一时四十分辞去。

一、黄兴因患感冒而卧床。

13. 日本东京警探记录何天炯、宫崎滔天等访孙中山（1913年9月28日）

《孙文动静》（九月二十八日）①

一、廿八日上午十时四十分王统来访，十一时四十分离去。

一、上午十时五十分何天炯、十一时卅五分宫崎虎藏、五十分菊池良一来访，午后二时廿分三人一同离去。

一、午后一时十分萱野长知来访，遂即离去。

一、午后二时宋［嘉树］女儿［霭龄］来访，五时离去。

一、午后四时卅分安川敬一郎来访，四十五分离去。

一、午后五时柏文蔚、白逾桓、李良轩及我国人儿玉藤治等四人来访，六时十分离去。

一、午后五时二十分马素来访。

一、午后五时四十分菊池良一、宫崎虎藏来访，不久离去。

一、午后六时廿分朱超来访。

一、午后七时十分孙［文］与马素、朱超一起乘坐汽车外出。

---

① 日本アジア歴史資料センター：外務省外交史料館，B03050072000。乙秘第1361号，1913年9月28日。《孙文动静》记录1913年9月至1915年间有何天炯访孙记录几十次，在此仅录一次以为例，余略。

14. 日本东京警探记录张继往访何天炯（1918年3月28日）

《张继动静》（三月二十八日）①

一、三月廿七日午后三时左右外出，赴麴町内幸町植木屋旅馆[何天炯住宿处]，很快即返回。

一、本日（廿八日）上午七时左右外出，赴植木屋旅馆访何天炯，很快辞去，九时十分由东京站出发，赴神奈川县藤泽町鹄沼吾妻旅馆。

三 《中国同盟会成立初期[乙巳丙午（1905—1906）两年]之会员名册》选录②

1. 《革命文献》编者按（1953年）

按：此为中国同盟会在东京成立初期之会员名册，原为本部庶务刘揆一先生所保管。辛亥武昌起义，刘先生匆匆归国，乃交由本部会计何天炯（晓柳）先生保管。未几，天炯先生亦返国，为免失漏机密，本部文件大都毁灭，仅此立党初期之会员名册，由天炯先生保留携归广东兴宁故里。天炯先生殁后，其弟天瑞（晓晖）先生曾抄送该项加盟人姓名一册来会，但未录加盟年月日及主盟人，略而不详。民国二十八[1939]年秋，天炯先生之哲嗣承天君乃将原存之件由兴宁携往重庆，送交本会典藏。同盟会成立距今将五十年，全部会员名册，已不可得。此成立初期（乙巳[1905]丙午[1906]两年）之名册，凡在东京加盟者，十九皆在册内；其在吉隆坡、新加坡、河

---

① 日本アジア歴史資料センター：外務省外交史料館，B03050083900。外秘乙第185号，1918年3月28日。《张继动静》记录此期间有张继往访何天炯等活动多次，在此仅录一次以为例，余略。

② 罗家伦主编：《革命文献》第2辑，（台）中国国民党中央委员会党史史料编纂委员会编，正中书局1958年版，第18—77页。

内、香港及欧洲各国加盟者,亦有列入。此外在国内各省及海外各埠加盟者,因递送不便致本部未能收到盟书者,则不在其内。原册所列会员计九百六十人,其姓名、年龄、籍贯、加盟年代及主盟人、介绍人等,多有详细记载,诚稀有之珍贵史料也。原册系用一西式练习簿,以钢笔书录,凡三十八页,对各加盟人之略历,一线直书,眉目欠清。兹为便利阅读起见,特加整理分栏抄印;惟其排列之次序,一仍其旧,俾免失真。

编者　民国四十二〔1953〕年七月七日

2. 《中国同盟会成立初期〔乙巳丙午(1905—1906)两年〕之会员名册》广东籍会员名册①

今编者按:名册原件现藏于台湾台北中国国民党党史资料馆,按省份及海外地区分别排列,包括全国17省及在海外入会者,共计964人。按各省籍人数多少排列,计有湖南157人、四川127人、广东112人、湖北106人、安徽59人、山西55人、山东53人、广西43人、江苏36人、直隶(河北)35人、云南21人、浙江20人、福建10人、河南9人、江西8人、贵州8人、陕西4人。海外入会者,在新加坡入会32人、吉隆坡入会31人、在欧洲入会20人、在河内入会10人、在香港入会8人。由于名册人数较多,兹不全录,因何天炯与何天瀚在广东籍名册内,并先后任广东支部长,故现仅录广东入会人员名册,以供参考。序号为今编者所加。原稿"加盟年月日"为干支旧历纪年,为存其真,兹仍其旧。乙巳为公元1905年、丙午为公元1906年,请读者识之。另,文中"备考"栏"按"为《革命文献》编者所加按语,本编者所加按语为"今按"。

---

① 罗家伦主编:《革命文献》第2辑,第53—59页。

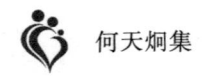

广东省籍会员名册（共112人）

序号	姓名	籍贯	年龄	加盟年月日	主盟人	介绍人	备考
1	黎 勇	肇庆府高要县		乙巳七月三十日			按即黎勇锡
2	朱少穆	南海县		乙巳七月三十日			
3	谢延誉	嘉 应		乙巳七月三十日			按即谢良牧
4	黄超如	嘉 应		乙巳七月三十日			
5	区金钧	南 海					
6	冯自由	南 海		乙巳七月三十日			
7	萧友梅	香 山		乙巳八月六日			
8	郭健霄	潮阳县		乙巳十一月十四日			
9	罗应鎏	兴宁县		丙午正月二日			
10	陈 辉	潮州府		乙巳十月初八日	孙竹丹		
11	程 权	顺德县		乙巳八月十九日			寄籍广西浔州
12	陈 炜	新会县		乙巳八月六日			
13	李 勒	嘉 应		乙巳八月六日			
14	邓慕韩	三水县		乙巳八月六日			
15	梁慕光	归善县		乙巳八月六日			
16	何汝伦	高要县		乙巳七月二十七日			
17	林君复	香 山		乙巳七月二十七日			
18	陈大我	番 禺		乙巳九月二十五日			
19	张仁任	嘉 应		乙巳九月二十六日			
20	钟 奇	惠 州		乙巳十月初八日	孙竹丹		
21	黄景訒	新 宁		乙巳九月二十五日			
22	黄铁膺	鹤山县		乙巳九月二十三日			
23	李华伟	嘉 应		乙巳十一月初十日			

续表

序号	姓名	籍贯	年龄	加盟年月日	主盟人	介绍人	备考
24	陈志凯	嘉应		乙巳九月十五日			
25	李天麟	嘉应		乙巳九月十五日			
26	温士珏	嘉应		乙巳九月十四日			
27	龙裔禧	连州		乙巳九月十七日			
28	林清泉	新会		乙巳九月十六日			
29	梁笙圃	嘉应		乙巳九月十四日			
30	李仰辉	鹤山		乙巳九月七日			
31	何 法	南海		乙巳九月初三日			
32	何 羮	南海		乙巳九月初三日			
33	郑 寿	南海		乙巳九月初三日			
34	何卓麟	大浦		乙巳八月十八日			在商船
35	谢延美	嘉应		乙巳八月十四日			
36	杜上德	澄海县		乙巳八月十三日			高等师范
37	林 复	澄海县		乙巳八月十三日			
38	刘维濂	兴宁		乙巳八月十八日			
39	李定区	兴宁		乙巳八月十八日			
40	陈仲伟	新会		乙巳九月一日			
41	潘衮伯	开平县		乙巳九月一日			
42	关乾甫	南海		乙巳九月初四日			
43	江誉聪	南海		乙巳九月一日			
44	郑拜言	番禺		乙巳九月四日			
45	胡衍鸿	番禺		乙巳九月一日			按即胡汉民
46	廖仲恺	归善		乙巳九月一日			

续表

序号	姓名	籍贯	年龄	加盟年月日	主盟人	介绍人	备考
47	谢延祉	嘉应		乙巳八月十八日			
48	刘立群	兴宁		乙巳八月十八日			今按即刘维焘
49	陈冠伦	罗定州东安县		乙巳八月二十一日			
50	谢延惠	嘉应		乙巳八月十八日			
51	何香凝	南海		乙巳七月七日			
52	何　毅	南海		乙巳八月二十一日			
53	何　斌	南海		乙巳八月二十一日			
54	饶　真	嘉应		乙巳八月十八日			
55	卢　景	海阳县		乙巳八月十三日			
56	李荫区	兴宁		乙巳八月十八日			
57	谢元骧	嘉应		乙巳八月六日			
58	李敬熙	兴宁		乙巳八月二十八日			
59	梁揆通	嘉应		乙巳七月十三日			
60	张舒夏	香山		乙巳七月十三日			
61	刘思复	香山		乙巳七月十三日			
62	李君举	香山		乙巳七月十三日			
63	何铁群[①]	兴宁		乙巳七月十三日			
64	刘越杭	香山		乙巳七月十三日			
65	张傅霖	香山		乙巳七月十三日			

① 何铁群，为何天炯堂弟，1905年春，随何天炯赴日留学。

续表

序号	姓名	籍贯	年龄	加盟年月日	主盟人	介绍人	备考
66	萧楚碧	香山		乙巳七月十三日			
67	姚东若			乙巳七月三十日			
68	金　章	番禺		乙巳七月三十日			
69	汪兆铭	番禺		乙巳六月二十八日			今按即汪精卫
70	古应芬	番禺		乙巳七月三十日			
71	杜之杖	南海		乙巳七月三十日			
72	李文范	南海		乙巳七月三十日			
73	胡　毅	番禺		乙巳七月三十日			按即胡毅生
74	朱大符	番禺		乙巳七月三十日			按即朱执信
75	张树枏	番禺		乙巳七月三十日			
76	何天炯	兴宁		乙巳七月三十日			
77	廖冰筠	归善		丙午十月六日			
78	张宗铭	长乐		丙午十一月十四日			
79	彭　载	嘉应		丙午十一月十六日			
80	魏汉杰	长乐		丙午十一月十四日			
81	陈福堃	长乐		丙午十一月十四日			
82	张丽州	长乐		丙午十一月十四日			
83	张作群	长乐		丙午十一月十四日			

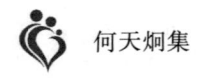

续表

序号	姓名	籍贯	年龄	加盟年月日	主盟人	介绍人	备考
84	朱宗显	新宁		丙午十一月十九日			
85	李汉裔	鹤山		丙午九月八日			住堤岸
86	张仲安	长乐		丙午十一月十八日			
87	邱君毅	镇平		丙午十一月十九日			
88	陈海倒	镇平		丙午十二月二日	中山		今按中山即孙中山
89	谢建	嘉应		丙午十二月二日	中山		
90	何天翰①	兴宁		乙巳八月六日			
91	何慎奇②	兴宁	二四	丙午又四月初八日	何功沃	李定区	住永和圩 日本大学
92	游卓明	兴宁	三四	丙午又四月十二日	何功沃	钟奇	住沿龙桥
93	曾纠伯	嘉应	二二	丙午又四月十八日	何功沃	何慎奇	住西厢
94	古濂	嘉应	三〇	丙午又四月十七日	何功沃	陈志凯	住小黄沙
95	侯旨约	嘉应	二四	丙午又四月十八日	何功沃	何慎奇	住西厢
96	黄卓明	三水县	二五	丙午六月九日	何功沃	邓慕韩	住三江乡
97	余鸿源	嘉应	二一	丙午又四月十九日	何功沃	罗应云	住松口
98	李秉权	兴宁县	二〇	丙午又四月十九日	何功沃	李荫区	住新坡圩
99	钟奇	长乐	三六	丙午又四月初九日	何功沃	李敬熙	住西林乡

① 何天翰（瀚），字公博，为何天炯堂兄。
② 何慎奇，又名何蔚，为何天炯堂弟，随其赴日留学。

续表

序号	姓名	籍贯	年龄	加盟年月日	主盟人	介绍人	备考
100	张烜	大浦县	二六	丙午又四月十五日	何功沃	郭公接	住黄堂乡。李按似为张煊之误笔，参下文。
101	陈新	大浦	二四	丙午又四月十五日	何功沃	郭公接	住莒村乡
102	郭公接	大浦	二二	丙午又四月十二日	何功沃	钟奇	住大麻小留乡
103	陈汉思	香山县	二四	丙午又四月	中山	刘樾杭①	住陵江乡
104	古亮初	嘉应	三三	丙午四月十三日	张舒夏	李勒	住松口
105	李少达	嘉应	二四	丙午四月十三日	张舒夏	李勒	住松口
106	杨颂旭	新会	二二	丙午六月三日	何功沃	刘樾杭	住本城内
107	高崧	番禺县	二五	丙午六月三日	何功沃	刘樾杭	住河南
108	黄宵九	新会	二二	丙午六月三日	何功沃	刘樾杭	住本城内
109	黎光	新会	二四	丙午八月二十日	胡衍鸿	刘樾杭	住南赓乡
110	聂益芝	新会	二二	丙午八月二十日	胡衍鸿	刘樾杭	住新魁潭
111	饶齐公	兴宁		乙巳十二月四日			号诗野原名景华
112	何成	兴宁		乙巳十二月四日			

---

① 按：刘樾杭，前有刘越杭，应为同一人。

3. 附一：《李勒致张溥泉先生函》（1939 年）①

溥泉②先生道鉴：

　　近在平绍黄兄处，见中央革命勋绩审查委员会密件，同盟会盟人姓名册，稍一披阅，知此底本为何晓柳兄抄存之副本。田梓琴［桐］兄当日亦抄存一份，其原册闻广东陈炯明叛乱时已焚失。全国仅此，珍贵可见。特其中加盟之同志，在国内及海外遗漏者固多，即在东京者查亦有缺。勒加盟在东京同盟会成立之前，归国后于南方革命诸役，多数参加，经过事实，较悉一二。当时壮烈赴义，及捐输巨资同志之姓名，此册多不录。兹就个人所习，略提一二，上尘青睐，以见一斑。

　　同盟会时，日本限制私费生入陆军学校，同志乃入大森体育会，及东斌［陆军学校］以求军事智识，勒其中之一，曾请［孙中山］总理二次赴大森主盟。时粤有林修明、何法、何斌、何轰、李君举、郭公接、张煊、谢延美、张傅林、陈士龙、何汝仑、温士漻，桂之封祝森、李旦英、黄绍，皖之方汉成、石人俊，川之张伯祥、黄德光，苏之黄的等，先后加盟。今册林修明无名（死于［1911 年］三月廿九日之役），张伯祥（癸丑［1913 年二次革命］役后为袁［世凯］探诱杀于上海）、石人俊（徐锡麟役曾参加）、黄德光名亦缺。东斌［陆军学校］则粤之梁电（黄冈役奉派回国，于粤桂绿林运动甚力，后以赴南洋筹款，回时死于海），桂之刘仙琴等亦缺名。国内如黄冈之役之李杏波、陈芸生、吴金铭、林鹤侪、陈涌波、张玉堂等，先后为党牺牲，李次温、方瑞麟均当时主要人物。又粤省军界运动之主要姚雨平、刘古香，与三月二十九之役之死者，此册亦大多数未列名。……仅勒所

---

　　① 杜元载主编：《革命文献》第65辑，《中国同盟会革命史料》（一），（台）中国国民党中央委员会党史委员会1974年版，第172页。因本函述及名册情况、价值及一些未录人员及广东会员情况，特别是当时因秘密而不宜记名（如在军事学校学习者，因清廷管制严格，一般为秘密入盟）等情况，可助于理解名册，故予录之，以供参考。

　　② 张溥泉，即张继。

知者已如此，其他可知，诚不能不谓憾事。今溯其原因，则当时本部委托各地主盟人无多，除在东京加盟者遵守定章外，内地同志，方急于推行，而以地域、时机种种关系，常由一资望较高之同志主盟……。至各盟人盟单，则内地以邮寄不便，且绝对秘密，故多暗中焚毁，并少报告，本部只就近机关主持者，明其大概而已。……盖当日为方便故，同志加盟时，固非尽属本部委托之主盟人莅盟，为秘密故盟单多销灭，而又不报告本部，致本部无姓名可稽，成为缺漏之最大原因，令阅者感一不快。……

李勒[①]（思唐）上，二十八年[1939]三月十六日（党史会藏原件）

4. 附二：何承天：《赍党史史料入蜀记》（1943 年）（摘录）[②]

今编者按：此文作者何承天为何天炯次子。文中详述其1939年夏间由家乡广东兴宁携何天炯保存下来的《中国同盟会成立初期（乙巳丙午[1905—1906]两年）之会员名册》及《同盟会章程》原件，辗转送往重庆的过程。述及途中遭遇日本飞机轰炸及沿途所见战争惨状，历 70 余日、途经多地抵达重庆。因原文较长，约 4 千字，在此仅摘录与其护送名册相关的内容，而将其途中经过等一些内容略去不录。

民［国］廿八［1939］年夏间，谣传潮汕之敌，将向兴宁、梅县进侵，乡人一夕数惊。二叔天瑞［何晓晖］，召余计议，吾家有四十余年革命历史，且余为留日学生，归田未久，万一故乡沦陷，必撄敌伪之忌，嘱克日束装赴渝，继续努力。正踟蹰间，适父执张公溥泉［继］，电饬将先父遗下之同盟会会员名册及章程原件等物，赍送入蜀，以免资敌，余行意遂决。老母年逾六旬，闻余复远行，愀然垂涕，隔夕杀鸡蒸黍，以壮行色，并谆谆询归期，余黯然久之。是夜检点行装，百感交集。翌晨餐毕，吾母及叔相送至距家里许之乌石桥

---

① 李勒，广东嘉应人，早期同盟会员，见前表第13位。
② 《华侨先锋》1943 年，第五卷第三期，《文艺》，第48—51 页。

畔，挥手洒泪而别，时七月二十日也。……

　　吾既因同盟会旧物而入蜀，则吾父之历史，不能不略述于此。吾父讳天炯，字晓柳，前清末叶，东渡游学，与先烈黄公克强等赞襄［孙中山］总理，组织同盟会，黄公任庶务科长，先父任会计科长，兼广东同盟会支部部长等职。而先伯公博［何天瀚］，为广东同盟会主盟人，家叔天瑞及堂伯蔚（字慎奇）均同时于东京加盟焉。

　　余幼时尝闻父执张公溥泉、杜公羲诸老言，同盟会时代，保管党员册籍，为一隆重之问题。盖全体党员性命所系，稍一不慎，有被清廷一网打尽之虞。吾父平生忠党爱友，同志仰戴，故一致推请负责保管，先父以棉［绵］力薄，因邀胡公展堂［胡汉民］共掌焉。民国八年［1919］先祖父六旬晋一寿辰，　总理率同志祝嘏，胡公撰寿文，亦云："党员册籍，则晓柳与汉民共掌之"，足证当年事实不谬。

　　余追述往事，深感不肖无以继先人之志。吾父殁，而异族凭陵，只身弃吾母而去，其罪更浮于天，吾诚无以对吾父于地下矣。……先父于民［国］十四年［1925］春，奉［孙中山］总理命赴日本公干，途中心脏病发，返省遂不起。……

　　余入蜀前数日，二叔谓余曰："自同盟会时代，至民国成立，以迄广州陈逆作乱［指陈炯明叛孙兵变］、你父逝世日止，中间凡二十余年。国事混乱，艰难险阻，千变万化，吾家一秉忠贞，为党效力。袁氏称帝时，悬赏十万购你父首级，今吾邑县公署，有案可考。吾家藏旧物，辗转迁避者，不下百十次矣，吾侪实已尽最大之责任与努力。今你父遗交吾手者，仅同盟会会员名册及章程原件两种而已。会员名册共九百九十九人，分列省籍，名字下注明加盟年月日、通讯地址，及介绍人、主盟人姓名，册末附有秘密通讯号码多种。其不在日本加盟者，亦分别列明，如吴敬恒［吴稚晖］同志，于香港加盟，王宠惠同志，于新加坡加盟是也。同盟会章程，颇简要，其中第几条，有处以○○○者，殆即死刑之谓耳。又册籍中，有胡衍鸿者，即胡公展堂别字，惟考其加盟年月，稍后于乃弟胡毅生先生。盖展老少年茂才，有坚忍不拔之操，初以三民主义未尽瞭然，不肯遽尔加盟。嗣由乃弟

附 录

介谒 总理，相与雄辩数日，始觉服膺。因请先伯公博主盟入会，卒为吾党之砥柱。其人其事，实足记述。"二叔又言："年前香港有犹太人，专以收买国际古物为业，谍知吾家藏有同盟会旧物，托邑人致函，愿以港币三千元相易，吾不之答，后增至五千元，终弗许。吾辈诚贫，然傥来物，非所好也。今你入蜀，吾以授你，你其善护惜，送交中央党部，以了你父及吾心愿，吾老于乡矣。"吾闻吾叔之言，初而叹，继而悲，终乃潸然流涕。嗟夫！吾先伯公博公德不享年，民［国］元［1912］前逝世时，寿仅三十有七。吾父殁于民十四年［1925］夏间，享寿仅四十有九耳。吾叔躬阅丧礼，壮志消磨，遂入山不返。今吾欲继吾父之志，而彼苍所以陁吾者，乃倍蓗于他人。颜子屡空，陶生乞食，吾母且有冻饿之忧，何暇侈言其他？即今入蜀之资，尝赖吾母举债五百金，然后成行，且此后吾故乡之安危，与吾母之康宁，将永萦吾梦寐而不能忘。大丈夫处境如此，能不慨然。吾叔见吾蹙蹙，则故乱以他辞，然吾知其心中之苦，固不减于吾也。

古人视入蜀为畏途，观李青莲之《蜀道难》，可知梗概。今［日本］寇军深入，交通阻滞，巍巍蜀道，故无愈于昔。吾只身远行，何以自慰，感怀身世，几不知有生之为乐。

自吾邑搭长途汽车，行三日，抵曲江。时红日西坠，见二水会流，帽子峰巍然高耸，街市整洁，人烟稠密。惟自省府迁到后，屋少人多，逆旅皆告客满，因赁居武江艇中，候伴入蜀。

八月廿五日，赴教育厅，访老友李白华督学，询有无入蜀友人，结伴同行。白华闻余携有党史珍品，则大喜，介谒许厅长崇清，许披玩不忍释手，至晚始归。

八月廿七日，堂叔乃叔奉令长兴宁故乡县政，晤谈时言，党中珍物，张长官司令向华、李主席伯豪，俱欲先睹为快，可往谒，并取一入蜀护照，以便旅行。余心韪之，然卒以道远未往。

八月廿九日，梁委员寒操，饬长官司令部参谋关巩，代办入蜀手续。关君未践诺言，无结果而罢。

九月四日，敌机多架，空袭曲江，余令榜人［船夫］泊舟对岸

· 253 ·

少人行处，卧舟中，咏诗自遣。遥见市民鱼贯越浮桥，趋避山林中。无何，敌机分批至，自云中俯冲投弹，有一架竟自帽子峰旁低飞，沿江扫射，弹啾啾然落江中，距吾舟殆不逾丈，余未措意，而榜人丧胆矣。

九月六日，复发警报，榜人劝余登陆走避。因只身挟党史旧物，随众渡浮桥入山，见避难者坐林荫下，遍地皆是，然无洞可藏，心危之。因疾走十余里，至人烟稀少处，择丛篆而荫焉。迨晚始徐步归，经旧径时，则中弹死者数人，残肢断臂，惨不忍睹矣。……

九月七日，同乡罗洪诏，自邑经曲江赴渝，因约同行。初拟取道桂林，后闻入蜀在桂候车者，往往淹滞二三个月不等。近有一间道，自长沙沿湘水而北，经洞庭湖南岸，入沅江，出扬子，而达宜昌，换轮西上。惟洞庭之敌，时时巡逻，若为所见，则异常危险。余与洪诏，皆欲取道于此，以减旅程。

九月十日，二人束装遂发，火车抵衡阳时，敌机突至，余挟同盟会旧物，与洪诏弃行李而趋避于城外一桑树下。敌机去后，复返车站，寻获行李，即晚趁轮入湘江而北。吾国江河向北流者，仅此而已，殆亦地势使然。远眺两岸风景，颇觉神豁。余与洪诏言，唐人咏湘水者甚多，今值乱离，吾二人经过此地，君所感何如耶？洪诏，日本帝大［帝国大学，即今东京大学］毕业生，任政治部设计委员，谈锋甚健，足解吾岑寂也。……

九月廿三日，舟抵宜昌，舍舟而陆，寓逆旅中，候轮西上。宜昌被炸已多次，街市萧条，行人稀少。余与洪诏踯躅凭吊，望江水滔滔，东向奔腾，貔貅野灶，隐约可睹。昔齐景公登牛山而下泪，张睢阳望胡尘而裂眥，情缘景动，义以情生，吾此际心曲，仿佛似之。……

九月卅日晚，舟泊巫山县，余与洪诏舍舟入城纵览。城如斗大，位于山腰，街衢无多，商业寥落，数日前被敌机多架轰炸，死市民数百，断瓦颓垣，惨象犹在。……翌日，轮继续西上，途中望万县、阜陵等邑，景物甚美。

［十月］十四日晚抵重庆，人地不熟，寓关庙街新川饭店。休息

二日,往晤父执张公溥泉及其夫人,将同盟会会员名册及章程两种呈览,迄转递党史史料委员会。吾入川行程,遂告终毕,吾今后又将重温宦海生活矣。

四 何宝松[①] 何孟淳[②]:《何天炯先生事略》
（1987 年）[③]

何天炯先生,字晓柳,别号桑根,小名日祥,他和日本友人通讯时,常用化名高山英太郎。一八七七年二月二十五日（农历正月十三日）生于广东省兴宁县石马区肖坊村崇丰第（今石马镇新群村）。父亲何慰堂,母亲陈氏。弟四人,妹五人,先生居长,世代耕读。他的父亲和叔父既读书又习武,都考取了武秀才,在当时来说是比较开通的人士。因此,对于天炯先生的教育和培养是克尽心力的。他父亲能洞察儿子们的志向,给予同情和支持。曾撰联语:"半耕半读为生,值时事多艰,儿曹欲遂澄清志;立德立功俱愧,借琴书自遣,我辈原无利达心。"

天炯先生赋性聪颖,十二岁时便考取了第一名童生,本来很有希望由科举出身求得富贵。但他受了维新思潮的影响,认为只有新学才能富民强国,立志要到日本去求学。可是家境清贫,难于成行,幸得

---

① 何宝松（1911—2002）,何天炯堂侄。国民党中央军校毕业,历任十九路军六十一师参谋、团副。抗日战争中曾参加 1932 年"淞沪抗战"和 1933 年"福建事变"。后参加傅作义部队,任六十二军一五七师师长,晋升为陆军少将。1949 年率部随傅作义起义,任中国人民解放军独立二十四师师长、第四野战军两广纵队第二师师长,率部南下征战,直至解放海南岛。1949 年后历任广东省民政厅副厅长、民革广东省委会副主委。1980 年后任广东省人大常委会副秘书长兼法制委员会副主任,广东省政协第五、六届委员会副主席,全国政协第六届委员会委员。

② 何孟淳（1916—1994）,何天炯堂侄。曾留学日本,回国后入国民革命军,1937 年任广州行营政治部少将主任秘书,第四战区政治部少将处长,参加抗日战争,1949 年后任广东省政府参事室参事。

③ 兴宁县政协文史委员会编《兴宁文史》第十辑《何天炯先生纪念专辑》,第 1—17 页。文中注为编者所加。

村中父老的赞助,给他筹集资金,他就毅然剪掉发辫,于一九〇三年离开穷乡僻壤的家园,远涉重洋到日本留学。后来他所写诗句也曾追述:"壮岁家居苦落魄,慨然断发走扶桑。"他敢于藐视王法,剪去辫子到日本留学这件事,当时轰动州县,因为这在兴宁与邻近几个县来说,是一个创举。一九〇四年,他回乡探亲,复偕嫡堂兄何天翰(公博)、堂弟何铁群赴日留学。因此又影响了同邑罗应鎏、刘维濂、刘维泰(立群)、李定区、李荫区、李敬熙、何蔚(慎其)、游卓明、李秉权、饶景华(诗野)、何成等人先后赴日留学,并立志革命加入同盟会。天炯先生曾作诗二首"题兴宁留东同人摄影",深见他们的非凡抱负:

　　田横入海怀孤愤,五百畸人耻散沙。如此风涛侬去也,帝秦今日为谁家?
　　冠带何曾作马牛,过江名士亦风流。神山倘有长生药,亿万疮黎尽待瘳。

后来,天炯先生在一九二三年所写的《山居一年半》这本小册子里也曾说:"我兄弟育此家庭,日有新知,遂倡留学,为邑人范"。

天炯先生在日本东京,初进正则预备学校,后来主要是攻读社会科学,受卢梭学说影响很大,给他坚定地献身民主革命打下了思想基础。他的诗句:"民约千篇续待谁"以及"勿以皇位敌民权,民权若火不可灭,前消后发如涌泉",充分流露出他对卢梭学说的尊崇。同时,他非常赞成王荆公(王安石)的变革思想,曾著文阐扬王荆公"天变不足畏,人言不足恤,祖宗不足法"这几句名言。

甲午战役以后,继之八国联军入侵,清王朝的腐败无能达到顶点。天炯先生在日本时时感到祖国亡国灭种的危机,满腔忧愤,以诗文言志,写下了不少爱国诗篇。尤其是在一九〇四年所写达六百多字的长诗《日本行》,慷慨激昂,痛骂清王朝和那些汉奸民贼。其中有句:"百孔千疮老帝国,中有魑魅为虎伥;虎伥不灭政府傲,志士颈血和脑浆!"本来天炯先生受过改良思潮的影响,到了日本以后,又接受了民主革命思想,扬弃了改良思想,认定非推翻清王朝就无法救中国。他讥骂康有为、梁启超效法日本搞君主立宪,是效颦之奴。在咏《温生才刺孚琦》诗里又写道:"国仇三百载,忠臣义士词人学子尽皆为髑髅。其豆燕,顶珠求,大同说借羞不羞?!何如男儿好身手,壮烈归山丘。"这是一方面高度颂扬温生才烈士壮烈的革命行动,另方面则大声斥责康梁保皇党的可耻。同时,曾有友人向天炯先生谈到留学生毕业后,如到清王朝的北京去考试,便可获得某部主事的官职,有相与劝勉之意。他大笑拒之,即写《东京秋思》四首诗用以明志。其中:"马骨岂招天下士,羊头真烂部曹居。""剑气光腾思杀贼,酒情豪上欲回潮"。说明他赴日求学不是为了功名富贵,而是为了救国救民。

天炯先生在思想上认定非进行革命推翻清朝,则无以救中国。转而在行动上找寻救国途径,广泛联系爱国人士、留学生和华侨。他先后结识了孙中山、黄兴、秋瑾、章太炎、蔡元培、张继、戴季陶、刘道一、宋教仁、胡汉民、汪精卫、赵伯先、廖仲恺、朱执信、林广尘等人。

一九〇五年,中国革命运动在高涨中。是年八月二十三日,孙中山先生创立的兴中会联合了黄兴的华兴会和章太炎、蔡元培的光复会等革命团体,在日本东京成立了中国革命同盟会。在组织同盟会过程中,孙中山与何天炯曾事先会面和交换意见,因天炯先生在留学生中颇孚众望。同盟会成立的那一天,到会七十余人,天炯先生为其中之一,并得到会员们的拥戴,被选为会计。同盟会总部的最初组织:设总理(孙中山)、协理(黄兴),下设三个事务部门,就是书记、庶务、会计。第一任书记为胡汉民,第一任庶务由黄兴兼任,第一任会计为何天炯(后来天炯先生调任同盟会广东支部长,会计一职由廖仲恺继任)[①]。同时,他的嫡堂兄何公博也担任同盟会广东主盟。

天炯先生加入同盟会后,救国情殷,忠心革命,在党内积极协助

---

① 此处所述同盟会组织状况不甚准确,可参看其他文献。

孙中山先生，起领导骨干作用。一九〇六年至一九〇八年间，同盟会多次在国内所组织的武装起义都告失败，有部分意志不坚定的会员表现消极，有些会员无形中与组织脱离了联系。这时孙中山、黄兴等领导人都不在日本，同盟会成了群龙无首，一盘散沙。天炯先生和吴玉章等人，就加强和各省在东京的会员的联系，使同盟会总部的领导工作得到相对正常的维持。吴玉章所著《辛亥革命》一书，曾着重提及此事。

天炯先生在日本积极进行革命工作，除广泛联系爱国人士之外，还积极联系同情中国革命的日本朝野人士，如犬养毅、头山满、萱野长知、和田三郎、宫崎寅藏兄弟等人。尤其是和宫崎寅藏的交情特别深厚。有一次天炯先生对宫崎谈到同盟会的经费支绌，宫崎先生素擅音律，毅然到街头卖唱，为同盟会筹集经费。宫崎长须髯，天炯先生美称他为虬髯客，以师事之，终生莫逆。宫崎一家兄弟三人能够对中国革命全力支持，始终不渝，这在天炯先生和宫崎的私人交谊上，是起到很大作用的。一九二〇年十一月孙中山在广州重组军政府后，次年二月六日授意何天炯发电邀请宫崎访粤。三月十二日，宫崎到达广州，萱野长知同行。十三日何天炯陪同宫崎拜谒史坚如墓，参加孙中山主持的宴会。十四日何天炯送宫崎到香港，第二天宫崎又送何天炯回广州，二人依依难舍。一九二三年①冬宫崎病逝，天炯先生曾写了两副挽联和六首悼念诗，说宫崎参加中国革命是"披发撄冠救汉家"，又说"吾华若重奇男子，不数君家数哪家"，充分赞扬宫崎全家支持中国革命的崇高友谊。到了一九三一年间，天炯先生的次子何承天在日本留学，与宫崎的儿子宫崎龙介在世交的基础上，进一步结成了挚友。又过了五十多年，一九八五年秋，当地人民政府为天炯先生修建纪念墓碑落成前夕，宫崎的孙子宫崎智雄教授，忽然致函兴宁石马区公所探询天炯先生的后裔，并谓其家珍藏着孙中山、黄兴、何天炯等革命领导人致宫崎寅藏的原信，其中天炯先生的信最多，为数

---

① 应为一九二二年。

附　录

一百余封。跟着宫崎智雄又致函天炯先生之长孙何雷，互相联系。这是中日两国人民传统友谊上所培植的花朵，相信这花朵将世世代代永远地绽开。

一九〇八年春，天炯先生曾协助黄兴先生组织以旅越华侨中的同盟会会员为骨干的中华国民军南军，开入钦州起义。在钦廉和广西上思一带转战四十余日，屡败清军。后以弹尽援绝，退回越南。

一九一一年三月二十九日，同盟会协理黄兴领导了著名的广州起义。事虽失败，但这次壮烈的革命行动，为同年十月武昌起义的胜利打下了基础。事前，天炯先生参与计划。他由日本秘密到香港时曾写诗志意：

　　别泪新桥似灞桥，东风杨柳客魂消。谁人识得南行意，月满征袍雪满刀！

以示自己将与鞑虏决战。他和宋教仁、黎仲实、林文、吴玉章负责在日本购买军火运至香港。起义前夕，他又在香港招募敢死队五十余人，亲自率领，于三月二十九日凌晨与宋教仁、吕天民、何克夫、黄一欧等党人同乘早船赴广州。不料到达广州时，已先期举义失败。事后，同盟会知名会员曹亚伯著述《广州三月二十九日之役》一书，曾说招募敢死队最多而又能节省费用者，是何天炯与李群。

辛亥广州"惊天动地泣鬼神"的壮烈起义，虽告失败，但使清王朝的统治日益动摇。在恐慌中，他们更凶残地加紧缉捕革命党人，天炯先生只得暂时伏居香港。这时他写了《书感》诗二十五篇，怀念、悼惜和歌颂七十二烈士英勇牺牲的伟大精神，同时也抒发了后死者的责任感。兹选录二首：

　　暮春伤别离，死别更心伤。头颅轻一掷，血泪揾千行。白日过魑魅，春花牧犬羊。丹心指碧海，秋水色如霜。

　　遥望珠江上，行人尽白巾。在昔易水别，衣冠见精神。哀哉黄帝裔，终古压强秦。滔滔民权论，谁能殉以身。斯文未坠地，哲人已成仁。后死将何见，岂不怀酸辛！

自同盟会成立至广州起义，曾进行过多次武装起义，都宣告失败。尤其是经过充分筹备和极其英勇战斗的广州起义失败后，天炯先生和不少党人在这革命低潮中，一时感到有点悲观。据其诗作中记载，当时黄兴先生也伏居香港，不免也流露悲观情绪。天炯先生曾写《水调歌头》词一首，寄托伤时、怨别、望乡、思亲的情怀，黄兴先生看了以后，亦潸然泪下。但这首词的最后两句："神州如可复，何事不团圆"，抒写了天炯先生处逆境而不馁的革命意志。

辛亥武昌起义之后，天炯先生奔赴汉阳，襄赞黄兴先生戎幕，旋奉黄兴先生委托赴日本筹款和争取日本朝野人士对中国革命的支持。路经香港时，十二月二十一日适逢孙中山先生由欧归国，天炯先生乃与胡汉民、廖仲恺等人前往欢迎，商谈革命建国大计，并合影留念。

武昌起义胜利后，一九一二年一月，孙中山在南京就任中华民国临时大总统，委派唐绍仪为驻日全权代表，以何天炯为副代表，唐绍仪没有到任，由何天炯执行全权代表职务。天炯先生原与日本朝野人士有密切来往，及至出任使节，更发挥了外交作用，使中国革命获得日本人民更多支援。天炯先生谢世后，胡汉民为之撰写墓志也说："孙中山先生在南京就任临时大总统，派君为驻日全权代表，极称其职。"

孙中山辞去临时大总统后，为了考察日本的实业和铁路状况，以及进行筑路借款，并试图促成中日联盟对抗沙俄，于一九一三年二月十日由上海启程，十三日抵达日本。随同孙中山前往的有马君武、何天炯、宋耀如、戴季陶等人。在此前后，凡孙先生在日本的活动，天炯先生无不参与，这不仅是他在党内有重要地位，而他精通日语及通晓日本国情也是一个原因。三月一日，他陪同孙先生在东京日本青年会出席四千人的欢迎会。

一九一三年三月下旬，袁世凯派凶手暗杀宋教仁以后，阴谋称帝。不久，天炯先生与朱执信等人秘密组织讨伐。孙中山则拟在杭州起义，何天炯则拟在嘉兴、湖州发动。在讨袁问题上，党人意见分歧，各自为政，宣告失败，袁氏悬赏十万元缉拿何天炯等人。天炯先生避往南洋群岛，在侨胞中大力揭露袁氏罪行，并募集革命经费，以图再举。

一九一三年秋间，因组建中华革命党的问题，孙中山和黄兴意见发生了严重分歧，各不相让。何天炯于同年九月十六日抵达日本东京，立即在当天下午与宫崎寅藏往访孙中山，次日上午往访黄兴，以冀调和孙、黄意见。天炯先生的观点与黄兴近似，他力图说服孙先生，因而时常发生激烈的争辩。在四十多天中，一共拜访孙中山二十四次，黄兴四次。在最后一次拜访孙中山时，何天炯才填写誓约加入中华革命党（誓约书第二十八号）。一九一四年孙中山迫切希望何天炯再度赴日，何天炯乃于当年九月末到了东京，曾三次参加讨论《中华革命党方略》，十二月十六日被任为该党广东支部长。同月二十二日各省支部长在东京举行特别会议，天炯先生担任主席。一九一五年三月，孙中山又派他为南洋各埠特务委员，负责向华侨筹募经费。同年回到上海，他还是希望孙先生放弃"党魁集权"的成见，以团结党人，曾致函胡汉民、廖仲恺、邓铿等人，嘱他们也奉劝孙先生。天炯先生痛哭流涕，在信中指陈得失，但终竟没有说服孙先生。直至一九一六年袁世凯垮台后，何天炯与孙中山的关系始逐渐好转，至一九二〇年才又恢复融洽。由此看来，天炯先生既是孙中山先生的忠实信徒，又是坚持原则直言不讳的诤友。

一九一五年四月，天炯先生由南洋经日本回上海暂居。他感到党内纷争不已，尤其痛愤某些党人贪图富贵而互相倾轧，在舟过马关及到上海后，曾写过许多诗篇，字里行间，亦讽亦谏，实忧国忧民之作，现录三首如下：①

---

① 参见诗词《舟过马关海涛打枕夜不成寐拉杂感赋》1915年4月2日。

东海归来感岁华,未曾换骨号仙家。灵芝本是延年物,叵耐人贪富贵花。

斜日荒山骨未寒,伤哉公等竟贪欢。分明一样高无赖,装上斯文说好看。

共誓偕行志不磨,一朝得势便操戈。当时珠海横刀去,血染黄花孰比多!

同年九月,天炯先生复到日本,十月五日返回上海。在这期间,他和孙中山在对待康有为派的态度上又有不同意见。十一月七日他到达香港,同月二十日回到上海,此行系运动龙济光部下倒袁。同年十二月十二日袁世凯称帝。接着,唐继尧、蔡锷通电云南独立,轰轰烈烈的护国运动兴起,天炯先生在兴奋中致函宫崎:"今南方风云已告变矣。以天时、人事推之,袁政府当无所逃罪于天下。可虑者,一般拥兵大员不知共和为何物,虽一旦反戈向袁,其结果于民国前途不能放若何之异彩。"[①]何天炯认为"不知共和为何物"的拥兵大员,虽然可以参加反袁行列,但决不会成为民国的柱石。他的看法是很有见地的。这时,他介绍林国光去东京,会见宫崎和头山满,以争取经费支援讨袁。

一九一七年六月十五日,天炯先生曾赴北京。九月,孙中山就任军政府大元帅。十一月何天炯到达广州,孙中山命他赴日争取财政援助,他认为时机未到,没有成行。同年末,他陪日人山田纯三郎到汕头调查铁矿,结果发现储量相当丰富。一九一八年四月间,他受孙中山之命赴日本,谈到开采汕头铁矿之事。

一九一九年,五四运动爆发,天炯先生非常振奋。五月十日,他和张继、戴季陶联名发表《告日本国民书》,揭露日本政府的侵略政策,呼吁日本人民从根本上改造政治组织,爱和平,重信义,与世界民主文明的潮流一起前进。同月十五日又写信给宫崎说:"中日两国

---

① 参见致宫崎滔天函,1916年1月2日(在上海)。

国民，本有亲善之要素，徒为少数握权力者迷误其方向。日本以国家主义为前提，故以侵略为天职，北京则以权力为生命，故至万不得已时，则虽卖弃其国家而不惜。一买一卖，而东亚从此多事，为人民者宜如何发愤起而纠正其迷梦，为人道前途放一绝大光明也！"[1]

一九二〇年十一月，孙中山先生在广州恢复了军政府，决定向英、法、美各国派出代表，以何天炯出使日本。但天炯先生向孙先生陈述形势，认为出使之期不宜过急，孙中山接纳了何天炯的意见。他于一九二一年一月五日致函宫崎："年来贵我两国民之感情，恶劣极矣。弟与先生虽有中日联盟之主张，不知何日可能实现？念之不胜愤慨。然则刻下则时机已到，倘贵政府仍恃强为生，则人类幸福，必无可希望也。"长期以来，天炯先生都期望得到日本政府的帮助，然而结果得到的总是失望。他对日本政府的政策逐渐有了认识，他的信就是这一觉悟的表现。在这时期，天炯先生提出开发海南岛、开设大沙头商场和士敏土厂的建议，又曾发函宫崎，要求发动日本的资本家给予支持。

一九二一年五月五日，孙中山先生在广州就任非常大总统，复派天炯先生为驻日全权代表，并以戴季陶为副代表，旋又任命为总统府最高顾问。次年六月陈炯明叛变，包围进击总统府，孙先生处于危难之中。天炯先生焦虑万状，曾迂回火网，冒枪林弹雨步行到沙面，拟以私人关系商请英国领事协助孙先生脱险。后来听到孙先生已安全登上永丰舰，才放下心来。

自陈炯明叛变后，广东境内陷于兵乱。天炯先生原患有心脏病，因愤陈氏逆行，病益增剧，遂乞假返原籍休养。他在原乡养病一年半时间里，虽陶冶于自然界景物之中，仍不忘国计民生之多艰，乃效屈原离骚，把忧国情怀托之于吟咏，写下了不少诗词和联语。兹录其诗、联各一首，以见其当时心境：

---

[1] 参见致宫崎滔天函，1919年5月15日（在上海）。

何天炯集

抚松抱石得忘机，槛外风云愿又违。无补时艰深愧我，不知何处鳜鱼肥？

似倦鸟知还，许国肺肝犹激烈；倘白云高卧［诗草为"有意"］，谭禅风味亦清空。①

这时，他还写了《慈悲篇》六首，是痛愤陈炯明叛乱之作。篇中有句："披猖何时休，兄弟如寇仇。爵禄为至宝，理性若赘疣。"又说："奸凶须早殄"，主张彻底讨伐和消灭陈逆。这些诗篇，表明天炯先生坚定的革命立场。

天炯先生为了适龄子弟得以及时就学，在村中创办一所松园小学，并亲题"明正刚勤"四字为校训，而且经常到学校对教职员指点办学和教学之道。

天炯先生在原乡养病期间，著述了两本书，一是《山居一年半》，一是《革命史衡》。《山居一年半》的主要内容，是对时局和党内某些人物的评论，以及叙述本人之身世。《革命史衡》是一部史论，记述和评论同盟会至中华革命党之全部历史。天炯先生在乡间休养时，基本上完成了初稿。一九二四年七月，他重到广州时，为了完善该书的内容，请广州《民国日报》为他刊登征求资料启事。该报谓"民党巨子何天炯，现正编纂《革命史衡》一书，其上编已将脱稿，内容极富，犹恐尚多遗漏，昨复发函征求革命事实。"② 跟着，该报刊登了何天炯的原函。

《革命史衡》分上下两篇，上篇写同盟会时期，下篇写中华革命党时期。天炯先生在征集史料的启事上说："史乘纪载首重详实，而本主人认为民国前途与本党有非常关系，故于纪载详实外，对于已往之成败得失反复咏叹，屈子离骚，贾生痛哭，庶几闻者足戒！"③ 由

---

① 此诗在《山居一年半》刊行时被置于文章之首。参看本书所录《甲子夏间将之广州自题山居一年半》（1924年夏）。
② 何天炯：《征求革命事实》［载《（广州）民国日报》1924年7月19日第6版］。
③ 同上。

此可以看出天炯先生对国家民族和对革命之无限忠诚。可惜《革命史衡》已经失传。近年来中国社会科学院近代史研究所不断努力征查该书，且致函天炯先生之幼女何莲史谓："因为对东京同盟会内部情况，始终亲历者，只有令尊一人，他的记载，应是很宝贵的。"①

一九二四年一月，孙中山先生在中国共产党帮助下，改组了中国国民党。天炯先生在乡间，阅报得知国民党内上层领导之间在联共问题上发生分歧。适奉孙先生之命，乃扶病复出广州，周旋于左派廖仲恺、右派胡汉民之间，力图调和党内意见，服从孙先生实行三大政策。天炯先生是极力主张打倒北洋军阀政府的，所以，当他离乡赴广州时曾有诗句：

　　揽辔悠然下广州，鸡前牛后不回头。仲连已渺留侯在，北望秦庭一击休。②

天炯先生到广州后，于一九二五年初，又以孙中山先生之最高顾问名义赴日本联络。他在日本听到孙先生于三月十二日在北京病逝的消息，悲痛万分，立即返国，由是心力交瘁，病入膏肓，于同年七月一日下午八时病逝于广州博爱医院，享年仅四十九岁。

天炯先生病逝后，国民政府明令表彰和优恤，并由胡汉民、汪精卫、廖仲恺、林森、谭延闿、邹鲁、孙科、古应芬、程潜等人发起，于八月十六日在广州九曜坊教育会举行追悼大会。党内外知名人士所赠挽联和挽词，对天炯先生的革命功绩和人品、风格高度赞扬，并对他的不幸逝世，表示悼惜。其中谭延闿的挽联写道：

　　又弱党中一健者，我为天下哭斯人！

---

① 《中国社会科学院近代史研究所答复何天炯幼女莲史搜寻〈革命史衡〉的信》（王学庄），载《兴宁文史》第十辑《何天炯先生纪念专辑》。
② 《甲子夏间将之广州自题山居一年半》（1924年夏）。

苏联顾问李縻也致送了挽联：

为国尽瘁，为党任劳，何期伯玉知非，遽辞人间恶世；
读史能通，读书得闲，正值中华改造，竟失万里长城！

同年八月二十九日，上海《民国日报》刊登了戴季陶的悼念文章，题为《高洁的人格》。十月二十五日该报还刊登了刘子芬所撰《革命志士何晓柳传》。两篇文章对何天炯都作了很高的评价。

天炯先生的遗体，遵照他的遗嘱，归葬原乡。灵柩起运之日，国民政府通饬沿途各级政府和民众团体献花致祭。抵达兴宁县时，设帐蓬停灵于大坝里，县长率全体官员，一中校长率全体师生前往吊祭。其灵柩运返原籍石马区，因为等待选择墓地，暂时草葬于其故居荷秀坡山侧。后因抗战和内乱，五十余年，一直未曾正式安葬，墓地荒凉，野草离离。所幸中国共产党和人民政府于一九八五年，由广东省民政厅转奉省委和省府批准"为辛亥革命领导人之一何天炯修建纪念墓碑"。同年十一月十二日，举行了隆重的墓碑落成典礼，使一代勋烈得以表彰，革命典范，永式后人。

天炯先生读书、革命、出使，长期居住日本，虽然赞许日本的维新致强，但对其侵略政策则深恶痛绝。他所写《东京杂诗》对日本的军国主义多所抨击。诗中的自注曾说："日本人崇尚佛教，然其心理则与政府之侵略政策相吻合，奇哉。"又说："日本人迷信军国主义，欲矫正之，非一二十年之事也。"[①] 历史证明，日本终于以军国主义覆灭于第二次世界大战。由此，亦可以看出天炯先生之远见卓识。直至今天，从日本军国主义残余分子的言行看来，天炯先生之识见仍具有现实意义。

日本军国主义吞并朝鲜之后，天炯先生激愤之情时见篇章，曾写

[①] 参见诗词，原题为《东京杂事》（1905年或稍后），此处文字与原文略有出入，应以原文为准。

长歌《李花落》一首、《朝鲜叹》一首、《朝鲜杂咏》八首。当时朝鲜王室姓李，故以李花落为题。诗中"狡哉桃太郎""桃花人面薄"等句，是影射日本首相桂太郎的，因为桂太郎是采取阴谋毒辣手段侵吞朝鲜的元凶首恶。他对于另一个侵朝刽子手伊藤博文的被刺，也曾作诗讥讽。但天炯先生对于朝鲜义士安重根爱国的壮烈行动则写了赞歌。从天炯先生以大量的诗篇来悲叹朝鲜的亡国，可以看出他富有高度的正义感，他不独热爱自己的国家民族，而且同情和支持弱小国家、弱小民族。

天炯先生不仅是卓越的民主革命先驱，又是才情极高的爱国诗人。他读古人的诗，特别喜爱陶渊明与陆放翁的作品，这和他青壮年时期的革命爱国行为以及后期不争名利退居乡村的思想是相吻合的。他的诗慷慨激昂，读之令人感动奋发。在写作艺术方面也达到很高的境界。他第一次填词时，黄兴先生见其《水调歌头》，即谓："子初学此，何其工也。"他的诗，在他逝世后的一九三七年，由他的次子何承天辑录刊印为《无赫斋诗草》。天炯先生曾为乡间住居题名为"亦爱庐"，取陶渊明诗句"众鸟欣有托，吾亦爱吾庐"之意；又将读书处题名为"无赫斋"，盖取汉代"何武无赫赫名，去后令人思"之意，并寄托自己之为人。《无赫斋诗草》所存仅几本，一九八二年广东雷州师范学校认为该诗集极有价值，特予复印，以广流传。

天炯先生状貌文雅，丰神清逸，一见知为儒者。殊不知他童年即熟习技击，武艺超人。清末乡间遭匪乱，他带领乡团进击，时值夜间，内部发生误会，互相攻打，他一面大呼误会，一面招架，及至天明，见所穿衣服已被刀枪洞穿多处，而身体无一损伤。又一次他由东江乘船返里，行至惠州之观音阁，遇土匪劫船。他奋起击贼，力扑数贼于水中，并呼乘客协力抵抗，率使群贼惊散，客商未受损失。

天炯先生非常同情民众疾苦，陈炯明叛乱时，乡间迭遭兵燹，很多老百姓请求到他家里避难，均予收容。他曾有写实的《感事》

诗句"民到流离不忍看！"

天炯先生生前所藏图书文物极为丰富。他遗留的珍贵史料同盟会创立时的原始会章及会员名册，已由他的次子何承天于一九四〇年间，献交国民党中央国史馆。其他文物在"文化大革命"时期，绝大部分遭到劫掠和毁灭，仅存残缺的涵芬楼版本的二十四史五百余本，及孙中山、黄兴、胡汉民、周震麟等人的墨迹，亦由他的孙子何达英于一九八三年七月献交兴宁县人民政府。

天炯先生原配李汉贤，性贤惠，有大度，深得亲友和村人敬爱。初不识字，后在长女辅导下，每于耕耘及家务完毕之夜，勤读苦学，竟通晓书信和计算账目。夫妻感情，始终如一。有子昌龄、皇龄（承天）、奇龄；女少柳、莲史。现莲史健在[①]，其余已先后去世。

一九八七年十二月

本文参考和引用的书刊

1. 一九二五年广州《民国日报》与上海《民国日报》
2. 胡汉民撰《何天炯墓志》
3. 尚明轩著《孙中山传》
4. 中华书局出版的《孙中山年谱》
5. 邹鲁著《国民党史稿》
6. 中国近代史丛刊《辛亥革命》第二集、第四集
7. 吴玉章著《辛亥革命》
8. 《黄兴全集》
9. 一九八一年十月十二日《参考消息》
10. 一九八五年中山大学学报《孙中山研究论丛》第三集
11. 一九八六年十一月十一日《人民日报》
12. 《历史研究》一九八七年第五期，杨天石、狭间直树合著《何天炯与孙中山》

---

① 何莲史已于2012年去世。

附　录

五　宫崎滔天后人宫崎智雄与何天炯家乡及后人通信（1985—1986年）

1. 宫崎智雄致石马区区长信 1985年8月14日①

石马区区长先生：

首先请原谅我们为一点事麻烦您。

我们是贵国辛亥革命的领导人孙中山、黄兴的极为亲密的战友宫崎滔天的后人，我们的父祖和贵国的廖仲恺、何香凝、吴玉章以及周恩来总理、廖承志先生等人都有过交往，我们家族几代，都一直为日中友好而努力，并且愿意世世代代地继续下去。

在我们翻阅滔天祖父的信件中，发现当时辛亥革命领导人之一何天炯（即何晓柳）来信很多，仅保存下来的就超过一百封，可见他们之间当时的友谊非常亲密。

从来信的地址中，我们知道他是汕头附近的人，地址上写着"汕头、兴宁县，石马区"，这个地点我们在地图上找不到，当然也不知道何天炯子孙的姓名。

我们很希望能找到何天炯的后人（当然最好是了解当时何天炯和宫崎滔天交往情况的后人），所以只好麻烦您，请有关部门给找一找，何天炯不是个无名之人，我们相信在您们的支持下是可能找得到的。

谨致

崇高的敬意

滔天关系日中资料保存会

宫崎智雄 ［印］

1985年8月14日

---

① 原件已无存，复印件藏于宫崎家，为中文书写。另见《兴宁文史》第十辑《何天炯先生纪念专辑》，第120—121页。

何天炯集

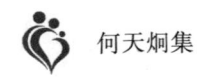

通信处：日本国东京都丰岛区西池袋 2-15-16

2. 石马区公所致宫崎智雄信（1985年10月30日）[①]

滔天关系日中资料保存会
宫崎智雄先生：

  我们高兴地收到您的来信，迟复了，请原谅。你们世代为中日友谊而努力的可贵精神，使我们深受感动。愿我们继承先辈业绩，世世代代友好下去。

  何天炯（即何晓柳）是我区新群乡人氏。少年好学习武，抱负宏远。清末，东渡贵国留学，并会孙中山先生于东京，倡办国民革命同盟会。后调任广东支部长，我国辛亥革命时，奋力参加广州和武昌起义。民国成立后，被派驻贵国任全权代表，孙中山任总统时被聘为总统府最高顾问，多次到贵国联络外交，广交了不少朋友。据了解，天炯先生与同情中国革命的日本朝野人士宫崎寅藏先生一家结为挚友，其子何承天又与宫崎龙介交往密切。他们共同为中日友谊作过贡献。一九二五年三月，孙中山病故后，天炯先生悲恸万分，积劳成疾，于同年五月病故于广州，时年四十九岁。

  天炯先生有兄弟五人，均先后去世，其本人生下三男二女，长子何昌龄，原在家当医生，一九六六年在家病故；次子何皇龄（即何承天）一九四八年去香港后失去联系；三子何奇龄原在广州任工程师，一九八三年在广州病故；长女何莲招（即何稚柳）原复旦大学毕业，一九四八年去香港，一九七二年在香港病故；次女何莲史，现在北京矿业学院工作。儿女五人中尚有莲史健在。

  天炯有孙儿七人。其中只有长子昌龄的儿子何达英在原籍，现任石马区新群小学校长，其余均居住在各地。次子何皇龄生下的儿子何雷，现任北京外语学院副教授。三子何奇龄生下的儿子何宇在香港当

[①] 原件藏于宫崎家。另见《兴宁文史》第十辑《何天炯先生纪念专辑》，第122—123页。

小汽车司机。

　　据了解，天炯先生家现在仍存有宫崎滔天先生给天炯先生去世时写的悼念诗词①，可见他们之间的友谊非同一般。

　　为褒扬民主革命先驱者的爱国精神，兴宁县政府和我区公所正在兴建天炯先生纪念墓碑，并将举行落成典礼，以纪念先辈的业绩。

　　我们希望与宫崎智雄先生取得更多的联系，让中日友谊世世代代继续下去。

　　谨此简复。此致

　　崇高的敬意！

兴宁县石马区公所
一九八五年十月三十日

通讯地址：中华人民共和国广东省兴宁县石马区公所

3. 何孟淳致宫崎智雄信（1985年9月8日）②

宫崎智雄先生：

　　我是何天炯（字晓柳）的侄子，叫做何孟淳，现在广东省人民政府担任参事。青年时期曾在贵国读书，由于年深日久，日语已经基本忘记了，只好用汉语写信给您，请原谅！

　　当我收到我的家乡石马区政府转来您的信，真是无比的兴奋！因为，我们早就曾打算向滔天先生的后代查询何天炯的事迹，可是没有门路，我国近代史研究所，多年以来也在搜寻何天炯的史料。现在得悉您收藏了何天炯致滔天先生的一百多封信，这可以说是十分珍贵的文物和史料。我恳求您是否可以先行复印一套（或部分）寄给我？另外，还有没有何天炯和他人合照的相片？如有，也希望复制一份。

　　滔天先生三兄弟为中国革命作出了极其伟大的贡献，在中国是十

---

① 误，似应为宫崎龙介先生写的悼念诗词，今已无存。
② 原件藏于宫崎家。

分知名和［受］敬仰的。辛亥革命七十周年时期，我曾读到贵国东京大学教授竹内实所写的《宫崎三兄弟和孙文》的文章，里面也提到何天炯。

我们也知道滔天先生和何天炯的交情是特别深厚的，滔天先生还到过何天炯的家乡。我少年时期在家里曾亲眼看过滔天先生的许多照片，可惜在"文化大革命"的动乱中全部散失了，只保留了何天炯的诗集《无赫斋诗草》，里面有挽滔天先生的几首诗、联，现将该部分复印给您，并附上何天炯照片一幅。

何天炯的三个儿子都去世了，他的幼女何莲史在北京矿业学院当会计师，他的长孙何雷在北京外语学院当副教授。他的次子何承天（何雷的父亲）青年时期在贵国东京留学，曾和宫崎龙介先生结为兄弟，这是中日人民的传统友谊，希望我们之间也继续这个友谊，世世代代相传下去。

辛亥革命七十周年纪念时，我们曾发表过《何天炯传略》，里面也叙述了一些滔天先生事迹，待后寄您一册。　盼您回信。　敬祝

健康！

何孟淳（印章）

1985年9月8日

通讯地址：中国，广州市解放北路542号广东省参事室

4. 何雷[①]致宫崎智雄信（1985年12月5日）[②]

滔天关系日中资料保存会

宫崎智雄先生：

最近我十分愉快地拜读了您给广东省兴宁县石马区区长先生的来信。现在，请允许我首先向您简单地介绍一下：我的名字叫何雷（男，50岁），现任北京外国语学院东欧语系捷克语教研室副教授。先祖父何天炯（即何晓柳）少年好学习武，抱负宏远。清末东渡贵

[①] 何雷为何天炯孙，其父何承天为何天炯次子。

[②] 原件藏于宫崎家。

附 录

国留学，会孙中山先生于东京，共创国民革命同盟会，后调任广东支部长。辛亥革命时奋力参加广州和武昌起义。民国成立后被派驻贵国任全权代表，孙中山任总统时被聘为总统府最高顾问，多次赴贵国联络外交，广泛结识了许多贵国友人。一九二五年三月，孙中山先生病故后，先祖父悲恸万分。后终因积劳成疾，于同年五月病逝于广州，时年四十九岁。

先祖父在世时，与您祖父宫崎寅藏先生过往甚密，情同手足（据说，您祖父曾多次访问过我们的故乡石马区）。先父何承天（即何皇龄，又名何子皇）在贵国留学期间，又与令尊宫崎龙介先生结成兄弟。今天，我们和你们一样，也十分乐意继承我们之间的这样传统友谊，并使之世世代代发展下去，为中日两国人民的交往作出新的贡献。

为了褒扬先祖父作为民主革命先驱的爱国精神，兴宁县政府和石马区公所在我们家乡（石马区新群乡）兴建了何天炯先生纪念碑。我和其他亲友荣幸地应兴宁县政府的邀请，曾于上月（十一月）十二日返乡参加了纪念墓碑的落成典礼。当时我们曾呈报广东省政府也邀请贵方同来参加落成仪式。后因时间紧迫，我们来不及把请帖及时地寄给你们。实在令人遗憾！

据我所知，您8月30日来信寄到后，我在广州工作的叔叔何孟淳先生和石马区公所都给您写了复信，想必都已收到了吧！为了使您能及时地看到此信，我转请来人把它捎给您。盼望着您的复信。此致

　　崇高的敬意！

　　　　　　　　　　　　北京外国语学院东欧语系捷克语教研室
　　　　　　　　何雷　　　　一九八五年十二月五日
　　通讯处：中华人民共和国 北京西郊苏州街
　　北京外国语学院东欧语系捷克语教研室

5. 宫崎智雄致何雷信（1986年2月2日）[①]

何雷先生：

　　今天韩富强先生来访，收到您托带的来信。去年石马区公所、何孟淳以及何元春先生的来信均已收到无误，未能及时作覆，深表歉意。

　　有关辛亥革命的资料我们保存很多，受到研究中国近代史的专家们的高度重视。我们正在整理这些资料，何天炯先生的书信也在整理之中。整理完毕后，我们将公开发表。应您的要求我准备复印一份寄上，不过要忙过一阵以后再说。现在先写此信，以免挂念。

　　致
　　敬礼！

宫崎智雄　（亲笔）
1986年2月2日

[①] 《兴宁文史》第十辑《何天炯先生纪念专辑》，第119页。

何天炯年谱*

1877 年（光绪三年）诞生

何天炯，出生于广东省嘉应州（后称梅州）兴宁县石马镇萧坊排（今新群村）。

天炯字晓柳，别号桑根，小名日祥，曾化名高山英太郎、中村繁等日本人名，以及林桂芬、林桃芳等中国人名，曾用笔名卫种。

祖籍为客家，世代耕读。父慰堂，武秀才出身，思想开明。天炯为家中长子，弟四人、妹五人。

1884 年（光绪十年）七岁

入塾读书，课余习拳术。

族叔何子渊自费赴美游历，次年任兴宁县督学，提倡新式教育，家乡始有新风。

1889 年（光绪十五年）十二岁

考取县第一名童生。

1899 年（光绪二十五年）二十二岁

娶妻李汉贤，次年长子何昌龄出生。

---

* 参考了刘静编撰的《何天炯史事编年》初稿（未刊），特此致谢。

1901年（光绪二十七年）二十四岁

丘逢甲①在汕头设立岭东同文学堂，讲授新学，宣传维新，后又于1903年12月与何子渊等共同创办石马镇兴民学堂。天炯受新风影响，赴日后与丘逢甲有通信联系。

1903年（光绪二十九年）二十六岁

萌生赴日求学愿望，家贫无资，时与丘逢甲共办新学的族叔何子渊发起族人"凑会"集资，予以赞助。春夏间，告别父母及发妻幼子，与同乡同学刘维焘、饶景华一起东渡日本。行前毅然剪掉发辫，以明弃旧图新之志，此一惊世骇俗之举轰动乡里。到达东京后，先入正则预备学校学习，后入明治大学学习社会科学。

1904年（光绪三十年）二十七岁

在日留学。写下长诗《日本行》，表达东渡日本寻求救国道路的决心和追求自由民权的志向。

因日人欲购潮汕铁路引起乡人反对，留日学生予以声援。冬，天炯受留日乡人推举，回乡调查潮汕铁路事，并回家探亲。

次子何承天出生。

1905年（光绪三十一年）二十八岁

春，偕堂兄何天瀚（公博）、堂弟何铁群赴日留学。由此又影响了同邑罗应鉴、刘维濂、李定区、李荫区、李敬熙、何蔚（慎其）、游卓明、李秉权、何成等人先后赴日留学。天炯后在其所写《山居一年半》中写道："我兄弟育此家庭，日有新知，遂倡留学，为邑人范"。

---

① 丘逢甲（1864—1912），祖籍广东镇平，生于台湾苗栗。1889年进士，补工部主事，在台湾各书院讲学。《马关条约》签订后，抵制割让台湾，倡议成立"台湾民主国"，失败后至广东嘉应州定居，在书院讲学，提倡维新。

1904—1905年间，结识黄兴、胡汉民、宋教仁、张继等人，参与反清革命活动。与支持留日学生革命活动的日本友人宫崎滔天相识，后来往密切。据滔天夫人槌子回忆，1905年1月，她携子女由家乡来到东京居住，黄兴、胡汉民、汪精卫、张继、宋教仁、何天炯等诸多留日学生常来往于家中，研究制造手枪，准备武装起义。①

春夏间，参与宋教仁、程家柽等创办宣传爱国主义的杂志《二十世纪之支那》，为记者之一。该刊于6月发行第一期，天炯以笔名"卫种"撰写发刊辞《二十世纪之支那初言》。

7月19日孙中山由欧美回到日本，与黄兴、宋教仁、何天炯等众留日学生结识。天炯服膺孙中山革命主张，从此坚定革命志向。

7月30日，在东京参加孙中山、黄兴召集的中国同盟会筹备会，到会者有各省留日学生70余人。天炯与参会多人当场自书誓词，宣誓入盟。介绍孙中山与黄兴合作的宫崎滔天及内田良平也列席。

8月13日，参加各省留日学生举办的欢迎孙中山大会，莅会者1300余人，聆听孙中山演讲革命主张，反响热烈。

8月中旬，因《二十世纪之支那》第二期刊登有批评日本的内容，遭日本政府查禁。日本警探报告称：该刊负责人程家柽、田桐、张继、宋教仁、何天炯，以"日本为非文明国"鼓动学生起来抗议。

8月20日，参加中国同盟会成立大会，莅会者约百人。会上通过会章，建立组织，选任干事。本部会计初任刘维焘，未就职，继任谢良牧，归国，由天炯继之。何天瀚任司法部判事。广东省支部部长初由何天瀚担任，后由天炯继任。1905—1906年间，在他们兄弟二人主持下接收入会的广东籍会员有112人，是人数较多的省份，其中兴宁籍有14人，也是人数较多的县。

8月27日，《二十世纪之支那》正式移交同盟会，改办为《民

---

① ［日］宫崎槌子：《亡夫滔天回顾录》，［日］宫崎龙介、小野川秀美：《宫崎滔天全集》（第五卷），第511页。

报》，作为同盟会机关报。日本方面记录《民报》编辑部人员：编辑兼发行人为张继；记者为张继、何天炯、田桐、宋教仁、程家柽。民报社址在东京市牛込区，兼作同盟会事务所。宫崎滔天妻姐前田卓子在报社照料日常生活杂务，被称为"民报妈妈"。天炯课余常在此处理事务、接待往来人员，孙中山、黄兴诸人皆住在附近，便于来往。

11月，日本文部省颁布《清国留学生取缔规则》，引起留日学生抗议，成立"维持学界同志会""敢死会"等组织，进行抗议活动。陈天华愤而蹈海，秋瑾等主张全体罢校回国。日本警探报告称：煽动抗议活动的革命派执牛耳者为程家柽，其部下有田桐、张继、宋教仁、何天炯、张昉、鲁鱼、黄华盛，被警视厅列为"重要煽动者"予以监视。

1906年（光绪三十二年）二十九岁

1月1日元旦新年，与宋教仁、张继、田桐共小饮，随后同至宫崎滔天家贺新年，并晤滔天兄宫崎民藏，座谈良久。

2月5日，至宋教仁寓，告知民报社昨有一越南流亡者来居，遂一起回报社与此人笔谈，其人痛诉越南受法人殖民统治的亡国之愤。

3月1日，与宋教仁、张继、前田卓子由民报社至风乐园晚餐，为翌日回国的张继饯行。次日又同至照相馆合影留念。①

7月15日，与田桐等二十余人发起举行欢迎由上海脱狱来日的章太炎大会。出席留学生约1600人，天炯致开幕词，章太炎等人演说。宫崎滔天、萱野长知等列席。

12月2日，参加庆祝《民报》一周年纪念大会，与会者五千余人，盛况空前。黄兴致开幕词，孙中山演说五权宪法。宫崎滔天、萱野长知等也到会并致辞。

---

① 《宋教仁日记》，陈旭麓主编：《宋教仁集》（下），第560、571、583页。见书前图。

1907年（光绪三十三年）三十岁

3月4日，日本政府应清政府请求驱逐孙中山离境，是日孙中山带领胡汉民、汪精卫等离开东京，前往南洋。胡汉民行前辞去同盟会本部秘书职，将其负责保管的同盟会员入盟书等秘密文件移交天炯接管。天炯留守东京同盟会本部，实以会计兼秘书，协助黄兴及庶务刘揆一主持东京本部工作。①

1907年5月至1908年4月近一年间，孙中山和黄兴先后发动潮州黄冈、惠州七女湖、钦廉防城、镇南关、钦廉上思、河口六次起义，天炯皆与在日同志协同筹款购运军械援助。

5月，孙中山和黄兴派萱野长知由香港带款回日本，与刘揆一、何天炯、宫崎滔天等，筹措购买武器及秘密运输。②

5月下旬至6月初，潮州、惠州先后发动起义，旋败。在东京的章太炎、张继等人发起反对孙中山的"倒孙风潮"，天炯协助刘揆一、黄兴调和矛盾，平息风潮。

9月1日钦州防城举义，17日失败。海丰、陆丰举义因商船运输军械接应失败而未能发动。13日，孙中山认为同盟会内讧及平山周等日本人之间矛盾纠葛，妨碍了武器筹措，为统一事权，自越南河内致函宫崎滔天，委派其为中国同盟会"在日本全权办理筹资购械，接济革命军"，并颁发委任状。③ 同日，天炯到神户西村旅馆，与正在此地作浪花节演出的宫崎滔天会面商谈。④

12月2日，孙中山、黄兴在越南河内组织发动镇南关起义，此前

---

① 《胡汉民自传》，《近代史资料》1981年第2期，第21页。
② 刘揆一：《黄兴传记》，中国史学会主编：《辛亥革命》（第四册），中国近代史资料丛刊，上海人民出版社1957年版，第288页；[日]宫崎槌子：《槌子夫人歌稿》，[日]宫崎龙介、小野川秀美：《宫崎滔天全集》（第五卷），第528页。
③ 《孙中山全集》（第一卷），中华书局1981年版，第342—343页。
④ [日]宫崎滔天：《巡业日志》，[日]宫崎龙介、小野川秀美：《宫崎滔天全集》（第四卷），日本东京：平凡社1973年版，第97页。

天炯与萱野长知、林时塽、程家柽等在日本购运军械支援。① 9 日起义失败。

1908 年（光绪三十四年）三十一岁

1 月，天炯与林时塽奉孙中山令，协同宫崎滔天、萱野长知处理已购滞留神户军械事。天炯与林二人又奉孙中山派遣，离日南下到南洋筹集起义用款。途经香港，先转至河内与孙中山、黄兴会合，商谈筹款及筹备后续起义事宜，随后赴南洋。

孙中山、黄兴策划广西钦廉起义，孙赴南洋筹款，黄兴指挥作战。黄兴命刘揆一、何天炯、宫崎滔天在日筹购枪械，运赴越南海防，以供应用。② 3 月 27 日，黄兴率旅越华侨同盟会员二百余人从越南边境开入钦州起义，在钦州、廉州、上思一带转战四十余日，以弹尽退回越南。

4 月，孙中山派人发动河口起义。天炯与萱野长知、林时塽、程家柽等在日本购运军械支援③。起义军攻克河口，连克多地，队伍发展到三千余人，终因寡不敌众而失败。

10 月 19 日，应清政府要求，日本警视厅下令封禁《民报》。黄兴等委托宫崎滔天代延日本律师提起诉讼，未获胜诉。12 月 13 日，日本警探报告，黄兴、章太炎、宋教仁、何天炯等九位民报关系者，在黄兴宅协商《民报》判决应对事宜，议决不服判决，提起上诉。

冬，《民报》被封禁后，同盟会失去办公场所，黄兴召集在日各省支部部长商议，集资赁屋作为办事机关，名曰"勤学舍"。黄兴、何天炯、林时塽、汤增璧、方汉城等曾居于此，也供来往同盟会员联络及暂住。④ 黄兴在"勤学舍"书陆游《塞上曲》条幅题赠天炯共勉。

---

① 宋教仁：《程家柽革命大事略》，陈旭麓主编：《宋教仁集》（下），第 440 页。
② 刘揆一：《黄兴传记》，中国史学会主编：《辛亥革命》（第四册），第 289 页。
③ 宋教仁：《程家柽革命大事略》，陈旭麓主编：《宋教仁集》（下），第 440 页。
④ 谭人凤：《石叟牌词叙录》，《近代史资料》1956 年第 3 期；伯夔（汤增璧）：《同盟感旧录》，《建国月刊》第 9 卷第 5 期（1933 年 11 月），第 2—3 页。

1909 年（宣统元年）三十二岁

6 月，"勤学舍"因欠费退租。同盟会东京本部失去办公场所，组织涣散。天炯协助庶务部长刘揆一维持同盟会本部工作，接应来往同志，筹款购械，支援各地起义。

秋冬，陶成章、章太炎等因在南洋谋筹款未成等事，在日本及南洋各地散布攻击孙中山言论，掀起第二次"倒孙风潮"。天炯协助黄兴、刘揆一等予以抵制和反对，维护革命组织及孙中山的领导地位。

1910 年（宣统二年）三十三岁

6 月 10 日，孙中山由檀香山秘密抵日本，因清政府要求日本政府不许其居留，遂隐居于东京宫崎滔天家中，天炯与黄兴、赵声、谭人凤、萱野长知等与孙共商革命进行方略。因受日警驱离，孙偕萱野长知于 24 日离东京赴南洋。

8 月，日本迫使朝鲜签订《日韩合并条约》，正式吞并朝鲜。日本举国欢庆，媒体粉饰美化。天炯悲愤难抑，作《朝鲜叹》《朝鲜杂咏》等诗作，表达对日本侵略邻邦行径的愤慨。

10 月 10 日，天炯致函在南洋马来亚槟榔屿（槟城）的孙中山，报告东京党务及财务困难情况，并告宫崎滔天贫病交加，请求寄款救济。孙中山于 11 月 3 日给天炯回信，述党内经费支绌，无款可汇，并向天炯透露将"速举大事"，即酝酿筹备广州起义的计划。

11 月 13 日，孙中山在槟榔屿召集秘密会议（因该地旧称庇能，故史称"庇能会议"），参加者有黄兴、赵声、胡汉民等人，决定会集海内外同志，倾尽全力，举行广州起义，长江流域各省举兵响应，以谋全国。孙谓此举"破釜沉舟"，务求必胜。会后孙赴欧美筹款，黄兴主持筹备广州起义。在日同盟会员纷纷归国到各地筹备起义。天炯奉黄兴令在日本办理购运军械往香港，本年末至次年初，与宫崎滔天、林时塽、吴玉章等共办购运军械事。

1911年（宣统三年）三十四岁

1月18日，黄兴抵香港，主持广州起义筹备工作，任统筹部部长，统筹全局，赵声为副部长。赵声离日赴港前，天炯写下《送赵伯生南归香港》一诗，为其送行。

1月下旬，天炯奉黄兴之召，由日本赴香港参加筹备起义，黄并嘱其带同盟会秘密文件及誓约书来后销毁。① 天炯到香港后，被派入选锋课，分任招组敢死队，临时就近招募数十人。会合敢死队成员共四百余人，潜伏香港待命。②

4月1日，远在加拿大筹款的孙中山致信何天炯（孙以为其仍在东京），述在加拿大筹款情况，并寄出二百元交滔天和天炯以救济生活，嘱其随时告知日本动向。

4月8日，同盟会员、南洋华工、广东梅县人温生才刺毙清署理广州将军孚琦，被捕遇害。天炯作诗《温生才刺孚琦》，以"男儿好身手，壮烈归山丘"之句，表达对这位同乡烈士以身殉国、大义凛然的钦敬。

4月27日（华历三月二十九），广州起义（史称"三二九起义""黄花岗起义"）爆发。因省港轮船班次所限及需秘密行动，起义队伍分批由港乘船赴穗。黄兴等率队先发，天炯与宋教仁等次日乘船前往，船至广州时黄兴已率部先期发动并告失败，遂退回香港。天炯好友林时塽等超百人牺牲，总指挥赵声激愤成疾而殁。③

5月9日，天炯自香港致函宫崎滔天，详述起义情况及失败原因，但对革命前途仍抱乐观态度。

起义失败后，天炯与黄兴等避居香港，写下长诗《书感》，表达

---

① 谭人凤著、饶怀民笺注：《石叟牌词》，上海书店出版社2000年版，第67—68页。
② 湖南省社会科学院编：《黄兴集》，中华书局1981年版，第58页；胡汉民：《胡汉民自传》，《近代史资料》1981年第2期，第36页。
③ 邹鲁编：《广州三月二十九革命史》，台湾商务印书馆股份有限公司1970年版，第39—40页。

对献身革命烈士的追思。黄兴极为悲观,以诗词自遣,天炯作《水调歌头·思亲》示黄,共勉劝慰,黄吟罢泪下。

9月7日(华历八月十五)夜,天炯自广州河南潜归香港,在舟中写诗《舟中望月有怀》,表达了对为革命捐躯故友的追思及"宁为玉碎不为瓦全"的革命信念。后又写《秋感》一诗,怀念为革命献身的故友烈士。

10月10日,武昌起义爆发。天炯与黎仲实奉胡汉民派遣到日本东京,与宫崎滔天共商为广东起兵响应筹措武器。

11月5日,天炯受黄兴之命与日本有关方面联系寻求援助中国革命。9日广东独立,推胡汉民为都督,天炯等得电讯后欢欣鼓舞。

11月15日,天炯与宫崎滔天受黄兴之招,从东京出发归国参加起义。18日到达上海,与上海独立后就任沪都督的陈其美会商筹款购械支援战事。

11月27日,天炯与宫崎滔天等乘轮由上海往汉阳,欲支援在前线指挥作战的黄兴。而同日汉阳失陷,途中与离汉来沪的黄兴、萱野长知、山田纯三郎一行在镇江相遇会合,同船返沪,12月1日抵达上海。①

12月5日,因军事需财孔亟,关系革命成败,黄兴派遣天炯紧急赴日筹款。行前黄兴授予其委任状,作为民国军政府"赴东借募巨款"之全权代表,并托其带给日本元老井上馨②、山县有朋③亲笔信各一封,请求他们对中国革命给予援助。④

天炯到日本后,即按照黄兴指示与日本政商人士交涉商谈借款、

---

① [日]宫崎滔天:《书简》,[日]宫崎龙介、小野川秀美:《宫崎滔天全集》(第五卷),第377—379页。
② 井上馨(1835—1915),日本政治家、实业家。早期与伊藤博文等留学英国,归国后参与倒幕运动。1885年任内阁外务大臣,后任农商大臣、内相、大藏相等职。1901年始,以元老身份主宰日本财政界和金融界,是近代日本财阀特别是三井财阀的后台。
③ 山县有朋(1838—1922),日本军事家、政治家。早年参加倒幕运动,历任陆军卿、参军、参谋本部长、内阁大臣、农商大臣和内阁总理大臣。是继伊藤博文后日本最有权势的元老,在日本军、政界势力较大,对内阁交替和重大内政外交问题均有重要影响。
④ 薛君度、毛注青编:《黄兴未刊电稿》,湖南人民出版社1983年版,第61页。

购械诸事。因日本政府对中国南北对抗宣布中立，故天炯化名中村繁秘密活动。据日本警探报告，天炯于12日抵东京，走访了有邻会①、犬养毅及其他要人，涉及问题：一是筹措军费；二是筹措防寒用具；三是筹措枪支；四是与留日华商碰头接洽。

至12月15日，天炯与日方活动交涉，以沪杭铁路担保借款，得到野炮五十门、机关枪五十挺、弹药及三百万日元，已装船待发。②

12月21日，天炯到香港迎接孙中山由欧回国，并报告商谈在日筹款购械事宜，在船上与孙及胡汉民、宫崎滔天、山田纯三郎等众人合影留念。

12月28日，天炯秉承孙中山和黄兴意旨，携大隈重信③介绍信，访日本原大藏大臣阪谷芳郎④，商议援助民国新政府财政事。阪谷提议设立中央银行，以确立财政根本。此议得到东京元老大臣会议同意，30日，天炯与松方正义⑤、大隈重信、阪谷芳郎、三岛正金商定设立中央银行，资本一亿日元，中日双方各承担一半，日方涩泽荣一⑥等财阀愿出资。⑦

---

① 由头山满主导的玄洋社，在武昌起义后，于1911年11月组织有邻会，派大批社员到中国同革命军联络，购买武器，筹集资金，支援革命军。辛亥革命成功后，头山满等对孙中山有所疏离，并与北京段祺瑞接近。

② 李廷江：《日本财界与辛亥革命》，第205页。

③ 大隈重信（1838—1922），日本政治家。早年参加"尊王攘夷"运动，后在政府任职，活跃于政界。1882年创办东京专门学校（早稻田大学前身），1898年任首相，1907年暂离政界，任早稻田大学校长。1914年再任首相，提倡日本主导下的"中国保全论"，向中国提出企图全面控制中国的"二十一条"。

④ 阪谷芳郎（1863—1941），日本政治家。财阀涩泽荣一之婿。1906—1908年任大藏大臣，1912年7月至1914年3月任东京市长，在日本政界、财界有广泛影响力。

⑤ 松方正义（1835—1924），日本政治家、财政家，明治九老之一。历任大藏大臣、枢密顾问官、内阁大臣。在日本财政改革中有较大建树，曾占据日本财政中心位置长达22年。

⑥ 涩泽荣一（1840—1931），日本明治和大正时期大实业家。早年参加"尊王攘夷"运动，曾在大藏省任职，曾任日本第一国立银行总裁。后创办大阪纺织公司，资本涉及钢铁、电气、采矿等多个重要经济部门，在日本实业界占于霸主地位。

⑦ 李廷江：《孙中山委托日本人建立中央银行一事的考察》，《近代史研究》1985年第5期；李廷江：《日本财界与辛亥革命》，第205—206页。

1912年（中华民国元年）三十五岁

1月1日，中华民国临时政府在南京成立，孙中山当选临时大总统，委任唐绍仪为驻日全权代表，何天炯为副代表。唐绍仪未到任，由正在日本的天炯代行全权代表职务。临时政府财政面临枯竭，军队日有哗变之虞，急需款械，孙中山、黄兴连电催促天炯在日加紧进行各项筹款计划。

1月8日，天炯接孙中山电令："设立银行之事已定，急需武器，望与阪谷、原口、大隈、涩泽相商。"孙又分别致电松方正义、涩泽荣一，告知银行和武器事宜均全权委托驻日代表何天炯办理。①

1月14日，天炯接孙中山电，欲活动汉冶萍公司筹款。时汉冶萍公司总经理盛宣怀及商务所长王勋（为时任南京临时政府外交总长王宠惠之兄）已遁居日本。天炯拜访王勋转达孙中山之意，盛宣怀表示接受，即致函日本财团代表小田切万寿之助②称：现汉冶萍公司急需巨款，拟以公司产业向贵行担保，借用日币五百万元。③

1月19日，天炯赴日本铁道协会，会见刚从南京返回的日本国民党领袖犬养毅，及阪谷芳郎、原口要、三上丰夷、八田裕二郎、伊田志平三郎等人，商谈筹款诸事。

1月21日，天炯致函汉冶萍公司：接南京政府来电，须将该公司改为华日合办，因等巨款以接济军费，请即日照行。29日，盛宣怀与日商代表小田切，在日本神户签订《汉冶萍公司中日"合办"草约》，规定集股三千万，中日各半，由公司转借五百万与民国政府，用于支付从三井购买的军械款。2月2日，孙中山、黄兴签署同意。后因南京政府内部人员及汉冶萍公司股东反对，舆论哗然，孙、黄感

---

① 李廷江：《日本财界与辛亥革命》，第208页。
② 小田切万寿之助，原任日本驻上海总领事，1906年任正金银行董事，次年兼北京分行经理。
③ 陈旭麓、顾廷龙、汪熙主编：《辛亥革命前后——盛宣怀档案资料选辑之一》，第230—231页。

受压力,遂令废约。①

2月8日,天炯接孙中山电令,取消设立中央银行计划,并奉命离日回国。

2月9日,天炯由日本分别致电在上海的宫崎滔天和宋教仁,请转告孙中山和黄兴:坚决反对孙中山欲将南京政府临时大总统让于袁世凯,"断乎不可为袁所欺,以贯彻初志。"

2月12日,清帝宣告退位。次日,孙中山向临时参议院辞临时大总统职,并推荐袁世凯继任。

3月10日,袁世凯在北京宣誓就任临时大总统。

3月,中华民国临时稽勋局成立,冯自由任局长,聘天炯为临时稽勋局名誉审议。

4月1日,孙中山正式解除临时大总统职务,后离南京至上海,临时政府由南京迁北京。天炯也常居上海,协助孙中山工作。

9月1日,天炯与宫崎滔天等在上海创办《沪上评论》(中日文、半月刊)创刊号发行,以促进中日交流、改善两国关系为宗旨。编辑为:何天炯、吕志伊、熊越山、邓恢宇、尾崎行昌、山田纯三郎、金子克已、宫崎滔天。天炯筹集一千元作为启动资金。宫崎滔天撰发刊词。②

1913年(中华民国二年)三十六岁

1月,天炯在《国民月刊》(上海)第1卷第1期发表在广州三二九起义后所写《水调歌头·思亲》一诗,以为纪念。

2月11日,孙中山辞临时大总统职后,欲致力于修造铁路等民生事业,为招商引资筹款,率马君武、何天炯、戴季陶、袁华选、宋嘉

---

① 陈旭麓、顾廷龙、汪熙主编:《辛亥革命前后——盛宣怀档案资料选辑之一》,第232—263页。

② 《解题》,[日]宫崎龙介、小野川秀美:《宫崎滔天全集》(第二卷),日本东京:平凡社1971年版,第668页;《解题》,[日]宫崎龙介、小野川秀美:《宫崎滔天全集》(第五卷),第561—562页。

树一行六人，离上海赴日本考察访问，山田纯三郎随行。①

2月13日，孙中山一行船抵长崎，宫崎滔天、中国领事等上船迎接，滔天此后全程随行。长崎市长、商会会长等日本官商人士到车站贵宾室迎候。各报记者蜂拥前来，此后《福冈日日新闻》《神户新闻》等多家报社记者对孙中山一行活动跟踪报道。

2月14日下午8时半，孙中山一行乘火车抵达东京新桥车站，前来迎接的有孙中山旧友暨日本重要人士涩泽荣一、头山满、犬养毅、尾崎行雄、大仓喜八郎、山座圆次郎、近滕良平等，东亚同文会、友邦协会、东洋协会等会员，外国驻日使馆官员，中国留学生及华侨，共约二千余人。孙中山等下车，中日人士欢声雷动，孙与旧知握手致意，带同随员在欢呼声中乘汽车驰往帝国旅馆下榻。

自2月15日至3月5日，孙中山一行在东京停留近20天，其间每日参加各处举办的欢迎招待（宴）会、会见各界人士及访问参观等，孙发表演讲、谈话，阐述世界大势、中日联盟及亚洲和平，日均活动四五场，夜以继日，几无暇隙。天炯多随同左右，与戴季陶轮流作翻译，或作联络安排。

孙中山一行在东京参加日本政商各界举办的比较重要的欢迎招待（宴）会有：

2月15日，东亚同文会欢迎会，出席会员二百余人。

2月16日，政友会总裁犬养毅、头山满、副岛义一、寺尾亨、柏原文太郎、伊东知也、根津一等三十五位故友招待会。

2月17日，东邦协会会长松浦等百余人招待会。

2月18日，外务大臣加藤高明午餐会，三井八郎、大仓喜八郎、高田慎藏等列席。

2月19日，众议院院长大冈育造午餐会，列席者有日本驻华公使山座圆次郎、副议长关直彦等，以及政友会、国民党、同志会、新政

---

① 关于孙中山一行访日行程情况，参看段云章《孙文与日本史事编年》，广东人民出版社2011年增订本。

党等各党派议员代表，共几十人。

2月19日，递信大臣后藤新平①晚餐会。

2月20日，日本实业家联合欢迎会，三井、三菱、日本银行、正金银行等著名大公司人员一百余人出席。

2月23日，东京各新闻杂志通信社联合组织之春秋会举办欢迎会。

2月25日，大隈重信茶话会，早稻田大学校长及其他各大学教授一百余人列席。

2月25日，东京市长阪谷芳郎招待会，出席者有外相牧野、外务次官松井、东京市府官员，以及涩泽荣一、大仓平八郎、浅野总一郎、三井八郎、右卫门等十余位实业家。

2月27日，日本银行界晚餐会。

3月4日，新任外务大臣牧野伸显②午餐会，列席者有新内阁成员大藏大臣高桥、递信大臣元田、农业大臣山本、铁道院总裁床次、副总裁平井，参事官山座、外务次官松井、副议长关直彦、东京市长阪谷芳郎等数十人。

此外举办欢迎招待会的重要机构团体还有：日本邮船会社、日本铁道协会、横滨正金银行、大仓洋行、三菱商社、日华实业协会、日本贸易协会、日本基督教青年会、日本贵族公会及中国留学生和华侨团体。

孙中山一行其他比较重要的会见、访问、会议等活动有：

2月17日，日本第一银行总裁涩泽荣一、贵族院议员秋元兴朝、

---

① 后藤新平（1857—1929），日本政治家。历任台湾总督府民政长官、南满株式会社总裁、递信大臣兼铁道院总裁、外务大臣、内务大臣、东京市长、帝都复兴院总裁、拓殖大学校长、贵族院议员等职。提出"满洲经营论"和"文装武备论"的殖民统治策略，是日本殖民扩张主义的代表者之一。

② 牧野伸显（1861—1949），日本政治家。明治维新功臣大久保利通次子、日本前首相吉田茂岳父。历任日本福井县知事、茨城县知事、文部次官，日本驻奥地利大使、意大利大使，文部大臣、农商务大臣、枢密官、外务大臣等职。主张协调外交，强调英美民主政治。

兴业银行总裁添田寿一来帝国饭店谒孙中山，由何天炯翻译，交换对时局和经济问题的意见，与涩泽荣一商谈发起中日合办企业"中国兴业公司"。20日，山本条太郎在三井物产商社举行中国兴业公司发起人大会，孙中山率随员出席。

2月17日，孙中山与日本首相桂太郎发起成立中日同盟会（日华协会）。

2月22日，孙中山设宴招待曾支援中国革命的日本人士及旧友二百余人，以表感谢。

2月27日，孙中山率随员赴山田良政①纪念会，并为其墓碑撰写碑文，以表彰其为中国共和革命而牺牲的业绩。建碑式发起人总代表为孙中山、头山满、犬养毅、宫崎滔天。

3月2日，孙中山等访问日本元老山县有朋。

3月3日，孙中山一行到永田町官邸访问日本新任首相山本权兵卫，又访问日本元老松方正义。晚，孙中山宴请日本各界旧友，一百数十人出席。

3月5日，孙中山一行离东京赴横滨，到新桥车站欢送的有：大隈重信、涩泽荣一、副岛义一、犬养毅等著名官绅二百余人，各校中国留学生及华侨几千人。

自3月5日至22日十多天时间，孙中山一行历经横滨、横须贺、名古屋、京都、大阪、神户、广岛、下关、门司、福冈、熊本、长崎等各地，沿途受到各处官绅商民热烈欢迎，各界举行欢迎会，孙中山发表演讲、谈话，并率随员到各处访问、参观。在横滨和神户与华侨举行了多场活动。参观了大阪中村紧身布工场、炮兵工厂、川崎造船所、八幡制铁所、长崎造船所以及发电厂、煤矿、运输码头等工厂企业。天炯等五位随员一路同行，宫崎滔天、山田纯三郎等日本友人随行，还到孙中山早年曾经住过的滔天家乡熊本县荒尾村访问。

---

① 山田良政（1868—1900），日本大陆浪人，甲午战争前后开始在华活动，曾在南京同文书院任教。1900年参与孙中山领导的惠州起义时殁命，被孙誉为"外国义士为中国共和牺牲之第一人"。其弟山田纯三郎后长期参与孙中山相关活动。

3月23日，孙中山率何天炯等随员在长崎登船回国返上海，宫崎滔天同行。

此前3月20日，领导国民党参加国会竞选已显优势的宋教仁在上海遇刺，两日后身亡，证据指向袁世凯集团所为。孙中山回沪后愤于"宋案"，主张武力讨袁。

7月，李烈钧在江西举兵讨袁，"二次革命"爆发。孙中山发动各地响应，旋败。袁世凯下令缉捕反袁人士，悬赏通缉重要人员，孙中山、黄兴悬赏十万元。袁政府行文兴宁县署，悬赏五万元缉拿天炯。

8月2日，孙中山乘船离开上海，潜往日本，日本政府初忌惮袁政府而不欲接纳，经犬养毅、头山满等斡旋始得容留。孙中山抵东京后被头山满安置住在邻宅。黄兴及各省国民党人也陆续避往日本。天炯因陪伴在上海患病住院的宫崎滔天而推迟赴日。孙中山到日本后，以各省国民党籍都督、省长不听号令，以至各地讨袁军相继失败，故坚决主张取消旧国民党，另组中华革命党代之，要求入党者重新签写誓约，甘愿服从中山先生实行革命，并加盖指模，以示服从专一。但黄兴等认为孙中山过于专断与偏激，不予赞同而拒绝加入。孙、黄遂起矛盾，众多国民党人犹疑观望，革命队伍面临分裂。

9月16日，天炯化名林桃芳，偕病愈的宫崎滔天由上海来日，到达东京，住滔天家中。当日下午二人即往访孙中山，次日访黄兴。此后十余日间，天炯或独自或偕滔天连日往访孙、黄，调解二人矛盾，以期制止革命队伍分裂。但孙、黄最终分手，国民党人也分道而行，黄于次年6月离日赴美。天炯此后虽仍追随孙中山，但认为孙固执专断致队伍分裂，对其产生不满情绪。

天炯此后至1915年3月在东京期间，日常往来于孙中山寓所（中华革命党事务处），作为孙中山秘书协助其组建中华革命党及领导反袁工作。据日本监视警探记录，孙中山寓所每天有各处革命党人及日本人士来往，何天炯来此最为频繁，平均两三天来一次，为协助孙日常工作的主要助手。

10月30日，孙中山率何天炯、陈其美、戴季陶赴涩泽荣一事务所，与涩泽、中野武营、山本条太郎等商谈中国兴业公司改组事。后孙中山将原所执股票售与北京政府推选的补任中国兴业公司总裁杨士琦，得款七万元，大部用作革命经费。

11月1日，天炯立誓约书加入中华革命党，编号二十八。据日本警探监视记录，天炯自9月16日抵东京至本日一个半月期间，共到孙中山寓所27次（有时一天两次），访黄兴6次。[①]

11月3日，天炯离东京返国，联络进行筹款、反袁事务。9日天炯自上海致信宫崎滔天，谓已见其兄宫崎民藏，望滔天所谋之件速速成功，并嘱随时报告孙中山近况，互通消息。

本年底或次年初，天炯又返日本。

1914年（中华民国三年）三十七岁

2月，天炯在日本东京，与苏曼殊（玄瑛）同游大森观梅，写下《甲寅正月偕玄瑛大森观梅感赋》留念，诗中又追忆黄花岗起义中牺牲的旧友林时塽。

4月24日，天炯此前又返回上海筹款，由上海致宫崎滔天信，介绍友人吴健陶前往联络招日商开发煤矿事宜。

5月15日，天炯由上海致信滔天，望其设法助成开矿事，并附转给山田纯三郎一信，邀其来上海筹办在长江某地开矿，谓：吾辈生活困难，万事难成，从事实业为首选。此后天炯致滔天多封信函，商谈招日商开矿事。

6月22日，中华革命党在东京召开第一次大会，孙中山被选为总理。

6月28日，天炯自上海致滔天信，谈招日商事，寄还《蚕丝调查书》，并告之正在翻译《棉花业》一书。

[①] 关于何天炯访孙中山及黄兴情况，均参见俞辛焞等编译《孙中山在日活动密录（1913年8月—1916年4月）》（日本外务省档案），南开大学出版社1990年版；俞辛焞编：《黄兴在日活动密录》，天津人民出版社1998年版。

7月7日，天炯托邓恢宇带信给宫崎滔天，介绍邓赴日拜见孙中山，请滔天从中接洽。

7月29日，天炯致函宫崎滔天，谓邓恢宇由日返沪，知孙中山望其赴日甚切，述与孙政见分歧且不听谏劝、对革命党内权利之争的不满与无奈，并谓八九月间将赴日卖画以筹措资金。

9月1日，中华革命党发布成立通告，孙中山签署中华革命党委任令第三号，委任何天炯为广东支部长。

9月26日，天炯应孙中山之招离上海赴东京，到东京后以日本化名高山英太郎租住于小石川。

自9月至12月，孙中山在寓所为讨论制定《中华革命党革命方略》，共召开17次讨论会议，天炯参加4次，其间曾往返上海。

10月2日，天炯往访孙中山。此后至11月6日，据日本警探记录，天炯共访孙中山18次，约两天一次，为访孙最为频繁者，其中4次与宫崎滔天同去。中华革命党自6月22日正式成立后，孙寓所成为中华革命党事务处。天炯除参与党务议事外，还负责日常财务等。

10月18日，孙中山再次签署中华革命党委任令第十五号，委任何天炯为广东支部长。

10月27日，孙中山正式委任中华革命党本部干部。天炯被任为财政部副部长，部长为邓泽如。其他任命：总务部长陈其美、副部长谢持；党务部长居正、副部长冯自由；军务部长许崇智、副部长周应时；政治部长胡汉民、副部长杨庶堪。

11月11日，天炯自日本回到上海，次日致函宫崎滔天，告知在长崎和上海均受中日警员严格检查，请滔天转告回沪同志特别留意。

12月9日，天炯由上海再返东京后往访孙中山。至12月31日，据日本警探记录，天炯共访孙中山8次，约3天一次。

12月22日，中华革命党各省支部长在东京举行特别会议，天炯担任主席。[①]

[①] 杨天石、狭间直树：《何天炯与孙中山》，《历史研究》1987年第5期，第139页。

1915 年（中华民国四年）三十八岁

1月1日，天炯致孙中山函，辞中华革命党财政部副部长一职，并奉还委任状。

1月3日，天炯访孙中山。至3月18日，据日本警探记录，天炯共访孙中山25次，约3天一次。

3月3日，何天炯与许崇智、叶夏声被孙中山任命为南洋各埠特务委员，负责向南洋华侨筹募经费。

3月12日，天炯清算经手中华革命党临时特别捐款，共捐235元。

3月31日，天炯一行离东京，经上海往南洋筹款。在船中先后写下《舟过马关海涛打枕夜不成寐拉杂感赋》《马关舟中寄滔天先生》《乙卯四月由日回申舟中感赋》等诗作，表达了对革命阵营内部争权夺利、同室操戈的厌恶，及对革命前途的忧虑。

4—6月间，天炯与许崇智等到南洋筹款，后天炯回沪。

7月，天炯策划组织革命党人在浙江嘉兴、湖州发动反袁起义，因事起仓促而失败。天炯典质家物，救济被俘同志家属。

7月底，天炯自上海致函东京胡汉民、廖仲恺、邓铿等，嘱其切劝孙中山"改订誓约以维系人心"，团结同志。胡等将函转给孙中山，孙不纳其言，且斥责天炯"不明事体"。

8月27日，天炯自上海致函宫崎滔天，告知不赴日原因，表达对孙专断作风不满，对民党前途忧虑悲观。

9月9日，天炯应孙中山之招由上海乘船赴日本。

9月14日，天炯与邓铿、许崇智访孙文，据日本警探记录，不知何故孙对何天炯异常生气，至向其挥拳三四次。邓、许二人从中遮挡，何天炯虽表示道歉，孙仍不轻予原谅，何天炯颇为不安。

10月5日，天炯自日本返回上海。8日由上海致函宫崎滔天，支持黄兴与康有为往来协调反袁，对孙中山绝对排斥康氏表示不满。

10月19日，天炯由上海致函宫崎滔天，谓袁世凯试图称帝，各

· 293 ·

路军阀跃跃欲动，认为这是中华革命党千载难逢的时机，并推测袁氏之所以敢于称帝，暗中一定取得了日本政府的支持，希望滔天等相应进行活动。

11月1日，天炯致函宫崎滔天，对动荡时局中的各派进行分析：认为袁世凯称帝加快步伐，康有为集团在加紧进行反对袁氏称帝的活动，担心第三次革命的主动权可能会掌握在官僚手中。同时批评孙中山创建中华革命党的方式导致革命阵营分裂，为官僚所轻视，使革命党将来不能在政治上独占优势，并认为这种状况是由陈其美等造成的。

11月6日，天炯由上海到达香港，为反袁活动筹款，并与朱执信等组织广东反袁活动，策动当时任广东宣抚使主政广东的军阀龙济光讨伐袁世凯。此后连日致函滔天，请其设法在日活动寻求经费军械方面的援助。13日致函滔天，告知广东准备讨袁已箭在弦上，不得不发，但革命势力各派纷杂，需有款项以相聚合，请滔天与头山满设法支援。

11月20日，天炯自香港回到上海，以统筹各地反袁活动及便于往来日本。次日致函宫崎滔天，谓广东仍在策动龙济光部反袁，两广形势比长江一带为佳，请滔天设法筹措运动经费，并询问黄兴近况。

12月5日，参与陈其美等在上海策动的肇和军舰反袁起义，事败。

12月25日，蔡锷、唐继尧在云南通电各省，宣布云南独立，武力讨袁，护国战争开始。孙中山闻讯函电各地革命党人加紧筹款，组织举义。

1916年（中华民国五年）三十九岁

1月1日，袁世凯称帝。

1月2日天炯自上海致函宫崎滔天，告知讨袁形势及组织讨袁活动情况，派林国光到日本见滔天，希望滔天、头山满等提供援助。滔天协助林国光在日本接洽求援，2月24日天炯再致函滔天表示感谢，并告知因缺乏经费军械，"各方面俱难着手，且同人生活问题亦属异常辛苦，大有解散团体而各为四方奔走之计"。

1—2月间，朱执信等革命党人在广东先后攻惠州、番禺、广州、黄埔等地，皆败。

4月6日，此前贵州、广西先后独立，是日龙济光也被迫宣布广东独立，后滇、黔、桂、粤四省护国军联合讨袁。此后浙江、四川、湖南也相继独立，讨袁形势高涨。

5月1日，孙中山返回上海，继续领导讨袁活动。5月4日天炯应广东同志所请，由沪返粤调处革命党内派系纷争。

6月6日袁世凯在北京忧惧而死。孙中山电请大总统黎元洪规复约法、召开国会。

天炯在上海继续筹款，协助钮永建策动驻沪海军独立，6月25日终告成功。

8月13日，天炯参与孙中山、黄兴等60余位中华革命党人共同发起，在上海法租界霞飞路尚贤堂举行"陈英士暨癸丑（1913年）以来诸烈士追悼大会"，天炯撰挽联哀悼陈其美（英士）。[①]

9月11日天炯自上海致函宫崎滔天，商谈筹划开采铁矿筹款事宜。

10月31日，黄兴病逝于上海，天炯参与治丧事务。

1917年（中华民国六年）四十岁

春间，总统黎元洪与国务总理段祺瑞因对德宣战等问题爆发"府院之争"，5月黎元洪免段祺瑞职，段派各省督军纷纷宣布独立，反对南京临时约法。

6月6日孙中山电西南各省讨逆护法。此前天炯奉派3月至北京，动员国会议员南下护法，6月回上海。

7月1日安徽督军张勋拥戴前清帝溥仪在北京复辟帝制，4日孙

---

① 上海《民国日报》1916年8月3日，《陈英士暨癸丑以来诸烈士追悼大会通知》。陈其美于5月18日被袁世凯派人暗杀于上海。

中山在上海发表"讨逆宣言"。7日,天炯组织联合上海五百余绅商人士发表公开函电,吁请在南京的副总统冯国璋起兵主持讨逆。

7月8日,孙中山离沪赴粤,主持南下国会议员在广州开非常会议,建立广州军政府,进行护法运动,形成与北京政府对峙局面。天炯随后也赴粤。

广州政府财政困难,天炯建议招日商开发家乡广东兴宁铁矿,以筹措经费。9月,孙中山电召日本矿业资本家塚原嘉一郎到广州,洽谈中日联合开矿事,令天炯与其具体接洽,招商实施。

1918年（中华民国七年） 四十一岁

1—2月,天炯携山田纯三郎、日本矿业技师马场惟明赴家乡广东兴宁勘查铁矿,确认矿藏丰富,有开采价值,天炯开始筹备招商开矿事务。

3月,天炯奉孙中山派赴日本,与先期赴日的张继一起活动日本政商界,力求阻止日本政府借款给北京政府,并争取日本政商各界对广州政府的支持。

4月,天炯在东京与日商塚原嘉一郎、山田纯三郎及菊池良一等签订契约,组建中日合资"兴宁铁煤公司",开采运输兴宁铁矿、煤矿。此后直至1920年秋,天炯一直为此事及其他地方招商开矿事务而联络、协商、奔忙,筹集经费稍有成效。

6月11日,孙中山因受广州政府内军阀势力排挤离粤回沪,途经日本抵达神户,天炯与头山满、宫崎滔天、萱野长知、寺尾亨、菊池良一等来迎。23日,天炯随同孙中山一行由神户回上海。

1919年（中华民国八年） 四十二岁

5月4日,因巴黎和会上日本谋夺取德国在中国山东的权益,引起中国人民反对,掀起轰轰烈烈的"五四"爱国运动。

8日,天炯与张继、戴季陶三人在上海一品香饭店,召开对日本在沪各报、通信社记者招待会,宣讲对于日本外交政策之意见,同时以三人署名的《告日本国民书》交付各记者，托其传达于日本各报纸。次日上海《民国日报》和《申报》等也都予以刊发。文中揭露日本军国主义侵略中国的历史及传统政策，批判日本当局继承侵略中国方针、损害东亚和平的本质，阐明中国人民反对日本侵略的正义性。天炯等三人是协助孙中山对日事务的核心人物，这封《告日本国民书》，公开表达了孙中山阵营支持五四运动、反对日本侵略政策的鲜明立场。

是年冬，天炯回家省亲，乡居两月余，为父祝寿，带回孙中山、胡汉民等诸老友题写的寿字及寿文，还有宫崎滔天托人从日本带来的一尊"理想寿神"，作为寿礼，以慰父怀。

1920 年（中华民国九年）四十三岁

3 月至 10 月间，天炯在上海，一方面与投资兴宁铁矿的日方人员交涉资金纠纷，一方面筹划开采安徽芜湖煤矿事宜，聘请日本技师勘察，并招揽日商投资。兴宁铁矿事业因战乱而难以开展。

10 月底，陈炯明奉孙中山指示率粤军征讨桂系军阀，攻克广州。11 月底孙中山由上海至广州，重组军政府，与北京政府对峙。天炯也随之赴粤，被孙中山指派为赴日外交代表。

1921 年（中华民国十年）四十四岁

1 月，广州初建政，孙中山急于寻求各国支持，屡次催促天炯赴日活动，但天炯认为时机尚不成熟。他在致滔天函中谓：刻下日本政府"实有危害民党之存心，故主张不能乱派代表，以启人轻侮之心"。他认为需待广州政府势力稍强后再赴日，才有争取支持的前提条件。孙中山接受其意见。

2 月 6 日，天炯与孙中山商定邀请老友宫崎滔天来广州访问以商谈对日事务，是日天炯代孙中山向滔天发出邀请电。随后天炯又致函滔天详述邀请之意，并邀萱野长知同来。

3 月 12 日，宫崎滔天与萱野长知自日本经上海抵达广州，天炯迎接并陪同拜会孙中山。当时有日本报纸说孙中山是"过激派"或"亲美派",滔天以此询孙,孙答:我们仍然坚持三民主义,至于所谓亲美等语,与其问我,不如去问日本当局。孙中山谈话表达了对日本当局支持北京政府的不满。①

3月13—14日,天炯陪同滔天和萱野参拜黄花岗七十二烈士墓、朱执信墓,访邓铿、张继、田桐等老友,赴孙中山招待宴会,同席者有:何天炯、张继、孙洪伊、胡汉民、汪精卫、马君武、廖仲恺。最后天炯陪同滔天和萱野乘船至香港送别。滔天将与孙中山谈话内容及此行经过,写成题为《广东行》的纪行报道,连载于《上海日日新闻》。他在文中称赞广州政府孙中山阵营"同志一致,志气风发","他们之成功可以期待",并批评日本当局援助北京段祺瑞政策,呼吁应重视并支持孙中山广州政府。

4月7日,广州非常国会通过决议在广州成立中华民国政府,选举孙中山为非常大总统。天炯被任为总统府最高顾问并内定为对日外交代表。

广州政府财政困窘,各项军政事务难以展开。4月18日天炯致宫崎滔天函中称:"粤中自选出大总统后,人心甚为踊跃,唯困于经济。""财政问题,诚粤中今日生死问题也。"天炯这一时期工作重心,即是设法招揽日商投资合办广东实业,以筹集资金舒解财政困难。

7月,经天炯等联络活动,在滔天、萱野等协助下,招募日商成立中日合资广州市证券物品交易所,并在上海股票市场上市,股价上涨。随后,天炯又与日本旧友山田纯三郎、菊池良一及日本投资家商谈成功,组建中日合办开发广东实业公司,天炯作为广州政府代表与日方人员签订《中日组合规约》。这些招商投资事业先后办成,筹得资金,对广州政府财政有所补益。

---

① [日]宫崎滔天:《广东行》,[日]宫崎龙介、小野川秀美:《宫崎滔天全集》(第一卷),日本东京:平凡社1971年版,第572页。

10月中旬，孙中山率总统府大本营移驻广西，督师北伐。天炯未随行，在广州无紧要工作，遂离开广州回乡休假，作赴日准备。

1922年（中华民国十一年）四十五岁

4月下旬，孙中山由广西返回广州，督促总领广东军政的陈炯明参加北伐。此前天炯由家乡返回广州，继续为北伐筹资。

5月29日，天炯由广州致函宫崎滔天，详告孙、陈矛盾缓解，广州政局平安，北伐前途可期，托付滔天代为引介日本商人来粤投资，以助资北伐。

6月15日，广州陈炯明部发动兵变，炮击大总统府。天炯闻讯，震惊之下速往沙面联络外国关系人，图营救孙中山，得知孙脱险后乃止。

7月20日，天炯携家人离开广州回乡，避居故里近两年之久。其间陈炯明军盘踞粤东一带，天炯家乡陷于兵乱。

天炯避居乡里期间，躲避战乱之余，从事撰述。他随感随录，写下《山居一年半》，叙述避乱回乡过程，记述身世行迹，追忆友人往事，评论时局和党内人物。他还着手撰写记述评论同盟会和中华革命党历史的著作，定名《革命史衡》，在乡居期间已基本完成上册"同盟会历史"初稿。此外他还写《春日山居感事》等诗作。

1923年（中华民国十二年）四十六岁

2月，孙中山由上海到广州第三次建政，设立大元帅府，就任大元帅，主持讨伐陈炯明等南方各处军阀，并对抗北京军阀武力统一。天炯家乡粤东一带仍陷于陈炯明部盘踞，兵乱不已。

春间，天炯在家乡阅报得知宫崎滔天已于去年冬在东京病逝，哀痛之下，赋诗悼念，并致函滔天之子宫崎龙介、震作，表达哀思与慰问。

1924 年（中华民国十三年） 四十七岁

1月，孙中山在广州主持召开中国国民党第一次代表大会，改组国民党，继续肃清广东残余敌对势力，并准备北伐。

夏初，天烱奉孙中山之招再返广州。7月10日孙中山签署命令，任命天烱为大元帅府大本营参议。天烱仍主要协助孙中山办理对日交涉及筹资事务。

7月19日，天烱在《（广州）民国日报》刊登《征求革命事实》启事，为继续编纂《革命史衡》征集资料。

10月23日，冯玉祥发动北京政变，推翻北京直系军阀曹锟政府，电邀孙中山北上商议国是。孙中山于11月13日离广州北上，天烱仍留广州。

12月31日，天烱访问日本驻广州总领事天羽英二，洽谈招商合办粤汉铁路事宜。① 同日，孙中山扶病入北京，延医治疗。

1925 年（中华民国十四年） 四十八岁

1月12日，天烱再访天羽英二总领事。18日，天烱与日三井株式会社某职员同访天羽英二总领事，继续商谈合办粤汉铁路事。②

2月末，天烱作为广州政府代表由广州赴日本办理外交，3月4日入住东京扶桑旅馆。

3月12日，孙中山在北京病逝。

3月15日，天烱在东京接受日本电通记者访谈，就孙中山逝世后"国民党能否统一？"问题发表看法，预卜国民党势力将增进。

4月9、10两日，天烱心脏病宿疾发作，连续两天看医生诊病、买药。

4月12日下午，天烱抱病参加中日韩各团体在东京青山会馆举行

---

① 《天羽英二日记·资料集》第1卷，第1436、1444—1445页。见段云章：《孙文与日本史事编年》（增订本），第725页。

② 段云章：《孙文与日本史事编年》，第725页。

的追悼孙中山大会，到会者二千余人。天炯主祭，并发表演说，随后日本递信大臣犬养毅、头山满、宫崎滔天之子宫崎龙介及朝鲜代表、华侨和留学生代表等依次发表悼念演说，至晚方散。

5月初，天炯自日本回国，病情日重，入广州博爱医院诊治。

7月1日下午八时，天炯病逝于广州博爱医院。

同日，在广州成立中华民国国民政府，汪精卫为主席。

7月22日，广州中华民国国民政府发布对何天炯的褒奖令。

7月30日，孙科、汪精卫、胡汉民等联名在《（广州）民国日报》发布《何公天炯追悼大会启事》，后又连日刊发。8月22日上海《民国日报》也予刊出。

8月16日，国民政府在广州九曜坊教育会为何天炯举行追悼大会，胡汉民代表国民政府要员汪精卫、许崇智、谭延闿、林森、廖仲恺、古应芬等致祭，潮梅同乡姚雨平、萧公望等致祭。

8月17日，胡汉民在《新民国报》发表题为《追悼民党巨子何天炯纪》一文，悼念何天炯，后又撰写《何天炯墓志铭》。

8月29日，戴季陶在上海《民国日报》刊登《高洁的人格：怀何晓柳先生》，悼念追思何天炯。

10月20日，刘子芬在上海《民国日报》发表《革命志士何晓柳传》，追述何天炯生平事迹。

征引文献

一 档案资料

宫崎滔天后人宫崎蕗苳、宫崎黄石家藏何天炯致宫崎滔天信函、字幅、照片、文物等资料。
何天炯后人何达英、何莲史家藏资料。
日本京都大学人文科学研究所藏宫崎滔天关系档案。
日本アジア歴史資料センター：外務省外交史料館、防衛省防衛研究所檔案。
日本佐贺县立图书馆藏"塚原嘉一郎关系资料"。
日本爱知大学丰桥图书馆藏"孙文与山田良政·纯三郎关系资料"。
台湾台北中国国民党党史资料馆，"国共档案·一般档案"；"国共档案·环龙路档案"。
中国社会科学院近代史研究所档案馆藏《孙中山致日本政界要人信札（复印件）》。
广东省兴宁市档案馆、图书馆藏何天炯资料。

二 资料集

《中华民国国民政府公报》第三号，1925年7月广州出版，《中华民国国民政府公报》（第一册），台北：成文出版社1972年重印版。

《中华民国国民政府公报》第十号，1925年9月广州出版，《中华民国国民政府公报》（第二册），台北：成文出版社1972年重印版。

中国史学会主编：《辛亥革命》（第四册），中国近代史资料丛刊，上海人民出版社1957年版。

罗家伦主编：《革命文献》第2辑，（台）中国国民党中央委员会党史史料编纂委员会编，正中书局1958年再版。

黄季陆主编：《革命文献》第45辑，（台）中国国民党中央委员会党史史料编纂委员会1969年版。

杜元载主编：《革命文献》第65辑，（台）中国国民党中央委员会党史委员会1974年版。

中国国民党中央委员会党史史料编纂委员会：《革命人物志》（第一集），台北：中央文物供应社1969年版。

陈旭麓、顾廷龙、汪熙主编：《辛亥革命前后——盛宣怀档案资料选辑之一》，上海人民出版社1981年版。

俞辛焞等编译：《孙中山在日活动密录（1913年8月—1916年4月）》（日本外务省档案），南开大学出版社1990年版。

俞辛焞编：《黄兴在日活动密录》，天津人民出版社1998年版。

三 文集、日记、回忆录、时人著述

何天炯：《山居一年半》，《建国》（广州）1928年第14期（上）；第15期（续）；第16期（续）。

何天炯：《无赫斋诗草》，何承天辑、凌菊身校，1937年自印本。

何莲史等编：《民主革命先驱：何天炯》，2011年自印本。

［日］宫崎龙介、小野川秀美：《宫崎滔天全集》，日本东京：平凡社，（第一卷）（第二卷）1971年版，（第三卷）1972年版，（第四卷）1973年版，（第五卷）1976年版。

中国社会科学院近代史研究所中华民国史研究室、中山大学历史系孙中山研究室、广东省社会科学院历史研究室合编：《孙中山全集》，中华书局，（第一卷）1981 年版；（第三卷）1984 年版；（第十卷）1986 年版。

陈旭麓、郝盛潮主编《孙中山集外集》，上海人民出版社 1990 年版。

湖南省社会科学院编：《黄兴集》，中华书局出版 1981 年版。

薛君度、毛注青编：《黄兴未刊电稿》，湖南人民出版社 1983 年版。

陈旭麓主编：《宋教仁集》上、下，中华书局 1981 年版。

湖南省哲学社会科学研究所古代近代史研究室校注：《宋教仁日记》，湖南人民出版社 1980 年版。

饶怀民编：《刘揆一集》，湖南人民出版社 2008 年版。

谭人凤著、饶怀民笺注：《石叟牌词》，上海书店出版社 2000 年版。

谭人凤：《石叟牌词叙录》，《近代史资料》1956 年第 3 期。

伯夔（汤增璧）：《同盟感旧录》，《建国月刊》第 9 卷第 5 期（1933 年 11 月）。

《胡汉民自传》，《近代史资料》1981 年第 2 期。

冯自由：《革命逸史》（初集），中华书局 1981 年版。

［日］早稻田大学社会科学研究所编：《社会主义者の书翰——石川三四郎·福田英子宛书翰と解说》，日本东京：早稻田大学出版部 1974 年刊。

［日］萱野长知：《中华民国革命秘笈》，日本东京：帝国地方行政学会 1940 年版。

邹鲁编：《广州三月二十九革命史》，台湾商务印书馆股份有限公司 1970 年版。

四　报刊

《二十世纪之支那》第一期［1905 年（光绪三十一年）6 月 3 日发行］，罗家伦主编"中华民国史料丛编"A16，（台）中国国民党中央委员会党史史料编纂委员会 1983 年印行。

《沪上评论》第一期,1912 年 9 月 1 日(中日文双语、半月刊),藏于日本东洋文库。

《国民月刊》(上海),第 1 卷第 1 期(1913 年 5 月)。

《民国日报》(上海)1916 年、1919 年、1925 年。

《协和报》(上海)1917 年。

《申报》1919 年。

《晨报》(广州)1921 年、1925 年。

《(广州)民国日报》1924 年、1925 年。

《新民国报》1925 年。

《党义研究》(重庆)1942 年。

《华侨先锋》第五卷第三期(1943 年)。

(广东省)兴宁县政协文史委员会编:《兴宁文史》第十辑《何天炯先生纪念专辑》(1988 年 6 月)。

五 论著

李廷江:《日本财界与辛亥革命》,中国社会科学出版社 1994 年版。

段云章:《孙文与日本史事编年》(增订本),广东人民出版社 2011 年版。

杨天石、狭间直树:《何天炯与孙中山》,《历史研究》1987 年第 5 期。

李长莉:《何天炯与同盟会东京本部》,《近代史研究》2012 年第 3 期。

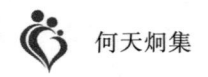

六　网上资料

西泠印社拍卖公司2011年春季拍卖会"近现代名人手迹暨纪念辛亥革命专场",第2037号拍品"孙中山致何天炯信札册"。http://yz.sssc.cn/index/item? id=1715649（2011年11月12日）。

西泠印社拍卖有限公司2011秋季艺术品拍卖会"近现代名人手迹暨纪念辛亥革命专场",第336号拍品,"何天炯草书浪淘沙词"。（博宝拍卖网：auction.artxun.com）

人名索引

（依汉语拼音为序）

编者说明：

一　中国人、日本人及其他外国人分别列出。

二　此索引不包括何天炯。诗文中引古人词句事迹，古人名不予列入。

三　中国人名在文中有时仅书名、字、号或姓氏，在索引中归在一起，有的文中只有名，不能确认或未查到其姓氏，即暂按其名排列。日本人名在文中常只书姓，少数仅书名，如"民藏"。

四　中华革命党《广东支部留东党员姓名录》《临时特别捐款册》《中国同盟会成立初期[乙巳丙午（1905—1906）两年]之会员名册》广东籍会员名册，因人员较多，且集中排列，便于查询，在此不再重复列出。

一　中国人

柏文蔚　201，241

白逾桓　198，201，241

曹锟　23

岑春煊　55，87

昌济　198

陈光远　105

（陈）继虞　200

陈家鼐　198，201，207

陈嘉佑　223

陈炯明（竞存）　15—17，26，55，87，104，108，109，113，120，124—126，129—131，147，227，232

陈廉伯　110，112

陈其美（英士）　54，62，148，

154,191,198,200,201,205
陈强　200
陈去病(庆林)　199
陈士龙　250
陈天华(星台)　175
陈涌波　250
陈芸生　250
陈中孚　74,106,108,110—
　　103,117,121,124,127
程璧光　69
程家柽　234,236
程潜　223
戴季陶(传贤、天仇)　9,40,
　　113,135,200,201,207,
　　220,227
(但)懋辛　199
邓恢宇　47,199,202
邓铿　51,147,200,201
(邓)文煇　200,202
邓仲元　220
抵文　199
丁景栾　220
窦家法　199,202
杜羲　252
杜仲瘜　200
段祺瑞　13,23,96,119,130
范涂廉　235
方汉成　198,250
方瑞麟　250

方声涛　87
冯国璋　9,54,55
凤岐　201
冯树猷　236
冯玉祥　40
封祝森　250
冯自由　146,162
孚琦　153,180
高一某　9
龚国煌　236
龚国煇　236
古应芬　222—224
郭公接　250
海云　198,201
韩恢　200
韩汝庚　235,236
何斌　250
何成　256
何成滨　241
何成瀞　223,224
何承天(皇龄)　150,155,
　　202—204,242
何达英　41,147,150,192,
　　196,202,233
何法　250
何贯中　209
何轰　250
何克夫　223,224
何雷　233

· 308 ·

人名索引

何乃英 209

何汝仑 250

何天瀚（公博） 20,166,252,256

何蔚[慎其（奇）] 252,256

何慰堂 147

何晓晖（天瑞） 64,242,251,252

何子渊 173

洪湘臣 220

洪兆麟 24

胡汉民（衍鸿、展堂） 31,42,51,63,73,148,198,202,208,211,220,222—227,252

胡景翼 40

胡毅生（飞卿） 42,148,199,202,209,220

胡瑛（经武） 175,235,236

华经 200,202

黄的 250

黄德光 250

黄复生（理君） 148,176,199

黄华盛 236

黄绍 250

黄兴（克强） 15,30,33,36,42,44,52,57—59,62,63—67,137,138,148,150,151,155,166,175,183,184,190,192,197,198,201,202,204,205,226,227,237—241

黄一欧 63,66

黄榆春 24

蹇念益 235

江映枢 200

蒋中正 199

蒋作宾 127,212

居正 108,111,112,122,126,127,148,150,220

康有为 25,52,54,237

雷铁崖 172

李秉权 256

李次温 250

李旦英 250

李定区 256

李根澐 212

李国柱 223

李厚基 87

李敬熙 256

李君举 250

李勒 250,251

李良轩 241

李烈钧 17,87,116,120,132,197,200,202

李縻 227

李人杰 127

李书城 127

李思汉 223

李锡青 152,162

李杏波　250

李荫区　256

黎元洪　9，18，55，239

（李）贞白　199，201

梁电　250

梁启超　32　237

廖仲恺　31，50，51，108，111，131，148，198—199，204，208，209，211，220，223，224

林国光　59—61

林鹤俦　250

林虎　24

林森　147，222，224

林文（广尘、时壎）　30，171，172，153，178，186

林修明　250

（林）振雄　199

林支宇　104

凌钺　201

刘承烈　241

刘大同　207

刘道一　166，176

刘德泽　9

刘冬友　152，167

刘耕尘　223

刘古香　250

刘候武　225

刘况　223

刘揆一　148，151，166

刘燧昌　200

刘维濂　256

刘维焘（立群）　20，153，162，171

刘仙琴　250，256

刘亚休　200

刘子芬　231

龙济光　55，59，60，262

陆荣廷　21，55，60，70，87，88，104，115，116，123

鲁复　238

陆亚夫　9

鲁鱼　236

吕志伊　240

罗应鋆　256

马君武　135，148，220

马素　16，190，241

马育杭　109，120，124，127，220

梅放洲　155，196

莫荣新　21，87

宁调元（仙霞）　175

钮永建　64，65

彭程万　199

溥仪　9

齐燮元　24

钱通　201

覃鲤门　237

秋瑾（竞雄）　175，235

饶景华（诗野）　20，162，256

邵翼如 220

慎如 200

盛宣怀 138,205

石人俊 250

石陶钧 199

宋蔼龄 241

宋教仁(钝初) 1,30,43,54,
 64,138,166,175,234,
 236—239

宋元恺 206

宋耀如(嘉树) 135,241

宋振偕 147

苏曼殊(玄瑛) 154,185

孙科 17,220,223

孙岳 40

孙中山(孙文、孙逸仙、高野)
 9,13,16,17,25,30,31,43,
 44,46—48,50,52,54—56,
 58,60,62—64,66,70,72,74,
 76,84,87,88,96,98,104,
 106,108—110,118,123,125,
 134,135,137,139,140,145,
 147,148,150,162,166,172,
 175,180,186,197,198,204,
 206,207,209,211,212,215,
 218,220,226,227,232,235—
 237,239,241

谭浩明 123

谭立人 239

谭人凤 54,147

谭延闿 222—224,227

唐蟒 198

唐绍仪 21,65,71,88,103—
 104,107,147,237

唐继尧 107

(陶)际唐 199

陶铸 240

田桐(梓琴) 200,202,206,
 212,234,236,237,240,250,

王宠惠 147,252

王传琳 236

汪精卫(兆铭) 31,147,176,
 198,200,208,211,220,
 222—224

王统一(又名王统) 84,198

王文华 87

温少璠 101

温生才 153,180

温士漻 250

伍朝枢 220,222

伍廷芳 101,104

吴健陶 45

吴金铭 250

吴敬恒(稚晖) 252

吴佩孚 23,24,105,130

吴弱男 237

吴玉章(永珊) 42

吴藻华 207

宪民　202
贤寅　198
萧公望　225
谢持　139,140,199,202
谢慧僧　220
谢适群　225
谢延美　250
谢直君　225
许崇智　17,147—148,198,
　　206,208,222—224
许冀公　199
徐苏中　9,206
徐锡麟　175
(熊)克武　147,199,201
熊月珊　42
彦章　200—201
杨丙　241
杨度　235
杨福顺　9
杨坤如　24
杨枢　235
杨庶堪　148,199
(杨)希闵　200,201
杨益谦　206
杨愿公　200
杨天石　41,42
杨卓林　175
姚雨平　42,223—225,250
叶举　16,17,24

叶菊生　225
叶夏声　123,126,147
殷部桠　239
殷汝耕　113,200,201
殷汝骊　200,201
游卓明　256
袁华选　135
袁世凯　9,13,23,30,37,43,
　　54,55,191,197
袁子光　9
曾继梧　199
曾省三　201
曾运檄　236
詹大悲　223,224
张伯祥　250
张昉　236
张傅林　250
张继(溥泉)　9,40,64,70,71,
　　147,150,175,201,204,220,
　　199,234,235,236,242,251
张江滔　206
张群　201
章士钊　200
张水天　9
章太炎(炳麟)　63,236—238
张孝准　200
张煊　250
张勋　9,18,23,130
(张)翼鹏　199

（张）永福　199

张玉堂　250

张宗海　207

张作霖　130

赵恒惕　104,130

赵芻椒　229

赵林士　229

赵伸　199

赵声（伯先、伯生）　30,42,153,178

周落萍　9

周震麟　147

朱超　200,201,241

朱镜清　200

朱执信　209,226,227,232

邹鲁　220—223

邹永成　223

二　日本人

安川敬一郎　241

白木　220

阪谷芳郎　147

板垣退助　106,228

本庄　239

池亨吉　239

池田　118,122

大隈重信　147

岛本　155,196

荻野　115,121,127,147

儿玉藤治　241

芳川宽治　216　72,78,80—84,86—100

丰臣秀吉　11

宫崎龙介　14,39,41,63,71,97,131,132

宫崎民藏（巡耕）　44,100,131,132

宫崎滔天（寅藏、虎藏、虎造。"何天炯致宫崎滔天函"收信人称呼不列入检索）　13,15,21,24,41,43,44,47,51,56,64,67,71,72,84,101,106,110,111,114,116,119,131,137,138,148,150,154,155,186,189,192,194,197,198,205,215,216,237,240,241

宫崎震作　101,131

宫崎槌子　71

关口　147,154,184,195

关口女史　155,195,196

龟井　85,100,101

和田瑞　109

和田三郎　106—107,228

后藤新平　215

花田觉之助　154,195

矶谷　220

菊池良一　72,86,95,99,100,110,216,220,241

堀田　220

林出　220

林及寺尾　220

马场惟明　79,87,213,215

前田九二四郎　51,68,69,76,240

前田卓子　239

清藤高　237

清藤幸七郎　237

秋山　155,196

秋山定辅　110

犬养毅　13,105,110,228,240

犬塚信太郎　86,215,216,228

涩泽荣一　147

森冈正平　220

森恪　58

山本条太郎　53,56

杉浦　154,195

山田纯三郎　46,54,72,78,80—82,84,86,88—94,100,108,111,114,120—122,137,154,194,216,219,220,224

山田良政　46,219

山县有朋　135

胜田　44,66

寺尾亨　56　228

松本君平　8

松本　45,65,66

藤田荣助　115,220

田中　48,50,52,213

头山满　15,56—57,60,105,137,228

西乡隆盛　11

狭间直树　41

小川平吉　43

小杉　46—48

萱野长知（凤梨）　14,21,72,87,106—111,115—117,119,131—136,154,187—190,194,205,227—230,237,239,241

伊东知也　76

伊藤博文　174

有吉明　240

原口要　147

越藤　220

泽村　100,101

塚原嘉一郎　72,78—83,86,87,90,100,212—214,216

猪濑　220

佐藤　220

其他外国人：

安重根　174

大院君　173

卑思麦（俾斯麦）　8,32